做一个理想的法律人
To be a Volljurist

法律人进阶译丛【经典阅读】
李 昊 / 译丛主编

法学中的
体系思维与体系概念
以德国私法为例（第2版）

〔德〕克劳斯-威廉·卡纳里斯 著　陈大创 译

Systemdenken und Systembegriff in der
Jurisprudenz
entwickelt am Beispiel des deutschen Privatrechts
Claus-Wilhelm Canaris　　　2., überarbeitete Auflage

北京大学出版社
PEKING UNIVERSITY PRESS

著作权合同登记号　图字：01-2016-2161
图书在版编目（CIP）数据

法学中的体系思维与体系概念：以德国私法为例：第 2 版 /（德）克劳斯-威廉·卡纳里斯（Claus-Wilhelm Canaris）著；陈大创译. —北京：北京大学出版社，2024.1
（法律人进阶译丛）
ISBN 978-7-301-34719-5

Ⅰ.①法… Ⅱ.①克… ②陈… Ⅲ.①法学—研究—德国 Ⅳ.①D951.6

中国国家版本馆 CIP 数据核字(2023)第 240608 号

Claus-Wilhelm Canaris
Systemdenken und Systembegriff in der Jurisprudenz
entwickelt am Beispiel des deutschen Privatrechts, 2., überarbeitete Auflage
Alle Rechte vorbehalten
ⓒ 1983, Duncker & Humblot GmbH, Berlin
This translation published by arrangement with Duncker & Humblot GmbH, Berlin

书　　　名	法学中的体系思维与体系概念：以德国私法为例（第 2 版） FAXUE ZHONG DE TIXI SIWEI YU TIXI GAINIAN：YI DEGUO SIFA WEI LI(DI-ER BAN)
著作责任者	〔德〕克劳斯-威廉·卡纳里斯(Claus-Wilhelm Canaris)　著 陈大创　译
丛 书 策 划	陆建华
责 任 编 辑	陆建华　费　悦
标 准 书 号	ISBN 978-7-301-34719-5
出 版 发 行	北京大学出版社
地　　　址	北京市海淀区成府路 205 号　100871
网　　　址	http://www.pup.cn　http://www.yandayuanzhao.com
电 子 邮 箱	编辑部 yandayuanzhao@pup.cn　总编室 zpup@pup.cn
新 浪 微 博	@北京大学出版社　@北大出版社燕大元照法律图书
电　　　话	邮购部 010-62752015　发行部 010-62750672 编辑部 010-62117788
印 刷 者	涿州市星河印刷有限公司
经 销 者	新华书店
	880 毫米×1230 毫米　A5　7.5 印张　223 千字 2024 年 1 月第 1 版　2024 年 4 月第 2 次印刷
定　　　价	49.00 元

未经许可，不得以任何方式复制或抄袭本书之部分或全部内容。
版权所有，侵权必究
举报电话：010-62752024　电子邮箱：fd@pup.cn
图书如有印装质量问题，请与出版部联系，电话：010-62756370

"法律人进阶译丛"编委会

主　编

李　昊

编委会

（按姓氏音序排列）

班天可	陈大创	季红明	蒋　毅	李　俊
李世刚	刘　颖	陆建华	马强伟	申柳华
孙新宽	唐波涛	唐志威	吴逸越	夏昊晗
徐文海	叶周侠	查云飞	翟远见	章　程
	张焕然	张　静	张　挺	

Systemdenken und Systembegriff in der Jurisprudenz

作者简介

〔德〕克劳斯-威廉·卡纳里斯(1937—2021)，1957年至1961年在巴黎、日内瓦和慕尼黑学习法律、哲学与日耳曼学，先后于1963年和1967年在慕尼黑取得博士学位和教授资格，1972年接替卡尔·拉伦茨成为慕尼黑大学民法、商法、劳动法与法哲学教授，2005年荣休。作为德国联邦司法部召集的给付障碍法委员会成员，卡纳里斯教授对德国2002年债法改革贡献卓著。其一生所获殊荣颇多，曾当选为巴伐利亚科学院院士、欧洲科学与艺术学院院士、奥地利科学院院士、伦巴第科学与人文学院院士、伦敦高级法律研究会会员、日本科学促进会会员等，被里斯本大学、马德里大学、格拉茨大学、雅典大学、维罗纳大学等授予荣誉博士学位，并荣获德意志研究基金会颁发的莱布尼茨奖、德意志联邦共和国一等十字勋章等。

卡纳里斯教授的主要研究领域为民法、商法、法学方法论与法哲学。其代表性作品主要有《法律漏洞的确定：法官在法律外续造法之前提与界限的方法论研究》(1964年第1版；1983年第2版)、《法学中的体系思维与体系概念：以德国私法为例》(1969年第1版；1983年第2版)、《德国私法中的信赖责任》(1971年)、《分配正义在德国合同法中的意义》(1997年)等，续写拉伦茨著《法学方法论》(1995年第3版)和《债法教科书：各论》(第二分册，1994年第13版)、卡尔-赫尔曼·卡佩勒著《商法》(修订至2006年第24版)以及《银行合同法》(修订至2005年第4版)等重要的教科书和评注，并围绕法学方法论、基本权利与私法的关系、信赖保护、法律行为效力、债权的物权化、合同法的实质化、给付障碍法、不当得利法、交往安全义务、损害赔偿法、银行合同法、票据法等各种主题发表大量论文，其中有关信赖责任的研

Systemdenken und Systembegriff
in der Jurisprudenz

究被誉为"法学上的发现"。其教科书、评注以外的主要作品被收录于《克劳斯-威廉·卡纳里斯作品全集》(2012年)，涵盖"法理论""信赖责任"和"私法"三大领域，三卷合计三千三百余页。其学术影响力远远超出德语国家的范围，许多作品被翻译为包括中文在内的多国语言。

卡纳里斯教授桃李满天下，其门生遍布德国学术及实务界，在德国之外亦培养了诸多法律人才。为庆贺其寿辰，弟子们会同学界同仁先后为其出版四部祝寿文集：《法学思维中的统一性与一致性》(1998年)、《法秩序变迁中的延续性》(2002年)、《克劳斯-威廉·卡纳里斯七秩华诞祝寿文集》(两卷，2007年)、《21世纪的私法教义学：克劳斯-威廉·卡纳里斯八秩华诞祝寿文集》(2017年)。

译者简介

陈大创，中南财经政法大学法学院讲师，中国政法大学法学学士、文学学士、法学硕士，德国科隆大学法学院LLM、法学博士。主要研究方向为民法、信托法、案例教学法。出版德文专著一部，发表论文、译文若干。

Systemdenken und Systembegriff
in der Jurisprudenz

主编简介

李昊,北京大学法学学士、民商法学硕士,清华大学民商法学博士,中国社会科学院法学研究所博士后。现任中南财经政法大学法学院教授、博士生导师,数字法治研究院执行院长,法律硕士"数字治理与合规"方向导师组组长。曾任北京航空航天大学人文社会科学高等研究院副院长、北京航空航天大学法学院教授(院聘)、博士生导师。德国慕尼黑大学、明斯特大学、奥格斯堡大学、奥地利科学院欧洲损害赔偿法研究所访问学者。兼任德国奥格斯堡大学法学院客座教授、中国法学会民法学研究会理事、中国法学会网络与信息法学研究会理事、北京市物权法学研究会副会长、北京中周法律应用研究院副理事长兼秘书长、北京法律谈判研究会常务理事、北京市金融服务法学会理事、北京市海淀区法学会理事、湖北省法学会民法学研究会理事、上海法院特聘教授、浙江省检察院咨询专家、苏州仲裁委员会仲裁员。担任《燕大法学教室》(简体版《法学教室》)主编、《月旦法学杂志》副主编、《中德私法研究》和《法治研究》编委。著有《纯经济上损失赔偿制度研究》《交易安全义务论——德国侵权行为法结构变迁的一种解读》《危险责任的动态体系论》《不动产登记程序的制度建构》(合著)、《中国民法典侵权行为编规则》(合著)等多部书稿。在《法学研究》《清华法学》《法学》《比较法研究》《环球法律评论》等期刊和集刊发表论文六十余篇。主持"侵权法与保险法译丛""侵权法人文译丛""外国法学精品译丛""法律人进阶译丛""欧洲法与比较法前沿译丛"等多部法学译丛,联合主编"新坐标法学教科书"系列。

谨献给
我尊敬的老师卡尔·拉伦茨

做一个理想的法律人（代译丛序）

近代中国的法学启蒙受自日本，而源于欧陆。无论是法律术语的移植、法典编纂的体例，还是法学教科书的撰写，都烙上了西方法学的深刻印记。即使是中华人民共和国成立后兴盛过一段时期的苏俄法学，从概念到体系仍无法脱离西方法学的根基。20世纪70年代末，借助于我国台湾地区法律书籍的影印及后续的引入，以及诸多西方法学著作的大规模译介，我国大陆重启的法制进程进一步受到西方法学的深刻影响。当代中国的法律体系可谓奠基于西方法学的概念和体系之上。

自20世纪90年代开始的大规模的法律译介，无论是江平先生挂帅的"外国法律文库""美国法律文库"，抑或舒国滢先生等领衔的"西方法哲学文库"，以及北京大学出版社的"世界法学译丛"、上海人民出版社的"世界法学名著译丛"，诸多种种，均注重于西方法哲学思想尤其英美法学的引入，自有启蒙之功效。不过，或许囿于当时西欧小语种法律人才的稀缺，这些译丛相对忽略了以法律概念和体系建构见长的欧陆法学。弥补这一缺憾的重要转变，应当说始自米健教授主持的"当代德国法学名著"丛书和吴越教授主持的"德国法学教科书译丛"。以梅迪库斯教授的《德国民法总论》为开篇，德国法学擅长的体系建构之术和鞭辟入里的教义分析方法进入我国大陆法学的视野，辅以崇尚德国法学的我国台湾地区法学教科书和专著的引入，德国法学在我国大陆当前的法学教育和法学研究中日益受到尊崇。然而,"当代德国法学名著"丛书虽然遴选了德国当代法学著述中的上乘之作,但囿于撷取名著的局限及外国专家的视角,丛书采用了学科分类的标准,而未区分注重体系层次的基础教科书与偏重思辨分析的学术专著,与戛然而止的"德国法学教科书译丛"一样,在基础教科书书目的选择上尚未能充分体现当代德国法学教育的整体面貌,是为缺憾。

职是之故,自2009年始,我在中国人民大学出版社策划了现今的"外国法学教科书精品译丛",自2012年出版的德国畅销的布洛克斯和瓦尔克的《德国民法总论(第33版)》始,相继推出了韦斯特曼的《德国民法基本概念(第16版)(增订版)》、罗歇尔德斯的《德国债法总论(第7版)》、多伊奇和阿伦斯的《德国侵权法(第5版)》、慕斯拉克和豪的《德国民法概论(第14版)》,并将继续推出一系列德国主流的教科书,涵盖了德国民商法的大部分领域。该译丛最初计划完整选取德国、法国、意大利、日本诸国的民商法基础教科书,以反映当今世界大陆法系主要国家的民商法教学的全貌,可惜译者人才梯队不足,目前仅纳入"日本侵权行为法"和"日本民法的争点"两个选题。

系统译介民商法之外的体系教科书的愿望在结识季红明、查云飞、蒋毅、陈大创、葛平亮、夏昊晗等诸多留德小友后得以实现,而凝聚之力源自对"法律人共同体"的共同推崇,以及对案例教学的热爱。德国法学教育最值得我国法学教育借鉴之处,当首推其"完全法律人"的培养理念,以及建立在法教义学基础上的以案例研习为主要内容的教学模式。这种法学教育模式将所学用于实践,在民法、公法和刑法三大领域通过模拟的案例分析培养学生体系化的法律思维方式,并体现在德国第一次国家司法考试中,进而借助于第二次国家司法考试之前的法律实训,使学生能够贯通理论和实践,形成稳定的"法律人共同体"。德国国际合作机构(GIZ)和国家法官学院合著的《法律适用方法》(涉及刑法、合同法、物权法、侵权法、劳动合同法、公司法、知识产权法等领域，由中国法制出版社出版）即是德国案例分析方法中国化的一种尝试。

基于共同创业的驱动，我们相继组建了中德法教义学QQ群，推出了"中德法教义学苑"微信公众号，并在《北航法律评论》2015年第1辑策划了"法教义学与法学教育"专题，发表了我们共同的行动纲领：《实践指向的法律人教育与案例分析——比较、反思、行动》（季红明、蒋毅、查云飞执笔）。2015年暑期，在谢立斌院长的积极推动下，中国政法大学中德法学院与德国国际合作机构法律咨询项目合作，邀请民法、公法和刑法三个领域的德国教授授课，成功地举办了第一届"德国法案例分析暑期班"并延续至今。2016年暑期，季红明和夏昊晗也积极策划并参与了由西南政法大学黄家镇副教授牵头、民商法学院举办的"请求权基础案例分析法暑期研习班"。2017年暑期，加盟中南财经政法大学法学院的"中德法教义学苑"团队，成功举办了"案例分析暑期培训班"，系统地在民法、公法和刑法三个领域以德国的鉴定式模式开展了案例分析教学。

中国法治的昌明端赖高素质法律人才的培养。如中国诸多深耕法学教育的启蒙者所认识的那样，理想的法学教育应当能够实现法科生法律知识的体系化，培养其运用法律技能解决实践问题的能力。基于对德国奠基于法教义学基础上的法学教育模式的赞同，本译丛期望通过德国基础法学教程尤其是案例研习方法的系统引入，能够循序渐进地从大学阶段培养法科学生的法律思维，训练其法律适用的技能，因此取名"法律人进阶译丛"。

本译丛从法律人培养的阶段划分入手，细分为五个子系列：

——法学启蒙。本子系列主要引介关于法律学习方法的工具书，旨在引导学生有效地进行法学入门学习，成为一名合格的法科生，并对未来的法律职场有一个初步的认识。

——法学基础。本子系列对应于德国法学教育的基础阶段，注重民法、刑法、公法三大部门法基础教程的引入，让学生在三大部门法领域中能够建立起系统的知识体系，同时也注重扩大学生在法理学、法律史和法学方法等基础学科上的知识储备。

——法学拓展。本子系列对应于德国法学教育的重点阶段，旨在让学生能够在三大部门法的基础上对法学的交叉领域和前沿领域，诸如诉讼法、公司法、劳动法、医疗法、网络法、工程法、金融法、欧盟法、比较法等有进一步的知识拓展。

——案例研习。本子系列与法学基础和法学拓展子系列相配套，通过引入德国的鉴定式案例分析方法，引导学生运用基础的法学知识，解决模拟案例，由此养成良好的法律思维模式，为步入法律职场奠定基础。

——经典阅读。本子系列着重遴选法学领域的经典著作和大型教科书（Grosse Lehrbücher），旨在培养学生深入思考法学基本问题及辨法析理之能力。

我们希望本译丛能够为中国未来法学教育的转型提供一种可行的思路，期冀更多法律人共同参与，培养具有严谨法律思维和较强法律适用能力的新一代法律人，建构法律人共同体。

虽然本译丛先期以德国法学教程和著述的择取为代表，但是并不以德国法独尊，而是注重以全球化的视角，实现对主要法治国家法律基础教科书和经典著作的系统引入，包括日本法、意大利法、法国法、荷兰法、英美法等，使之能够在同一舞台上进行自我展示和竞争。这也是引介本译丛的另一个初衷：通过不同法系的比较，取法各家，吸其所长。也希望借助于本译丛的出版，展示近二十年来中国留学海外的法学人才梯队的更新，并借助于新生力量，在既有译丛积累的丰富经验基础上，逐步实现对外国法专有术语译法的相对统一。

本译丛的开启和推动离不开诸多青年法律人的共同努力，在这个翻译难以纳入学术评价体系的时代，没有诸多富有热情的年轻译者的加入和投入，译丛自然无法顺利完成。在此，要特别感谢积极参与本译丛策划的诸位年轻学友和才俊，他们是：留德的季红明、查云飞、蒋毅、陈大创、黄河、葛平亮、杜如益、王剑一、申柳华、薛启明、曾见、姜龙、朱军、汤葆青、刘志阳、杜志浩、金健、胡强芝、孙文、唐志威，留日的王冷然、张挺、班天可、章程、徐文海、王融擎，留意的翟远见、李俊、肖俊、张晓勇，留法的李世刚、金伏海、刘骏，留荷的张静，等等。还要特别感谢德国奥格斯堡大学法学院的托马斯·M. J. 默勒斯（Thomas M. J. Möllers）教授慨然应允并资助其著作的出版。

本译丛的出版还要感谢北京大学出版社社科副总编辑蒋浩先生和策划编辑陆建华先生，没有他们的大力支持和努力，本译丛众多选题的通过和版权的取得将无法达成。同时，本译丛部分图书得到中南财经政法大学法学院徐涤宇院长大力资助。

回顾日本的法治发展路径，在系统引介西方法律的法典化进程之后，将是一个立足于本土化、将理论与实务相结合的新时代。在这个时代中，中国法律人不仅需要怀抱法治理想，还需要具备专业化的法律实践能力，能够直面本土问题，发挥专业素养，推动中国的法治实践。这也是中国未来的"法律人共同体"面临的历史重任。本译丛能预此大流，当幸甚焉。

李　昊

2018 年 12 月

中文版推荐序一

自21世纪初以来，法学方法论在我国法理论界渐成显学，个中原因诸多，但一定程度上与域外特别是以德国为代表的欧陆方法论论著经由译介而为我国学界所继受有关：比如，卡尔·拉伦茨教授所著的《法学方法论》经由陈爱娥博士译介引进而为大陆学界所接触，时至今日在方法论领域仍居不可撼动之地位。不过，纵览近年来法学方法论领域对域外法学方法论论著的译介工作，虽有众多学者无私投入精力，但仍有相当多尚待改进的余地。一者，在纵向时间上，针对特定理论问题，往往无法对学术发展史上之重要文献进行完整译介，而是译者止步于片段式抽取译介，易生只见树木不见森林之弊端。二者，在横向广度上，法学方法论诸多领域的经典著作，特别是专题性研究专著的译介，尚为一片空白，无力推动研究向深处全面发展。

此二问题，在法体系理论领域同样存在。自启蒙运动破除中世纪蒙昧禁锢，欧陆学者得以运用人类理性，历经迭代演进，首先在自然科学领域，将自身对外在客体之认识，构建成逻辑自洽之公理体系，冠以科学之尊号，尤以数学为其代表。自此，"体系"与"科学"便紧密相连。而以人类自身之行为为规范对象的法学，亦孜孜不倦寻求分享这一殊荣。无论是"莱布尼茨-沃尔夫"时期的理性自然法学派，抑或普赫塔时期达到巅峰的概念法学派，都试图运用公理方法建构法律科学体系。此种极端的公理演绎体系，很快迎来自由法学派和利益法学派的猛烈抨击。主要由利益法学派代表人物黑克所提出的"内部体系—外部体系"的区分，虽被我国学者奉为圭臬，然而，对于20世纪以后体系理论的新近发展，却仅有零星介绍，更遑论对此宏大历史线条上的各具体发展阶段的详细译介。而在横向上，特别是对体系与法律适用和法律续造之关系、体系构建、体系断裂等相关具体问题，现有译介成果更是未能覆盖。

历史业已发生变化，我们应当把法体系理论置于当今整个思想的气候与氛围之中加以审查。应当看到：社会高度分化的复杂性使得人们将越来越多的精力用于随机决策、具身伦理与个体筹划，而强调宏大叙事、格式（一般）演绎与体系思维的传统经典科学在此过程中逐渐趋于式微，甚至走向"至暗时刻"。种种量子态表明，人们越想要在智性领域接近真相，越需要摆脱整体解释，甚至需要彻底拒斥实证科学的气质，遁入还原主义的轨路。这似乎意味着，知识可能不再绝对地来源于纯粹理性，更多地可能来自经验；普遍主义和逻各斯中心主义逐渐沦为清算对象，多元因果和"选择性亲和"成为意识流；等等。如果说经典（自然）科学生产结构化的知识，那么，依据或类比这种规准建构的经典社会科学必然在认识论上承诺或采用"二级结构"（constructs of the second degree）。尽管阿尔弗雷德·舒茨（Alfred Schutz）的本来目的是想借此在社会科学和自然科学的范式中作出区分，从而指明一条"非经典社会科学"的路径，但我们仍有理由确信能够对社会科学进行可靠的描述，并能够对作为"一级结构"的社会结构或关系的意义进行析取；一旦"一级结构"的意义被悬搁，作为"二级结构"的社会科学便可能成为某种虚无。可是，当下激进的智性追求使得这些接近或掌握真理的图式、方法反而变得具有某种"痴性"，人们不敢也无须再徜徉在"科学世界"，于是，规范科学被迫向"生活世界"逃逸。

规范科学的形态学标志开始瓦解,"体系"及其思维作业开始显得不那么重要:规范可以附着于争议与事件而产生和存在,解释可以屈从于主观与心性而成型和变化。前者有"判例法"作为倚仗,有"领域法"背书;后者有"能动主义"为矫饰,有"现实主义"(司法信任)而续造。虽然我们应当承认,这些观念并未将"体系"完全抹杀,但"体系"却仅在局部被矮化为某些操作工具,它不再是规范知识之生产方式,也不再为规范知识的自组织提供有益的效价。若秉承"存在即合理"表面语义所建构的那种粗糙真理观,则我们完全可以大而化之地得出结论,至少在某个或某些法律地理(人类的法律视域)的观测内,抛弃"体系"并不是什么荒诞而无法想象的事情。如此一来,这个问题便成了过分棘手而又不得不找到答案的那个——"体系"对我们而言真的重要吗?

在智识的竞技领域,最扰动心弦的一种导向,是文化间性主义和多元主义的分析,它浸润着法律人类学的学科智慧。如果说弱化"体系"的惯式伴随着异质文化输入,则语言结构的极化将被凸显为核心解释要素。这一点很容易从当代中国法学方法论之演进和发展的过程寻得端倪,这个过程始终伴随着以德语为主的法学学术语言的竞争。一旦有人作出推问,如若最先被引介的知识总是以德语书写,则"体系"是否也会成为我们所期待的那种潜移默化的效果?这就好比有人试图以"法律的社会科学研究缘何源自并兴盛于美国(而非德国)"为口实,试图探寻美国和德国两种法律文化基因变异、区隔的一般规律和基底逻辑那般——便必然构筑起"德国传统(教义学传统)—英美传统(判例法传统)"二元对垒的局面,继而陷入无尽争执的泥淖。但它们真如人们想象的那样,存在着不可调和的矛盾吗?或者说,这种文化类型学的框架,究竟能够帮助我们更加切近认识的真理,还是平添了我们更多认识上的烦恼?

终极答案我们不得而知,这种对垒和争论或许还将持续下去,我们能清晰知道的是,英美法系传统中曾有过构建"体系"的深刻尝试:比如由杰弗里·吉尔伯特(Jeffrey Gilbert)、杰里米·边沁(Jeremy Bentham)、詹姆斯·斯蒂芬(James Stephen)、塞缪尔·马奇·菲利普斯(Samuel March Phillips)等接续建构的理性主义证据法传统,大陆法系传统中亦曾有过体系思维的悖逆构想:特奥多尔·菲韦格(Theodor Viehweg)于1953年出版的成名作《论题学与法学:论法学的基础研究》(*Topik und Jurisprudenz: Ein Beitrag zur rechtswissenschaftlichen Grundlagenforschung*)便是典型的例证。其在书中宣称,只有借助论题学思维,而非体系思维,才能正确把握法学的结构。倘若以"时空压缩"的逻辑建立思想实验,则是否意味着"体系"的零和之争已在欧陆(法学方法论)传统的纵向捭阖中得到缓释或统合?然而,事实上,菲韦格的"异见"甫一问世,即遭到了体系思维支持者阵营的强烈阻击,其中最引人瞩目者就是克劳斯-威廉·卡纳里斯(Claus-Wilhelm Canaris)。他以教授资格报告为基础,于1969年出版了《法学中的体系思维与体系概念:以德国私法为例》(*Systemdenken und Systembegriff in der Jurisprudenz, entwickelt am Beispiel des deutschen Privatrechts*)一书,随即成为德国法学理论上系统讨论法体系问题的重要文献。该书第七章对菲韦格的论题学观点进行了原则性批判,最后也提出了"论题学尚存的可能性"。这样一本浓缩了法文化隔膜与体系思维合理性之争的重要著作,今由陈大创博士译出,它的出版确实是法学汉语翻译上的一件大事和幸事,当击节庆贺。

《法学中的体系思维与体系概念:以德国私法为例》一书,分七章对法学中的体系理论进行了全面论述(第八章为论点)。在前两章中,其以体系思维在法学中发挥的保障评价一致性与内在统一性的功能为出发点，排除学说史上的不适于发挥此功能的体系概念，提出以一般原则为基础的目的论—价值论体系概念，并在第三章深入阐述了体系的开放性特征，紧接着在第四章论述了与体系开放性相关的动态体系问题。第五章和第六章则涉及实践性法学，亦即体系与找法、体系构建之限度等问题。第七章则是对论题学思维之批判。如此，《法学中的体系思维与体系概念：以德国私法为例》一书，在纵向和横向上全面覆盖了法体系理论的相关知识点。

卡纳里斯教授在其撰写的法学方法论著作中，从未止步于阐述纯粹抽象的法理学理论，而是一以贯之地追求部门法教义学和法理学理论的有机结合。恰如本书副标题所揭示的一样，其不断借助部门法教义学上之具体经典案例和争议问题，归纳、发展出自己的抽象的法理学理论，同时借助由此发展出来的理论反哺解决部门法问题。具备此种横跨理论法学与部门法学之知识储备和研究能力，是很多德国法学大家之共同点。而在我国，理论法学与部门法学之间长期隔阂，甚至相互轻视。在此背景之下，卡纳里斯教授的此种研究范式，尤其值得中国法学界借鉴。

总之，本书是我国读者深入了解和研究德国法学中法体系理论所无法绕过的高地，必将在中国法学界激起同样的理论涟漪。

卡纳里斯教授一生笔耕不辍，著作等身。除本书外，其诸多专著都是相关领域的经典之作：如其博士论文《法律漏洞的确定》使其二十六岁即在德国法学界声名鹊起，其教授资格论文《德国私法中的信赖责任》是德国信赖责任的集大成者，被誉为媲美"缔约过失责任"的法学发现。此外，其续编了拉伦茨所著的《法学方法论》和《债法教科书》、卡佩勒所著的《商法》，并负责修订《德国商法典施陶布法律评注》中的《银行合同法》。他的诸多作品被翻译成包括中文在内的多国语言，在世界范围内产生了重要影响。卡纳里斯教授曾当选为巴伐利亚科学院院士、欧洲科学与艺术学院院士、奥地利科学院院士、伦巴第科学与人文学院院士、伦敦高级法律研究会会员、日本科学促进会会员等,被里斯本大学、马德里大学、格拉茨大学、雅典大学、维罗纳大学等授予荣誉博士学位,并荣获德意志研究基金会颁发的莱布尼茨奖、德意志联邦共和国一等十字勋章等,被誉为"民法教父",具有世界性的学术影响力。

卡纳里斯教授1937年7月1日出生在德国莱格尼察,于2021年3月5日在慕尼黑逝世,享年83岁。他的逝世是德国法学界的巨大损失。2002年4月,卡纳里斯教授由南京大学法学院方小敏教授陪同访问我国北京、西安、上海等地,本人有幸在中国政法大学聆听了他的学术讲座,目睹大师之真容,对其学问与学术风度印象深刻,感佩之至。译者陈大创博士乃本人多年的羽毛球球友,其本科在中国政法大学修读法学与德语双学位,硕士就读于中国政法大学比较法学院,后赴德国科隆大学,在著名法学家诺伯特·霍恩(Norbert Horn, 1936—2023)教授门下攻读LLM及法学博士学位。其德文功底扎实,译文精准流畅,很大程度上保证了阅读的流畅度和愉悦感,特此向读者推荐。

舒国滢
于北京北三环夕峰吟斋
2023年11月10日

中文版推荐序二

克劳斯-威廉·卡纳里斯是20世纪德国最重要的法教义学家和法学方法论理论家之一。《法学中的体系思维与体系概念：以德国私法为例》一书，是奠定他这一声誉的最早期作品之一。通过本译作，该作品首次得以为广泛的中国法学界读者所触及。这一译作早就值得期待，因为几乎其他任何一部作品，都无法像当前这部篇幅短小的专著一样，如此清晰地体现由克劳斯-威廉·卡纳里斯发展出来的评价法学之流派的法理论基本观点。

正如卡纳里斯在第2版序言所述，本书源自其在1967年向慕尼黑大学法学院所作的教授资格报告（Habilitationsvortrag）。本书首版于1969年出版，很快便脱销，第2版于1983年出版。为能正确地对卡纳里斯的早期作品进行梳理，我们必须知道，德国大学的教授资格申请程序，除教授资格报告——该报告通常不以专书的形式，而是多以期刊论文（Aufsatz）的形式公开发表——以外，还需要额外提交一部大型专著，亦即所谓的教授资格论文（Habilitationsschriften）。只有教授资格论文被法学院接受之后，才有可能作教授资格报告，教授资格申请程序方可能完成。克劳斯-威廉·卡纳里斯的教授资格论文，是一部同样享有巨大声誉并持续地影响了德国私法的作品——《德国私法中的信赖责任》。该书于1971年出版——同样很快脱销——并于1981年不加修订重印。最后，属于其早期作品三部曲之一的，还有其1964年的博士论文《法律漏洞的确定》，该书的修订第 2 版同样于 1983 年出版。借助这三部作品，克劳斯-威廉·卡纳里斯为其在德国民法教义学和法学方法论领域丰富的毕生著述奠定了基础。

上述三部作品相互补充。其博士论文描述了一种法律解释和法律续造方法的体系，漏洞概念位于其核心位置。教授资格论文则是一部民法教义学原创力的杰作。该书始终如一地从博士论文中汲取实践滋养。与此同时，卡纳里斯在《德国私法中的信赖责任》一书中，直观地展示了从其对评价法学之解读中引申出来的方法论结论。此种独特之解读的前提，是依托成文法本身以及超越成文法进行的一方面是目的论的，另一方面则是体系论的作业。卡纳里斯通过对诸多被揭示的立法者的评价进行归纳的方式，发展出信赖原则。但是，他从不完全信任从纯粹的成文法上的具体解决方案中得出的归纳结论，即使其可比较性（Vergleichbarkeit）在具体个案中可能看起来非常有信服力。相反，他的工作方式，要求总是要对以下问题进行目的论的审查思考，即审查成文法的归纳性工作所得出的原则，是否同时符合法秩序整体上之目的（Teleologie）。因此，目的论体系的法学思维便成为其前提，而卡纳里斯最终将《法学中的体系思维与体系概念：以德国私法为例》一书聚焦于该思维。如此，本书通过坚定的法理论视角，对其早期三部主要作品的方法论和法教义学基础进行了补充。

如果人们在今天的讨论现状之背景下，阅读这部五十多年前诞生的作品，则卡纳里斯所关注的某些法理论争议，具有时代性，因为其反映的是 20 世纪 60 年代德国法学界的讨论状态。譬如，卡纳里斯对作为体系性法律思维之对立模式（Gegenentwurf）的论题学的详尽研究（第七章），只有结合当时围绕特奥多尔·菲韦格的争议之作《论题学与法学：论法学的基础研究》的激烈讨论这一背景，才能被人理解。这一讨论在 20 世纪 60 年代——亦即恰好是卡纳里斯在慕尼黑从拉伦茨身上接受学术熏陶之时——达到高潮,并且在此之后很快就重新归于沉寂。菲韦格的作品——其乃一部独特的作品——于 1953 年首次出版,至 1974 年共出五版。在 20 世纪 50 年代和 60 年代,与菲韦格的论题学进行论战,是德国法律科学理论的时髦主题之一。当时,这一理论从法律科学在纳粹独裁时期的失灵出发,得出其最初的结论,并提出与源自 20 世纪 30 年代的评价法学相对的方法论批判性对立模式。评价法学的代表人物——拉伦茨以及刚加入讨论的卡纳里斯位列其中——认为,论题学是对被评价法学作为前提的目的—体系性找法所体现之理性的攻击。因此,卡纳里斯在本书中一以贯之地驳斥论题学的体系批判性进路。但值得注意的是,他是如何做的——而这使得他的论述时至今日仍具有阅读价值:卡纳里斯并非单纯地驳斥论题学是非体系的和反理性的,而是一方面从亚里士多德的"普遍接受的多数人的意见(Endoxa)"或者"占统治地位的观点"中,另一方面则从古典修辞学中,梳理出论题学的哲学基础,并审查其在法学上的可用性。在此,卡纳里斯一方面得出结论,认为论题学不适于用来解决以客观正确性而非主观意见为目标的法学的效力问题和拘束力问题;另一方面,这并未阻止卡纳里斯同时强调论题学作为正确理解和正确行为之诠释学方法的价值。时至今日,对论题学的这种区分性处理,即使对不同观点者而言,仍值得遵循。

卡纳里斯详加论述的第二项具有时代性的主题,是动态体系(第四章)。这一概念源自奥地利民法学家瓦尔特·维尔伯格(Walter Wilburg)。在 1941 年之后的多篇论文中,他首先在损害赔偿法领域,随后作为一般性的立法构造原则对动态体系加以发展。维尔伯格将动态体系理解为一种以数项位阶相同的、可相互补偿的元素为基础的灵活的构成要件模式(Tatbestandsgestaltung)，这些元素可以通过它们之间不同组合方式的力量作用的整体效果，满足构成要件。显而易见，这种体系构造，在诸如损害赔偿法——在该领域中，规则约束之下的灵活性具有重要意义——等法律领域，特别适合作为立法的和教义学的构成要件模式。卡纳里斯也认为，动态体系这一概念在教义学上亦有可取之处。在此，他比维尔伯格更进一步，不将其仅仅解读为立法上的、以立法者为导向的构造原则，而是对不确定之法律概念进行具体化的教义学的和方法论的原则。但是，作为整体之法体系，并非动态体系。在此意义上，卡纳里斯非常重视对动态体系和开放体系(第三章)的区分。动态体系仅仅是恰当地描述了法体系的部分领域，而作为整体的法的科学体系，通常至少在两方面是开放的。一方面，所有科学认识必然具有的暂时性和非封闭性，必然导致被科学化整理的法体系具有开放性。另一方面，法体系之开放性更加深入，并且是通过法自身的本体论加以证立的。卡纳里斯强调作为法自身之基础的基础评价的可变迁性，并因此而明确拒绝所有构建一项纯粹形式的、实证主义的、规范上封闭的和不具有社会反射性的法律科学体系的构想。这一结论之有效性，在其提出逾五十年后仍未有任何减损。

如此一来，就剩下法律科学上之体系思维的三个根本问题尚需论述，卡纳里斯在本书主要部分对其加以处理：体系的概念(第一、二章)、基于体系找法(第五章)以及法学上体系构建的限度(第六章)。

卡纳里斯遵循伊曼努尔·康德的经典体系定义，认为体系的概念，首先是由秩序和统一性这两项概念特征勾勒的(第一章)。体系的秩序，是指其各具体元素在它们之间的关联上具有可被理性把握的内在一致性意义上的实质关联。而体系的统一性，则比其秩序性更进一步地要求体系的各具体元素，应当可以被回溯至若干少数支撑性的基本原则。在此，依卡纳里斯的观点，应当时刻区分体系的两个不同但紧密相连的方面，亦即一方面是认识的科学体系，另一方面是客体的客观的或者说实在的体系。那么，客观的以及科学的法体系的体系上之秩序和统一性的价值到底为何？卡纳里斯通过援引一般性的平等对待命令所具有的基础性的正义价值，来回答这一基本问题。这一命令要求，相同之事同等对待，不同之事不同对待。在卡纳里斯的理论中，以法秩序的评价一致性和内在统一性思想为基础的体系主张（Systemanspruch），因此而直接地和法理念的基础价值结合在一起，按古斯塔夫·拉德布鲁赫之说法，这些基础价值通常被表述为正义、法安定性和合目的性的三位一体。

由此出发，卡纳里斯得以进一步将不恰当的体系概念加以排除，并因而在进行体系定义时，就可以发挥目的性体系概念的效用（第三章）。首先被卡纳里斯认为不足的，是菲利普·黑克提出的内部体系和外部体系二分意义上的纯粹外部的、唯名论的体系理解。对卡纳里斯的体系理解而言，具有决定意义的，通常是作为法概念的目的性内在关联意义上的法秩序的内部体系，而非仅仅是其在实证法秩序概念（Ordnungsbegriff）体系中的外部反映。基于同一理由，卡纳里斯认为，所有试图将法体系理解为汉斯·凯尔森意义上的纯粹基本概念体系，或者形式逻辑的、公理—演绎的体系的尝试，也都是不合适的。他尤其反对将法体系建构为逻辑上无矛盾的演绎体系，从而通过分析性演绎从中引申出法律规则的主张。总体而言，他认为，形式逻辑的推论程序，无法恰当地描述法律推论的目的性运作方式，譬如在类推情形，并把将此类推论程序解读为形式逻辑的尝试，称为"虚假逻辑"。因此，他坚定地反对任何形式的"概念法学"，但是没有对隐藏在这一复杂的斗争概念（Kampfbegriff）背后的19世纪晚期以来的论争加以论述。

与概念法学这一失真画面一样,卡纳里斯同样拒绝了很大程度上是由菲利普·黑克在20世纪早期发展起来的利益法学的对立观点。与同时代国际上的法律现实主义(Rechtsrealismus)流派类似,利益法学不信任任何一种忽视作为法之基础的现实的利益对立,而强调法的概念上或者规范上的自我逻辑(Eigenlogik)的体系思想。黑克将法体系理解为"冲突决断体系",亦即立法者为解决作为法之基础的利益冲突而作出的可能决断的集合。但是,正如卡纳里斯从评价法学之视角所批评的那样,以此为基础,就不可能再形成一种以规范统一性和一致性之基础思想为导向的法律科学上的体系概念。相应地,早期的评价法学,早在20世纪30年代就已经拒绝了利益法学的唯名论式的还原论(化约论),并提出以下主张取而代之,亦即,既不将法体系描述为概念的体系,也不描述为利益的体系,而是描述为评价的体系,亦即法秩序虑及社会中先在的利益状态而作出目的论上理性的自我评价(Eigenwertung),并因而帮助法重新获得相对于社会的独立的规范性。反过来,针对评价法学的这一主张,尽管人们可以像黑克般批判道,不在可以被公开证实的立法者的价值决定中拥有牢固基础的所谓的法的自我理性(Eigenrationalität),总是面临坠入意识形态和法官恣意的风险——正如拉伦茨等深陷纳粹意识形态的早期评价法学代表人物在其作品中所直观展示的那样。但卡纳里斯对利益法学的批评,在以下意义上是正当的,亦即,无可辩驳的是,无法在不导致复杂性严重降低的前提下,将规范性的秩序和一致性这一具有体系支撑性的观点,以及普通法法秩序中讨论的替代德国法上强烈的体系要求的类似标准,如融贯性(Kohärenz)或者解释一致性,从法律科学理论中剔除。只有持规范性还原论的立场,才有可能否认,对法复杂的自我理性的深入把握,属于启蒙之后的法律科学的核心任务,而其赋予作为具体的认识方法和行动指引方法的体系论证何种地位,则无关紧要。

后一个问题,亦即基于体系找法(第五章)的问题,是对卡纳里斯的体系概念之效用的真正检验。为此,卡纳里斯首先再次回顾围绕概念法学的争论,并将黑克对其攻击性的拒绝,完全归因于一项唯一的不被允许的推论程序,亦即所谓的"颠倒方法(Inversionsmethode)"。该方法的错误之处,在于把案件事实和法律规则以及体系之间的关系,反转了或者完全颠倒了:颠倒方法不是从案件事实的目的论中,推导出一项最可能合理的法律规则,而是反其道而行之,从体系的概念结构中,推导出"体系正确的"调整案件事实的规则。亦即,并非体系遵循案件事实的目的性结构,而是案件事实的归置服从体系的概念结构。这种推论程序,在其极端形态中,就演变成基于纯粹的概念体系,对法律规则进行逻辑—演绎的推导或者脱离现实的"建构"。即使尚未达到此种程度,颠倒方法,亦即任何基于体系进行的未经目的性审查思考的概念—演绎式推论,仍是一种方法错误,而卡纳里斯在其作品中,始终如一地对其加以避免和批判。然而,从对颠倒方法的拒绝之中,并不能当然得出结论,认为任何基于体系的找法都不被允许。如此,对概念法学以及体系论证欠缺"生活紧密性"的一竿子批判,就落空了。如果把法秩序的内部体系理解为目的论体系,则体系论证不外乎是目的性论证的一种运用情形,而目的性论证属于毫无疑问被承认和允许的法律解释和法律续造方法。通过在找法的框架内,将目的性的体系概念和目的性论证关联起来,卡纳里斯创造了一种法体系和方法论之间的直接的、源自事物本质的关联。通过此种方式,体系在卡纳里斯的理解中,就丧失了所有理论的、超实证法的、理念性的甚或是形而上学的特性,变得直接具有实践性。无论在本书还是他的其他作品中，卡纳里斯工作方式的典型特征，都是他直接以具体例子对此加以证明。被提及的关于体系解释和法律续造、避免评价矛盾、漏洞之确定以及教义学建构的例子，全部都属于德国私法上的经典问题，并且通过借助德国《民法典》，有时借助德国《商法典》，其时至今日仍然很好理解。最后，卡纳里斯再次提醒，要谨慎地运用体系论证，体系论证无论如何都不能从方法论上独立出来，亦即脱离作为基础的实质问题的目的。因此，任何基于体系的论证，都需要进行目的性审查，看看从体系中提取出来的法律规则，是否恰当地体现了所指的评价内容。若否，则需要对其进行目的性修正。此外，在体系因其开放性而本身需要加以目的论上的进一步发展之情形下，基于体系的论证也到达其边界——在此，前述所言的边界，反过来不能被滥用来通过援引所谓的实质正义的位阶更高的命令，而抛弃符合体系的解决方案。总而言之，卡纳里斯所构想的体系思维，通过在两个方向上——防止体系的教义学上的自我决定化，以及防止通过利益或者意识形态对体系进行压迫——进行区分性的保障，展示了其在方法论上的效用。

这就引出了体系构建的限度这一最后的问题（第六章）。在此部分，卡纳里斯再次强调，不可能存在"完整"的法体系。不仅历史性生长的法秩序的不完整性，体系正当性和个案正义之间无法消解的紧张关系也阻止了其形成。卡纳里斯认为，法学中的体系思维，首先是在真正体系断裂、体系陌生之规范和体系漏洞等情形达到其边界。但即便是在此类情形下，他依然尝试尽可能地借助方法论工具箱中的工具，尽量向外拓展可能的体系思维边界。他比罗纳德·德沃金更早区分了真正的体系断裂和单纯的原则冲突，并且不将原则的固有限制，甚至体系内的明显的原则对立理解为体系断裂，而是追随约瑟夫·埃塞尔，将其理解为一种复杂的、开放的和可变迁的法秩序的必然表现形式，其绝非必须要被消除，而是仅需要在个案中进行平衡。为此，人们再次需要用到体系解释和法律续造等经典方法。但是，如果一项漏洞无法被填补，或者一项评价矛盾无法被消除，那么这些方法也就达到了其边界。依卡纳里斯的观点，在此情形下，回溯到一般性的平等律可以提供帮助——除非其涉及的不再是原则矛盾，而是真正的体系陌生的规范和评价漏洞。在这些边界情形下，基于体系的论证最终也失灵了。但是，具有典型性的是，卡纳里斯认为，在此情形下，并非从体系中得出方法论上的边界，恰恰相反，是从方法中得出体系的边界。只要方法论上合理的论证尚有可能，法学体系思维就未到达其界限。卡纳里斯认为，方法和体系，并非简单地以最紧密的方式相互结合，而是遵循精确的顺序：体系从方法中得出，而非方法从体系中得出。恰恰可能是后一种视角，才使得卡纳里斯的体系思维，对于日渐多元化的、绝非独立地以已经生成的价值秩序为基础的现在和将来的法秩序而言，仍值得追随。基于最后这一思想，卡纳里斯的作品，作为启蒙后的法律科学文化——其以方法论上理性的找法这一基本思想持续的更新性为基础——的里程碑，值得推荐给 21 世纪中国现代的法律科学。

玛丽埃塔·奥尔（Marietta Auer）
马克斯·普朗克法律史与法理论研究所执行所长
法兰克福，2023 年 11 月

第 2 版序

本书源自我在 1967 年所作的教授资格报告，多年前就已脱销。出版社希望能发行新版，但我却答应得犹犹豫豫，原因在于，印刷技术上的局限导致无法实现更大的改动。不过，直到今日，我对本书的主要思想——特别是如本书结尾论点部分所总结的那样——依然坚信不疑。尽管我在细节问题上可能有不同的看法，但这无足轻重。除了若干细微的改动，本书文本与第 1 版保持一致。文中的引据亦是如此，我让其保留原样。因为，对其进行更新，或者吸收此后的学术讨论，都意味着必须要重写本书的部分内容。如前所言，这并非第 2 版的目标。

本书日文版和葡萄牙文版的翻译工作已在筹备之中。

克劳斯-威廉·卡纳里斯
于慕尼黑，1982 年 12 月

第1版序

本书源自我于1967年7月20日在慕尼黑大学法学院所作的教授资格报告。本书完稿于1968年8月，此后出版的文献，只能零星地在脚注中加以关注。

本书谨献给我尊敬的老师卡尔·拉伦茨，他在学术和个人方面给予我大量帮助，特以此书聊表谢意。此外，我还要感谢慕尼黑大学法学院的其他成员，感谢他们在我担任助理和讲师期间不断给予的友善和支持。

克劳斯-威廉·卡纳里斯
于格拉兹，1968年12月

目 录

第一章 体系思维在法学中的功能　003
一、秩序和统一性作为一般体系概念的特征　003
二、法秩序的评价一致性和内在统一性作为法学体系的基础　006
　（一）一致性和统一性作为科学理论上和诠释学上的前提　006
　（二）一致性和统一性作为法理念的衍生和假设　009

第二章 体系的概念　013
一、无法从法秩序的评价一致性和内在统一性思想中获得
　　正当性的体系概念　013
　（一）"外部"体系　013
　（二）"纯粹"基本概念体系　014
　（三）形式—逻辑体系　015
　（四）作为问题关联的体系　025
　（五）生活关系体系　030
　（六）黑克和利益法学的"冲突裁判体系"　031
二、从法秩序的评价一致性和内在统一性思想中发展体系概念　038
　（一）体系作为价值论或者目的论的秩序　038
　（二）体系作为"一般法律原则"的秩序　044

第三章　体系的开放性　　059
一、"科学体系"的开放性作为科学认识的非封闭性　　060
二、"客观体系"的开放性作为法秩序的基础评价的可变迁性　　061
三、体系的开放性对法学中的体系思维和体系构建之可能性的意义　　062
四、体系变迁的前提条件和客观体系变迁与科学体系变迁之间的关系　　064
　　（一）"客观"体系的变迁　　065
　　（二）"科学"体系的变迁　　071

第四章　体系的动态性　　073
一、维尔伯格的动态体系的特征　　073
二、动态体系与一般体系概念　　075
三、动态体系与现行法　　077
　　（一）非动态体系原则上的优先性　　077
　　（二）动态体系部分的存在　　078
四、动态体系的立法和方法论意义　　080
　　（一）动态体系和进行更强烈区分的要求　　080
　　（二）动态体系与一般条款　　082
　　（三）动态体系在一般条款与固定要件之间的中间位置以及对三种可能构造进行结合的必要性　　082

第五章　体系与找法　　087
一、体系性归置和目的性内容的揭示　　090
　　（一）"体系解释"　　092
　　（二）通过体系填补漏洞　　097
二、体系在法律续造时对于维持评价统一性和一致性的意义　　099

（一）评价矛盾的避免 100
　　（二）漏洞的确定 101
　三、立法建构的评价内容 103
　四、基于体系找法的限制 107
　　（一）目的性审查的必要性 108
　　（二）体系续造的可能性 109
　　（三）体系正确性与实质正义 110
　　（四）体系构建的限度作为基于体系找法的限度 113

第六章　体系构建的限度 115
　一、体系断裂 115
　　（一）体系断裂作为评价矛盾和原则矛盾 115
　　（二）评价矛盾和原则矛盾与类似现象的区别 116
　　（三）通过法律续造避免评价矛盾和原则矛盾的可能性 119
　　（四）违反体系的规范的拘束力和体系思维对立法者的约束的问题 125
　　（五）保留的体系断裂对于法学中体系思维和体系构建之可能性的意义 134
　二、体系陌生的规范 135
　　（一）体系陌生的规范作为对法秩序统一性思想的违反 135
　　（二）违反体系的规范的解释和效力 137
　三、体系漏洞 137
　　（一）体系漏洞作为评价漏洞 137
　　（二）体系漏洞作为非体系导向的思维方式的突破口 138

第七章　体系思维与论题学 140
　一、关于论题学的特征 141

（一）论题学与问题思维　　141
　　（二）论题学和基于"普遍接受的意见"或者"常识"的前提
　　　　正当性　　145
　二、论题学对于法学的意义　　147
　　（一）对论题学原则上的批判　　147
　　（二）论题学尚存的可能性　　156

第八章　论　点　　162

参考文献　　169
索　引　　179
译后记　　191

体系思维对于法学有何意义,是法学方法论中最具争议的问题之一。几乎没有任何一项争议,会像这个问题一样,各方的观点时至今日仍然截然对立。譬如,绍尔(*Sauer*)坚决宣称:"只有体系,才能保证认识(Erkenntnis),保证文化。只有在体系内,真正的知识(Wissen)和真正的作用(Wirken)方有可能。"[1]沃尔夫(H. J. *Wolff*)亦说道:"法学要么是体系的,要么它不是法学。"[2]而埃姆盖(*Emge*)则持保守态度怀疑道:"体系通常是'理性'的一项内容过于宽泛的尝试(Unterfangen)。"[3]——这句话与尼采著名的表述仅有一步之遥,众所周知,尼采将构建体系之意图(Wille),称为"欠缺正直(Rechtschaffenheit)""性格疾病(Charakterkrankheit)"。[4] 与私法尤为相关的是,20世纪最重要的——概念法学与利益法学之间的——方法论上的论战(Auseinandersetzung),这是一项重点关于法学体系建构的意义、种类和限度的争议(Kontroverse)。最近,特奥多尔·菲韦格(Theodor *Vieweg*)借助其关于"论题学与法学"[5]的作品,又激起新一番讨论,他

---

* 原书正文从第9页起。——译者注

[1] Juristische Methodenlehre, 1940, S. 171.

[2] Typen im Recht und in der Rechtswissenschaft, Stud. Gen. 1952, S. 195 ff. (205).

[3] Einführung in die Rechtsphilosophie, 1955, S. 378.

[4] Gesammelte Werke, 1895–1912, Bd. VIII, S. 64 bzw. Bd. XIV, S. 354. 博尔诺(*Bollnow*)在精神科学的方法论原则的层面上提出了对体系的不信任,参见 Die Objektivität der Geisteswissenschaften und die Frage nach dem Wesen der Wahrheit, Zeitschr. f. Philosophische Forschung 16 (1962), S. 3 ff. (15 f.).

[5] 1. Aufl. 1953,现见 3. Aufl. 1965。

对体系的批判,有人大力赞同,也有人坚决反对。

现今,这一争论的持久性和尖锐程度,早已不再令人惊讶,但方法论和法哲学上的诸多核心问题却还不为人所重视。正如主要围绕菲韦格的论点(Thesen)所开展的讨论再次清楚揭示的那样,这里涉及的,最终是我们的学科的基础,尤其是作为一门科学的法学的自我理解,以及法律思维和法律论证的特殊性。是的,此外还有:正如方法论处处与一般法哲学有着最紧密的联系一样,在此,人们也会很快就面临"法的最高价值"以及它们相互之间的关系这一问题。[6]

然而,迄今为止的讨论,通常都存在这样的毛病,即无论是在术语方面,还是在实质方面,都未能清楚地界定它们讨论的对象,亦即体系的概念。例如,菲韦格就必须忍受迪德里希森(Diederichsen)的批评,后者认为他只是进行了一场"与风车叶片的战斗"和"佯攻",因为他所攻击的公理—逻辑体系(axiomatisch-logisches System),早就没有人支持[7]——实际上这也是菲韦格的作品的一个重大缺陷[8]。确实,通常在运气最好的时候,人们能在文献中找到一些对"作为其讨论前提的体系概念为何"这一问题的不完整回答。但是,不对体系的概念进行全面的阐释,有关体系的讨论就缺少了必不可少的基础。因此,下文应当尝试在这方面取得更加清晰的认识。

---

[6] 参见下文第一章"二、(二)"、第四章"四、(三)"、第五章"二"、第六章"一、(四)、2"、第七章"二"的详细论述。(本书中文版标题层级的简化表示方式如前,余同。——译者注)

[7] Topisches und systematisches Denken in der Jurisprudenz, NJW 1966, S. 697 ff. (700).

[8] 参见下文第七章脚注64及该脚注的详细论述。

第一章

体系思维在法学中的功能

要想对法学上的体系概念作更详细的说明,人们首先要搞清楚两件事:第一,一般的,亦即哲学上的体系概念;第二,体系概念在法学中可以合理地完成的特殊任务。[1]

一、秩序和统一性作为一般体系概念的特征

就一般意义上的体系概念——尽管存在各种细节上的差异——基本上存在广泛的共识[2];具有决定性的,依然是康德(Kant)的经典定义,他将体系称为"一项理念(Idee)之下的各种认识(Erkenntnis)的统一体"[3]或者"一个根据原则归类的认识的整体"[4]。与之相似,譬如艾斯勒(Eisler)的《哲学概念词典》[5]认为,体系是"1.客观的:一项各种事物、活动、部分的整体上的关联,其中每一组成部分的意义是由上位的、超越各部分简单加总(übersummativ)的整体来决定的……2.逻辑的:一项统一的、依据某一原则进行的、将认识的多样性

---

[1] 关于概念构建时采此进路的正当化理由,参见 Canaris, Die Feststellung von Lücken im Gesetz, 1964, S. 15 f.的详细论述,该处在确定漏洞概念时采同样的方式。
[2] 里奇尔(Ritschl)对"体系"这一术语的发展作了很好的历史性概述,Ritschl, System und systematische Methode in der Geschichte des wissenschaftlichen Sprachgebrauchs und der philosophischen Methodologie, 1906。
[3] 参见 Kritik der reinen Vernunft, 1. Aufl. 1781, S. 832 bzw. 2. Aufl. 1787, S. 860。
[4] 参见 Metaphysische Anfangsgründe der Naturwissenschaft, 1. Aufl. 1786, Vorrede, S. Ⅳ。
[5] 4. Aufl. 1930, Bd. Ⅲ, 关键词"System"。

(Mannigfaltigkeit)变成一个知识整体(Wissensganzen)、一个结构化的、内在逻辑地关联的学说整体(Lehrgebäude)的整理(Anordnung)*,这一整体构成事物的实在体系(das reale System der Dinge)——亦即事物相互之间关系的整体——的尽可能忠实的对应(Korrelat),我们试图在科学的发展中尽可能'重构(rekonstruieren)'这一整体。"法学文献中的各种定义,很大程度上与此相符。譬如,依萨维尼(Savigny)的观点,体系是"将所有法律制度和法律规则联结为一个大的整体的内部关联"[6];斯塔姆勒(Stammler)认为,体系是"一个被穷尽枝分的整体"[7];宾德尔(Binder)认为,体系是"一个按照统一的观点(Gesichtspunkten)进行整理的法律概念的整体"[8];黑格勒(Hegler)认为,体系是"某一知识领域在一个意义整体(Sinngefüge)中的展示,这一意义整体将自身理解为这一知识领域的统一的、相互关联的秩序"[9];施托尔(Stoll)认为,体系是"一个统一整理的整体"[10];科英(Coing)认为,体系是"对认识按照一项统一的观点进行的整

---

* 艾斯勒原文为"einheitliche, nach einem Prinzip durchgeführte Anordnung einer Mannigfaltigkeit von Erkenntnissen zu einem Wissensganzen",卡纳里斯在此处引用遗漏"Anordnung einer"。——译者注

[6] 参见 System des heutigen römischen Rechts, Bd. 1, 1840, S. 214 (类似观点参见 S. XXXVI und S. 262)。

[7] Theorie der Rechtswissenschaft, 2. Aufl. 1923, S. 221; 以及 Lehrbuch der Rechtsphilosophie, 3. Aufl. 1928; 赞同观点,如 Binder, Rechtsbegriff und Rechtsidee, 1915, S. 158 f. und Philosophie des Rechts, 1925, S. 922; Engisch, Sinn und Tragweite juristischer Systematik, Stud. Gen. 10 (1957), S. 173 ff. (186)。

[8] Philosophie des Rechts, a.a.O.; 类似的观点参见较早的 Rechtsbegriff und Rechtsidee, a.a.O.和其后的 ZHR 100, S. 34 f. und 78。

[9] Zum Aufbau der Systematik des Zivilprozeβrechts, in: Festgabe für Heck, Rümelin und Schmidt, 1931, S. 216.

[10] Begriff und Konstruktion in der Lehre der Interessenjurisprudenz, Festgabe für Heck usw. (参见前注), S. 77。

理"[11]。

在所有定义中,都出现了两项特征[12]:**秩序**(Ordnung)和**统一性**(Einheit);二者具有最紧密的相互作用,但原则上仍要加以区分[13]。首先,关于秩序,此处所指的——若想避免出现操之过急的限缩,因而暂时非常一般化地表述的话——是一种可以被理性把握的"内在"的,亦即从事物本身加以证立的一致性(Folgerichtigkeit)。紧接着,关于统一性,该因素在以下程度上修正了秩序因素,即使得秩序不会分裂为一堆毫无关联的具体问题[14],而是必须能被回溯到少数支撑性的基本原则。在此,须时刻区分两种类型的体系,或者更好的说法,是区分体系的两面:一方面是认识的体系,艾斯勒在上文引用的定义中称之为"逻辑的"体系,在下文中应当更一般化地称之为"科学的"体系;另一方面则是认识对象的体系,艾斯勒不无正确地称之为"客观的"或者"实在的"体系。两者在以下意义上处于最紧密的关联之中,即前者必须是后者"尽可能忠实的对应(Korrelat)"[15],否则对一

---

[11] Geschichte und Bedeutung des Systemgedankens in der Rechtswissenschaft, Frankfurter Universitätsreden Heft 17, 转引自 *Coing*, Zur Geschichte des Privatrechtssystems, 1962, S. 9; 亦可参见 *Coing*, Bemerkungen zum überkommenen Zivilrechtssystem, in: Festschrift für *Dölle*, 1963, S. 25。

[12] 有时也被称为**完整性**特征(Merkmal der *Vollständigkeit*),特别参见 *Stammler*, Theorie der Rechtswissenschaft, a.a.O., S. 221 f.,其追随康德的观点:"整体……尽管可以内在地(per intus susceptionem),却无法外在地(per appositionem)增长,正如动物之躯体,其增长不会导致肢体的增加,而是在比例不变的前提下,使各肢体依各自之目的变得更强和更有用。"(Kritik der reinen Vernunft, a.a.O., S. 833 und S. 861)法学体系绝对无法满足这一特征,原因在于,"客观体系"具有"开放性"(对此,参见第三章"二"的详细论述),故而法学体系也可以不断外在地增长。但是,"完整性"这一元素对一般体系概念而言没有本质性意义,反而已经是立足于对一般体系概念进行一定的限缩。关于逻辑学意义上的**公理体系**中的"完整性"的要求,参见下文边码26—28。

[13] 正确观点参见 *Stammler*, a.a.O., S. 222。

[14] 此时可能仍可以称之为"秩序",因为,特别是平等秩序(Gleichordnung)也是"秩序"的一种形式,但每种秩序本身已经毫无疑问地包含了统一性的倾向(亦可参见脚注13)。

[15] 参见 *Eisler*, a.a.O。

项客体进行的科学加工,就无法对客体形成支配,并因而无法达成其目标。对法学体系之构建而言,由此可直接推出结论,只有其客体,亦即法,具有这样一种"客观"的体系时,构建体系才是理性意义上可能的。因此,对"体系思维"在法学中的意义和法学的"体系概念"进行任何进一步论述的前提,是解释清楚这一问题:法是否以及在多大程度上具备作为体系之基础的不可或缺的秩序和统一性。

二、法秩序的评价一致性和内在统一性作为法学体系的基础

法的内在秩序和意义统一性究竟如何?

(一) 一致性和统一性作为科学理论上和诠释学上的前提

在方法论意义上,人们往往将其视为理所当然的前提。只要人们将法学作为**科学**来从事研究,就表明人们已经这样做了[16];因为,正如科英所言:"法学体系,归根到底是这样一种尝试,即将针对某一特定形式的社会生活的正义的整体,理解为诸多合理原则的总和。一个理性的、可被思维把握的结构支配着精神世界和物质世界,是一切科学不可放弃的基本假定(Grundhypothese)。"[17]相应地,法学方法论也直接假设原则上存在法的统一性。譬如通过提出"体系解释"[18]这一命令,或者在借助所谓的法律类推找寻"一般法律原则"的时候,法学方法论就是这样假设的,而其此时也与一般诠释学的理

---

[16] 特别是宾德尔已经反复强调了法学的科学性与体系思维之间不可分割的关联,参见如 Philosophie des Rechts, S. 838 f., 852, 以及更早的 Der Wissenschaftscharakter der Rechtswissenschaft, Kantstudien XXV (1921), S. 321 ff. (356)。

[17] Zur Geschichte des Privatrechtssystems, S. 28.

[18] 对此,参见第五章"一、(一)"结合脚注21所列引据的详细论述。

论相一致;因为对诠释学而言,所谓的"统一性准则"或者"整体性准则"——根据这一准则,解释者(Interpret)应当将其解释对象理解为一个自身有意义的整体,并以之作为前提——属于不可动摇的存在。[19]

然而,如果从法学的科学性,或者从存在统一的意义理解这一方法论上的假设,直接推出结论认为存在法的统一性,就会导致循环论证(petitio principii)。因为在逻辑上,法学到底是不是一门科学,构成前置问题。因此,完全有可能证明,认为法学具有科学的性质是一个错误,原因是其客体不适格。体系思维的反对者们,在前后一致地贯彻其基本出发点(Grundansatz)的时候,实际上就部分地否认了法学的科学性[20],而仅仅赋予其一种"技术性手艺"的地位。相似地,"体系解释"、探寻一般法律原则和统一的意义理解等命令,跟所有方法论上的准则(Maximen)一样,首先都是纯粹的假设,如果这些假设未能在其客体,即法秩序中找到对应(Entsprechung)的话,它们只能永远无法实现。

但是,在这一意义上,指出法律人一贯以来所持的方法论上的基本假设,并非完全没有价值。它至少可以让体系思维的反对者们清楚,他们所放弃的,比第一眼可能显示出来的更多。譬如,菲韦格是否真的愿意否定法学的科学性,以及他的所有追随者是否都愿意在这一

---

[19] 对此的最新的详细论述,参见 Betti, Allgemeine Auslegungslehre als Methodik der Geisteswissenschaften, 1967, S. 219 ff., 该处附有全面的引据。

[20] 尤为坚持此观点者,参见 Ehrlich, Grundlegung der Soziologie des Rechts, 1913, S. 1 ff., 198 及其他处;关于埃尔利希对法秩序统一性的思想的否定和他对体系的批判,参见 Die juristische Logik, 2. Aufl. 1925, S. 121 ff. (insbesondere S. 137) bzw. S. 258 ff.。

15　结果上完全追随他,可能真的非常值得怀疑。[21] 除此之外,尤其是科学性这一假设和方法论上的准则,使得我们可以推断出法律人的自我理解(Selbstverständnis)[22],而这一自我理解,至少可以构成法学之客体的结构——即法秩序的结构[23]——的确凿的线索(Indiz)[24]。因为,如果这一结构是严重背离方法论的前提和假设的,那法律人在其实践工作中,就只能不断地遭受失败,或者只能不遵守抑或只是表面上遵守方法论的要求。然而,这两种情况,在今天的法学中都不存在。尽管如此,这一"线索"仍然十分不可靠,不能说假设已被严格确证(Verifizierung)了。因此,内部秩序和统一性的思想,需要一项确认(Bestätigung),而这一确认必须是由它的客体本身的结构,亦即法的本质来证立的。

---

[21] 菲韦格将论题学称为"问题思维的技术",参见 a.a.O. (S. 15),人们很容易将"技术"这一表述理解为"科学"的对立面(第 25 页Ⅶ部分的论述也指明论题学和科学的对立!)。实际上,应当认为,一种只是"希望引人注意的"(第 15 页)、"畏惧固定联系的"(第 23 页)、仅仅将"讨论对手的接受"作为其前提的正当化理由的方法(Verfahren),不能严肃地提出承认其科学性的要求。然而,菲韦格认为,应当承认,在逻辑—演绎科学之外,还存在第二种类型的科学(在这点上,他似乎值得赞同),并在肯定法学具有论题式的基本结构的同时,试图将法学归入此类科学(参见例如第 1—2 页,第 53—54 页,第 63—64 页)(这至少是几乎不可能符合传统的科学概念的)。

[22] 因此,一门学科的方法论和理解的现象学之间,存在紧密的关系(关于后者,特别参见 Gadamer, Wahrheit und Methode, 2. Aufl. 1965):现象学可以从方法论中获得关于这一学科的理解方式的重要的反推结论(只要方法论的准则并非纯粹的假设,而是被实际遵守的),反过来,任何方法论都必须遵守现象学揭示出来的关于人类理解的本质规律性(Wesensgesetzlichkeit),不提出无法满足的要求。

[23] 在此关联上,亦可参见 Diederichsen, NJW 1966, S. 699 脚注 29,他对菲韦格的观点反驳道,在"具体的价值体验"上,"对法律人而言,他的学科看起来是一个有意义的整体,而非互不关联的问题的堆叠"。当然,这一观点并没有严格的证明力——此外,这一观点在一般意义上也并非无可辩驳——因为法律人的"统一性体验"作为纯粹的心理上的事实,不能说明任何关于法秩序的结构为何的决定性的东西,是的,与方法论相反,它甚至无法说明正确的法律思维的类型。

[24] 即使不处理认识论上主体与客体之间关系的问题,人们也可以提出这一观点。

(二) 一致性和统一性作为法理念的衍生和假设

现在,这一点实际上已经不难证明。亦即,法的内在秩序和统一性,已经远只是法学的科学性的前提和方法论上的假设;而是属于最根本的**法伦理**(rechtsethisch)上的要求之一,其最终植根于法理念(Rechtsidee)本身。如此,"秩序"这一要求,就直接从已得到承认的正义假设(Gerechtigkeitspostulat)——即同样问题同样处理,不同问题根据其程度的不同区别处理——中推导出来:立法者以及法官有义务"一以贯之地(konsequent)"重复曾经作出的评价(Wertung),对其进行枝分到所有具体结论(Einzelfolgerung)的穷尽思考,并且只合理地——亦即只基于实质的理由——对其进行突破,换个说法:**一致地行事**。如上所言,合理的一致性是体系概念意义上的"秩序"的特征,因此,从正义律(Gerechtigkeitssatz)中得出的评价一致性命令,就是在法学中运用体系思维的第一个决定性的出发点(Ansatz)——正如弗卢梅(Flume)[25]追随萨维尼[26]而正确指出的那样,他将体系称为"作为前置条件的法的内在一致性"[27]。

与之相似,统一性这一特征,也找到了其在法上的对应,"**法秩序的统一性**"的思想,属于法哲学理解中不可动摇的存在。[28] 其也绝

---

[25] Allg. Teil des Bürgerl. Rechts, Bd. 2, 1965, S. 295 und 296.
[26] a.a.O., S. 292. 但是,萨维尼的评论,并非像人们根据弗卢梅的论述所认为的那样,直接指向体系,而是指向类推;关于萨维尼的体系概念,参见前注 6 的引用。
[27] 部分类似的观点,也可参见下文脚注 35 的引用。
[28] 奠定基础的是恩吉施 1935 年的同名著作。可惜关于此问题讨论较少,进一步参见 *Engisch*, Einführung in das juristische Denken, 3. Aufl. 1964, S. 156 ff.; *Ehrlich*, Die juristische Logik, S. 121 ff.,该书有详细的历史概述; *Stammler*, Theorie der Rechtswissenschaft, S. 209 ff., 211 ff.; *Wengler*, Betrachtungen über den Zusammenhang der Rechtsnormen in der Rechtsordnung und die Verschiedenheit der Rechtsordnungen, in: Festschrift für Rudolf Laun, 1953, S. 719 ff.; *Larenz*, Methodenlehre, a.a.O., S. 135 f., 353 f.; *Hanack*, Der Ausgleich divergierender Entscheidungen in der oberen Gerichtsbarkeit, 1962, S. 104 ff.。

非仅仅是一个纯粹的"法逻辑上的假设"[29]，而是同样可以回溯到正义命令（Gerechtigkeitsgebot）中去。亦即，统一性一方面——在其所谓的消极要素方面——通过力求保证法秩序的无矛盾性，再次仅构成平等律（Gleichheitssatz）的一个体现（在这一点上，其已经被一致性思想涵括[30]）；而另一方面——即在其"积极"要素方面[31]——它体现的不外乎是正义的"一般化倾向（generalisierende Tendenz）"[32]的实现（Verwirklichung），这一实现，要求从大量在具体案例中可能具有重要性的因素（Aspekte），上升到少数抽象和一般性的原则。[33] 通过后者，可以保证法的"秩序"不瓦解成大量互不关联的具体评价（Einzelwertung），而是可以回溯到按比例来说数量较少的一般标准（allgemeine Kriterien）中去[34]，这样一来，同时也解释清楚了体系概念的第

---

[29] 因此，*Hanack*, a.a.O., S. 107（亦可参见边码 104）的定义过窄；这里所涉及的实际上首先是价值论上的假设！

[30] 这里可以再次清楚显示秩序和统一性之间的紧密关联。

[31] 相对于另一要素，即无矛盾性要素，这一要素迄今为止在文献中被错误地加以忽视。

[32] 关于这一倾向（也包括它的对立面，即个性化倾向），特别参见 *Henkel*, Recht und Individualität, 1958, S. 16 f., 44 f.及其他处，以及 Einführung in die Rechtsphilosophie, 1964, S. 345 f.; 可进一步参见如 *Salomon*, Grundlegung zur Rechtsphilosophie, 2. Aufl. 1925, S. 147 ff.; *Radbruch*, Rechtsphilosophie, 5. Aufl. 1956, S. 170; *Coing*, Grundzüge der Rechtsphilosophie, 1950, S. 114 f.; *Engisch*, Die Idee der Konkretisierung in Recht und Rechtswissenschaft unserer Zeit, 1953, S. 199 ff., 该处附有其他引据; *Emge*, Einführung in die Rechtsphilosophie, 1955, S. 174 f.。

[33] 它并非独立于平等律，相反，它是平等律的结果。因为，纯粹的个性的东西，由于具有符合其本质的独一无二性（Einmaligkeit），故而往往是"不具有可比较性的"，所以，平等律的适用，必然要以一定程度的抽象和一般化为前提，正是这一抽象化和一般化才使得"比较"成为可能，所以，正义的"一般化倾向"实际上源自平等律。

[34] 当然，"个性化倾向"对其起妨碍作用，但是并没有使得体系构建成为不可能之事，而只是设置了限制；对此，可参见下文第六章"三"和第七章"二、（二）、1"的详细论述。

二项特征——即统一性——的满足可能性(Erfüllbarkeit)[35]。

如此一来,法学体系这一思想就可以从最高的法价值(Rechtswerte)之一,亦即从正义命令以及它在平等律和一般化倾向[33]的具体化之中,找到正当化理由,这远非像体系思维的批判者所声称的那样,是误入歧途。此外,另一个最高的法价值,即**法安定性**(Rechtssicherheit),也指向相同的方向。因为,它几乎在它所有的表现形式——不管是法的确定性和可预见性,还是立法和司法的稳定性和持续性,或者单纯的法律适用的可操作性——之中,也都要求构建体系,因为借助一致地排列的、被少数可以一目了然的原则所支配的,亦即"体系导向"的法,能够比借助不可胜数的相互之间没有关联且极为容易陷入相互矛盾的具体规范(Einzelnormen),更有可能满足所有这些假设。因此,体系思维实际上是间接植根于(作为全部最高的法价值之总和的)法理念之中。相应地,体系思维是所有实证法所内在固有的,因为且只要实证法体现了法理念的(某种特定的历史形式的)具体化,体系思维因而并非仅仅是单纯的假设,而是通常已经构成所有法和所有法律思维的前提条件[36]——即使一致性和统一性

---

[35] 即使很多时候只是顺带的,一致性思想以及特别是统一性思想和体系之间的关联也经常被强调;除了脚注 6 至脚注 11 所引用者,参见例如 *Kretschmar*, Über die Methode der Privatrechtswissenschaft, 1914, S. 40 und 42 und JherJb. 67, S. 264 f.; *Baumgarten*, Die Wissenschaft vom Recht und ihre Methode, 1920, Bd. I, S. 298 und S. 344; *Sauer*, Methodenlehre, a.a.O., S. 172; *Nawiasky*, Allgemeine Rechtslehre als System der rechtlichen Grundbegriffe, 2. Aufl. 1948, S. 16 und 264; *Coing*, Rechtsphilosophie, a.a.O., S. 276 ff. und JZ 1951, S. 485; *Esser*, Grundsatz und Norm, a.a.O., S. 227 及其他处; *Larenz*, Festschrift für Nikisch, 1958, S. 299 f. und Methodenlehre, a.a.O., S. 133 f.; P. *Schneider*, VVdDStRL 20, S. 38; *Raiser*, NJW 64, S. 1204; *Wieacker*, Privatrechtsgeschichte der Neuzeit, 2. Aufl. 1967, S. 532; *Betti*, Allg. Auslegungslehre, a.a.O., S. 223 f.; *Zippelius*, NJW 1967, S. 2230; *Mayer-Maly*, The Irish Jurist, vol. II, part 2, 1967, p. 375(亦可参见较早的 Festschrift für Nipperdey, 1965, Bd. I, S. 522)。

[36] 所以,萨维尼在上文所引用处,亦称之为"**作为前提的法的一致性**"。

经常只是非常零碎地得以实现[37]。

至此,本章开头所提出的目标就已经达成:我们已找到一种法律现象,这种法律现象构成哲学术语意义上的体系的连接点,相应地,专门的法学上的体系概念,现在被赋予了一项任务,借助这一任务可以进一步界定法学上的体系概念。而该进一步的界定又可以构成对体系思维在法学中的意义和限度进行更加准确之说明的基础,同时,亦因此而得以在接下来的研究中,逐步检验和精确化之前所说的东西。[38] 再说一次,体系概念的任务,是**展示和实现法秩序的评价一致性和内在统一性**。[39]

---

[37] 这一零碎性中并未说明任何否定体系原则上之可能性的东西,而仅是指明,体系的完整构建明显会面临一定的限制(对此,参见第六章的详细论述)。

[38] 因此,上面的论述仅是体系问题的第一份草图,下文还会对其作某些修改。

[39] 同时是实现:因为统一性和一致性不仅是给定(vorgegeben)的,还是被作为任务的(aufgegeben),亦即不仅是前提,还是假设[参见脚注 36 和第五章"四、(二)"的详细论述]。

第二章

体系的概念

如果我们赋予法学的体系概念上文指出的任务,那么一开始就要把所有不适于突显法秩序的内在一致性和统一性的体系概念从迄今为止发展出来的诸多体系概念[1]中排除出去。这并不必然意味着,它们毫无例外都是错误的,或者对于法学的任务来说肯定在任何方面都毫无用处;但是,这一区分确实包含了一项确定的评价,因为一项无法以第一章所陈述的思考为基础的体系概念的正当性,从一开始就是有限的,通常也会引发它可能无法正确反映法的本质的担忧。

一、无法从法秩序的评价一致性和内在统一性思想中获得正当性的体系概念

(一)"外部"体系

在此意义上,首先就不能将黑克(Heck)的著名术语[2]意义上的所谓"**外部体系**"纳入考虑。外部体系实质上是以成文法的秩序概念(Ordnungsbegriffen des Gesetzes)为基础;因为,外部体系并非,或者说首先并非为了揭示法的内在的意义统一性,相反,其构造是由对素材进行尽可能清楚和一目了然的展示和排列这一追求来确定的。当

---

[1] 概述参见例如 Radbruch, Zur Systematik der Verbrechenslehre, in: Frank-Festgabe I, 1930, S. 158 ff.; *Engisch*, Stud. Gen. 10 (1957), S. 177 ff.。

[2] 参见 Begriffsbildung und Interessenjurisprudenz, 1932, S. 139 ff. (142 f.)。

然,这样一种体系并非因此而毫无价值;相反:外部体系对于法的一目了然性,因此对法之适用的可操作性和间接地对裁判可预见性意义上的法安定性而言,具有重要意义。只不过,它并非内在相互关联之秩序意义上的"法的体系",即使它通常至少可以部分地反映这样一种秩序。

(二)"纯粹"基本概念体系

所有的"**纯粹**"基本概念体系,如斯塔姆勒[3]、凯尔森(Kelsen)[4]或者纳维亚斯基(Nawiasky)[5]所设计的体系,都不适于体现法秩序的内在统一性和一致性。因为,这里涉及的是作为**所有可以想象的法秩序的基础的纯粹形式的**范畴,而评价上的统一性通常是**实质性的**,只有在某一**特定的历史性**的法秩序中方能实现;根据其自身承担之任务,纯粹基本概念体系不愿,也无法对评价统一性作出任何说明。尽管如此,通过思考那些对法律科学而言通常是给定(vorgegeben)的、先验的基本概念,从而精细化法律科学的工具库(Instrumentarium),具有很高的价值,这一点无须强调。但另一方面,这些概念或者范畴的纯粹形式特性和一般性,也足够清楚地展示了它们在对法——法通常是仅作为一种特定的历史性的个性(Individualität)存在——进行科学加工时所具有之价值的有限性。因此,那些被视为对法学体系构建而言具有典型性的问题——特别是体系对于找法(Rechtsgewinnung)的意义,体系思维对于立法者的拘束或者体系断裂(Systembrüche)之处理——总是针对某一特定的法秩序[6]提出

---

[3] 特别参见 Theorie der Rechtswissenschaft, 1. Aufl. 1911, 2. Aufl. 1923 和 Lehrbuch der Rechtsphilosophie, 3. Aufl. 1928。

[4] 特别参见 Reine Rechtslehre, 2. Aufl. 1960。

[5] 参见 Allgemeine Rechtslehre als System der rechtlichen Grundbegriffe, 2. Aufl. 1948。

[6] 亦可参见 Engisch, a.a.O., S. 182 vor VI。

的,而这并非偶然;当人们说到"体系思维"——譬如作为问题思维或者论题学的对立面——的时候,其通常所指的,并非一个纯粹基本概念体系,而是实在法的体系。

(三) 形式—逻辑体系

1.概念法学的逻辑体系

形式—逻辑[7]*体系*也不适于把握某一特定实证法秩序的内在统一性和一致性。尽管这一理想(Ideal)此前已经统治了德国法学很长一段时间,但只有所谓的"概念法学"的追随者,才开始把构建一个此种体系作为自己的目标。[8] 马克斯·韦伯(Max Weber)在其法社会学著作中,对他们的体系概念作了如下正确描述:"按照我们今天的思维习惯,它(亦即:体系化)意味着,要把所有通过**分析**(Analyse)获得的法律规则(Rechtssätze)如此进行**关联化**(Inbeziehungsetzung),亦即使得它们相互之间构成一个**逻辑**上清晰的、本身在**逻辑**上无矛盾的,特别是原则上无漏洞的规则体系,因而这一体系要求:所有可以想象到的要件事实(Tatbestände),都必须要能够被**逻辑**地涵摄到它的某一项规范之下,否则,它们的秩序就缺乏根本的保障。"[9]很明显,这一构想背后隐藏的是实证主义(positivistisch)的科学概念[10],这一概念是以数学和自然科学这一理想为准绳的。正因如此,例如哲学家温

---

[7] 关于"形式逻辑"概念的确定——对此存在广泛的一致意见——参见例如 Scholz, Abriß der Geschichte der Logik, 2. Aufl. 1959, S. 15。依其观点,形式逻辑是那部分用来表述"对任何科学构造而言必不可少的推理规则,并同时提供为准确表述此种规则而必不可少的全部东西"的科学理论。关于其他类型的逻辑,以及非形式逻辑之表述究竟是否有意义的问题,参见 Scholz, a.a.O., S. 1 ff. bzw. S. 5。

[8] 只需参见 Larenz, a.a.O., S. 17 ff.的论述。

[9] 参见 Wirtschaft und Gesellschaft, 4. Aufl.(由 Johannes Winckelmann 整理)1956, 2. HBd., S. 396 (增加了着重标记)。马克斯·韦伯对于此种类型的法学完全持批评的态度,特别参见第 493 页和第 506—507 页。

[10] 关于其对法学的影响,参见 Larenz, Methodenlehre, S. 34 ff.的一般性论述。

特（Wundt）才得以说，因为其概念法学式的方法（Verfahren），法学乃一门卓越的**体系性**科学，借助其"严格的逻辑特性"，法学"在一个特定的方面可以与数学相提并论"[11]。

今天，人们可以毫无保留地认为，关于法律科学的本质和目标的这种观点已经过时。实际上，试图把某一特定法秩序的体系[12]，构想成形式—逻辑或者公理—演绎体系，从一开始就注定是失败的[13]。因为法的内在意义统一性——该意义统一性应在体系中去把握——**是从正义思想中引申出来的**，与之相应，其性质并非**逻辑的**，而是**评价的**(wertungsmäßig)，亦即价值论的（axiologisch）。有谁会严肃断言，同样的东西同样**评价**，不同的东西按其差异程度区别**评价**这一命令，可以借助逻辑之手段来证明呢？毫无疑问，评价（Wertungen）存在于形式逻辑的范围之外，相应地，不同评价相互之间的一致性，以及评价之间的内在关联，也无法以逻辑的方式，而只能以价值论或者目的论[14]的方式来把握。此间，法在多大程度上受到逻辑律的约束，以及法秩序的逻辑无矛盾性（Widerspruchslosigkeit）作为最小的构成要件，因此在多大程度上被其评价上的统一性所包含这一难题，可以被

---

[11] 参见 Logik, Bd. III, 4. Aufl. 1921, S. 617（也可参见第 595—596 页）；相反，就逻辑演绎体系对于法学的有用性问题，*Sigwart*, Logik, 2. Bd., 2. Aufl. 1893, S. 736 ff. 的观点就现实得多。

[12] 相反，"纯粹基础概念体系"因其纯粹形式的特性，完全可以满足形式—逻辑体系或者公理—演绎体系的要求。

[13] 结论上同样如此的，参见 *Coing*, Grundzüge der Rechtsphilosophie, S. 276 und Geschichte und Bedeutung des Systemgedankens, S. 27; *Viehweg*, a.a.O., S. 53 ff.; *Engisch*, Stud. Gen. 10 (1957), S. 173 ff. und 12 (1959), S. 86; *Esser*, Grundsatz und Norm, 2. Aufl. 1964, S. 221; *Larenz*, a.a.O., S. 134 f.; *Simitis*, Ratio 3 (1960), S. 76 ff.; *Emge*, Philosophie der Rechtswissenschaft, 1961, S. 289 f.; *Bäumlin*, Staat, Recht und Geschichte, 1961, S. 27; *Perelman*, Justice et raison, 1963, p. 206 sqq; *Raiser*, NJW 1964, S. 1203 f.; *Flume*, Allg. Teil des Bürgl. Rechts, Bd. 2, 1965. S. 295 f.; *Diederichsen*, NJW 1966, S. 699 f.; *Zippelius*, NJW 1967, S. 2230；亦可参见更早的 *Sigwart*, a.a.O., S. 736 ff.。

[14] 在词语的广义上，参见下文边码 41。

搁置[15]；即使人们对此予以肯定回答，依然毫无疑问的是，个别法规范可能具有的形式—逻辑一致性，亦不足以构成法秩序的法特有的意义统一性。

与法秩序的这一价值论和目的论上的特性相符，形式—逻辑标准对于法律思维和法学的方法论同样意义甚微。[16] 虽然法学——只要它想主张自己具有科学性，或者仅主张它的论证（Argumentieren）具有理性上的一致性（rationale Folgerichtigkeit）——当然要受到逻辑定律的约束[17]，但是，对逻辑定律的遵守，只是具体法律思维的必要条件，而非充分条件[18]；是的，除此之外，那些**真正具有决定性**的法学思维步骤（juristische Denkakte），是在形式逻辑的范围之外完成的[19]。因为，正如法的本质是进行价值判断（Wertentscheidung）一样，法律人的任务就是以理解的方式把握评价，对其进行穷尽思考，并最终——在最后一个层次——亲自践行。对于这些任务而言，逻辑仅具有"框

23

---

[15]　对此，亦可参见下文边码 122—123。

[16]　当然，在此处讨论之主题下，只可能对自己的观点进行描述，而必须在很大程度上放弃与他人观点进行争论。关于逻辑对于法学的意义，参见例如 *Engisch*, Logische Studien zur Gesetzesanwendung, 1943 (3. Aufl. 1963), S. 3 ff.（特别是第 5—6 页和第 13 页）以及 Aufgaben einer Logik und Methodik des juristischen Denkens, Stud. Gen. 12 (1959), S. 76 ff.; *Klug*, Juristische Logik, 3. Aufl. 1966, S. 1 ff., 9 ff., 172 ff.; *Brusiin*, Über das juristische Denken, 1951, S. 100 ff.（就此点亦可参见 ARSP 39, S. 324 ff.）; *Simitis*, Zum Problem einer juristischen Logik, Ratio 3 (1960), S. 52 ff., 此处附有详细的其他引据; Dieter *Horn*, Studien zur Rolle der Logik bei der Anwendung des Gesetzes, Diss. Berlin 1962, 特别是第 142 及以下各页; *Fiedler*, Juristische Logik in mathematischer Sicht, ARSP 52 (1966), S. 93 ff.

[17]　这必须与法或者立法者受逻辑定律之约束严格区分开来：在此，问题产生的原因，是此处涉及的是应然命题或者效力命题，其本身并不能是真或假的，而只能是有效或无效的；相反，法律人作出的（关于法的）陈述（Aussagen），遵循真和假或者正确和不正确的标准。

[18]　*Klug*, a.a.O. 不无道理地反复强调此点，参见例如 Vorwort zur 1. Aufl., S. 2, 173。

[19]　逻辑元素在法学思维中的重要性的问题，绝非纯粹心理学性质并因而在体系上没有意义（但参见 *Klug*, a.a.O., S. 12 关于对概念和建构之"高估"问题的论述），而是具有极大的**科学理论上**的意义，法学方法论的特殊性以及法学在科学内部的特殊地位都取决于对这一问题的回答。

架"的意义[20],与其本质相符,它无法进行"理解"(Verstehen)或者"评价"(Wertung)——就如同它无法"理解"其他精神性的意义图景(Sinngebild),譬如一部文学作品或者一篇神学文章一样。因此,诠释学作为正确理解的学说和评价的客观化可能性(Objektivierbarkeit von Wertungen)标准,就取代逻辑,在法学思维中起决定性作用。[21]

这一点在所有的法学推论方法(Schlussweisen)中都毫无例外地有所体现。例如在所谓的涵摄中,寻找前提(Prämissen)几乎是唯一的决定性因素:如果"大前提"和"小前提"已足够具体且相互一致——此时,形式逻辑并不重要——法律人的真正任务就完成了;结论的得出,现在几乎可以说是自动的,[22]即便是最后一步,亦即"涵摄"[23],也绝非仅是形式—逻辑性的,而很大程度上——即使通常并未被明示——是一种评价上的归置(Zuordnung)[24]。相应地,那些复杂的逻辑链推导,在法学中实际上从未出现。[24a]与之相应,所有据称必然的、逻辑的结论,都非常容易被作为表面逻辑(Scheinlogik)揭开面纱,因为错误存在于前提之中,而逻辑对此保持中立。两个著名的例子:无效合同无法被撤销;或者无权处分人从善意取得人处再次取得(Rückerwerb)时,应由(曾经的)无权处分人,而非(曾经的)真正权利人取得所有权,这无论如何也不能说是"逻辑"的。此时,一切更多

---

[20] 这是 Engisch, Stud. Gen. 10 (1957), S. 176, Sp. 1 的形象表述;赞同观点亦可参见 Simitis, a.a.O., S. 78, Fn. 134;但亦可参见 Kraft, Die Grundlagen einer wissenschaftlichen Wertlehre, 1951, S. 214 ff., 260 ff.。

[21] 对此,也可参见下文第二章"二、(一)"和第七章"二、(一)"。

[22] 不仅从心理学上,从方法论上看也是如此;此外也可参见上文脚注 19。

[23] 关于此处使用的广义的涵摄概念和狭义的仅限于纯粹形式—逻辑程序的涵摄概念之间,何者更优,参见 Engisch, Einführung in das juristische Denken, 3. Aufl. 1964, S. 199, Anm. 47,此处附有其他引据,另参见 Larenz, a.a.O., S. 210, Anm. 1。

[24] 关于涵摄的问题,只需参见 Engisch, a.a.O., S. 54 ff.,此处附有其他引据;Larenz, a.a.O., S. 210 ff.;也可参见较早的 Sigwart, a.a.O., S. 737 f.。

[24a] 正确观点,参见 Viehweg, a.a.O., S. 71 及其他处。

的是取决于大前提的构建,而这完全是由目的论上的观点负责判断的。

这一点,在其他法学上的"结论推导方法",如类推、目的性限缩、反推(argumentum e contrario)、当然推论(argumentum a fortiori)、归谬推论(argumentum ad adsurdum)之中,表现得更加明显。尽管克鲁格(Klug)借助现代逻辑的工具阐释了这些论证方法[25],但值得怀疑的是,这样能否为法学工作带来什么本质性的东西。因为,所有这些方法中的决定性因素的性质,无一例外地都不是逻辑的,而是目的论和价值论的,正如它们在方法论上的正当性同样也并非借助逻辑的手段,而是完全是通过其向正义价值和在这一价值中包含的(积极的和消极的)平等律进行回溯来证明一样。[26] 如果克鲁格对于类推的逻辑结构的研究,是以下列——无可争议的——结论收尾[27],即允许还是不允许进行某一特定的类推这一"实务中如此重要的"(人们甚至可以说:在实务中唯一重要的)问题的答案,无法借助逻辑的工具得出,而是取决于相应的"类似范围"(Ähnlichkeitskreis)的定义,而这一定义,只能依照目的论上的标准给出,那么,由此就可以清楚地解释,(无论是"古典"的还是"现代"的)形式逻辑可以为法学提供的东

[25] 参见 a.a.O., S. 97 ff., 124 ff., 132 f.; 亦可参见 Schreiber, Logik des Rechts, 1962, S. 47 ff., 其将此处提及的方法,视为完全不被允许的推论规则,关于类推,特别参见 Heller, Logik und Axiologie der analogen Rechtsanwendung, 1961, S. 10 ff., 24 ff., 44 ff.。

[26] 关于类推,参见例如 Coing, Grundzüge der Rechtsphilosophie, a.a.O., S. 270; Larenz, a.a.O., S. 283, 288 und 296 以及 Canaris, Die Feststellung von Lücken, a.a.O., S. 72 脚注 47 的引用;关于目的性限缩,参见 Larenz, a.a.O., S. 296; 关于当然推论和反推,参见 Canaris, a.a.O., S. 78 bzw. S. 45; 针对归谬推论同样如此;只能将其有意义地理解为,一个特定的观点将会导致"纯粹的恣意",或者一种与立法者的其他评价产生严重矛盾,亦即不符合平等律的结果,此外,在对论据进行并非单纯消极的(只起到推翻作用的),而是积极的(证立某种特定结果的)运用的时候:任何与建议的结果不一样的结果,都将导致"纯粹的恣意",或者严重的评价矛盾;也就是说,在此情形,说服力最终也不是按照真(Wahrheit)的价值,而是按照正义的价值来衡量的。

[27] 参见 a.a.O., S. 123; 关于当然推论参见边码 137, 关于归谬推论参见边码 138。

西是多么少。因为,只要"类似范围"确定了,那么——与进行所谓的涵摄时非常相似——实质的部分(Das Wesentliche)就已经完成了[28];其余的东西,可以说是自动地进行的。或者说,譬如我们已经搞清楚,《民法典》*第463条第2句的立法意旨(ratio legis),是防止卖方恶意利用买方对标的物性状的错误认识,因此这一目的不仅"适用"于对瑕疵保持沉默的情形,而且也"同样""适用"于虚构标的物具有某种好的性质的情形,那还有哪些问题可能还需要从方法论上进行解决?对上述列举的其他所有"结论推导方法"而言,也同样如此:如果已经确定,某一条文的立法意旨为何,其为什么不"适用"于某一例外的构成要件,为什么某种评价"更应当"(erst recht)"符合"某种没有明确规定的情形,或者为什么某一构成要件与其他构成要件有如此大的评价上的差异,以至于法律后果不应当相同[29],就已经作出了判断,即可以运用目的性限缩,或者当然推论,或者反推。也就是说,在所有情形中都是同样的结论:寻找前提并对其进行精确化,是决定性的法学任务,与之相反,进行形式—逻辑的结论推导,则只具有非常小的意义。在后一种情形,法学论证的"第三层次",即借助一般法律原则、事物本质(Natur der Sache)等来找法——在此情形,上述所言依其本质(naturgemäß)在更大程度上适用——根本就没有被考虑过。因此,人们今天对以下这点不应当再有任何严肃的怀疑,即形式—逻辑体系既不符合法的本质,也无法以任何一种方式协助法律人完成其特殊任务。

---

[28] 亦可参见 Simitis, a.a.O., S. 66 ff. 对克鲁格之论述的批评。
* 未经特别指明,本书中的规范性法律文件均出自德国法。——译者注
[29] 关于反推在此情形的适用限制以及它与类推禁令的区分,参见 Canaris, a.a.O., S. 44 ff. (46 f.)。

2.逻辑学意义上的公理—演绎体系

对形式—逻辑体系的拒绝,前后一致地也导致了对**公理—演绎体系**(axiomatisch-deduktives System)的拒绝。[30] 因为,公理—演绎体系的前提,是所有在某一特定实质领域(Sachgebiet)内适用的命题(Sätze),都必须是可以通过**纯粹形式—逻辑演绎**从公理(Axiomen)中推导出来的。[31] 如上所述,这与法学的本质不符,所以,与克鲁格的观点相反[32],公理—演绎方法仅仅基于这点就已经不适合我们的学科。[33] 不过,基于其他原因,也可以排除构建一个法的公理—演绎体系的可能性。亦即,对在法学中可能合理地构建公理这一点,是必须要加以怀疑的。因为,这样一种体系构建,公认至少需要满足两个[34]

---

[30] 关于公理—演绎体系,特别参见 *Hilbert-Ackermann*, Grundzüge der theoretischen Logik, 3. Aufl. 1949, S. 31 ff. und 74 ff.; *Fraenkel*, Einführung in die Mengenlehre, 3. Aufl. 1928, S. 268 ff.以及特别是第 334 及以下各页; *Carnap*, Abriß der Logistik, 1929, S. 70 f. und Einführung in die symbolische Logik, 1954, S. 146 ff.; 简短的和容易理解的描述,参见 *Bochenski*, Die zeitgenössischen Denkmethoden, 1954, S. 81 f.和 *Popper*, Logik der Forschung, 1966, S. 41。

[31] 参见 *Fraenkel*, a.a.O., S. 334 und S. 347; *Carnap*, Symbolische Logik, a.a.O., S. 147;进一步参见例如 *Härlen*, ARSP 39 (1951), S. 478 f.; *Viehweg*, a.a.O., S. 55; *Engisch*, Stud. Gen., 10 (1957), S. 174, Sp. 1 und 12 (1959), S. 86, Sp. 2; *Klug*, a.a.O., S. 181; *Bulygin*, ARSP 53 (1967), S. 329 f.。

[32] 克鲁格要求法的公理化,参见 a.a.O., S. 172 ff(亦可参见 *Kraft*, a.a.O., S. 263; *Härlen*, a.a.O., S. 477 ff.)。克鲁格很有可能认识到了逻辑在法学中的界限,并坚决强调目的性元素的意义(参见例如第 123、137、138、176 及以下各页),就此而言,人们或许可能认为他构成前后矛盾;但这样一种矛盾并不存在,因为克鲁格明显想把目的性元素从推论过程中剔除出来,而放进——无法以逻辑的方式把握的——前提的构建之中[因此,管见以为,*Diederichsen*, NJW 66, S. 700, Anm. 40 针对赖泽尔(*Raiser*)对克鲁格之观点的理解所作的批评并不正确],但是,因为在所有法学"推论"中都包含**评价性**归置的元素,所以不应在这点上追随克鲁格。

[33] 这符合绝对的学理通说,参见前注 13 的引据。

[34] 除此以外,经常还有人要求公理的独立性,亦即相互之间的不可推导性(Unableitbarkeit)(参见例如 *Hilbert-Ackermann*, a.a.O., S. 33 f.; *Fraenkel*, a.a.O., S. 340 ff.)。但是,这一假设在此处关联中可以被忽略,因为它仅仅具有思维经济学上的或者可能也具有美学上的性质,而且在法学中,只要能成功进行公理化,那它无论如何都可以被满足。

条件:无矛盾性[35]和完整性[36]。光是满足第一个条件,就已经极度成问题,满足第二个条件,则应当说毫无可能。

首先,在无矛盾性方面,其至多只能在以下情形得到保证,即如普遍承认的那样,两项规范之间的矛盾,无论在何种情形都必须要被消除,而法学方法论也发展出了一套工具,(万不得已的时候通过承认存在"冲突漏洞"[37])使得这一切可以实现。[38] 但是,这仅仅对真正的规范矛盾(Normwidersprüche)适用,而价值矛盾和原则矛盾却并非可以毫无例外地加以避免[39],相应地,无矛盾性这一假设也只能在一个**规范**的体系中,而无法在一个**价值**(Werten)或者**原则**(Prinzipien)的体系中被满足。其中存在着一项不应被忽视的顾虑(Bedenken),因为体系应当反映将各具体规范联结起来的统一性,故其自身可能根本不能由规范组成,而必须以隐藏在这些规范背后或者蕴含在这些规范中的评价为基础。[40] 除此之外,在一个规范体系中,无矛盾性只能通过以下方式实现:即除了那些基本规范,人们还要将所有限制基本规范的例外提升到公理的位阶,而这些例外的数量可能如此之多,以至于人们不得不疑问,这实际上是不是可能只是一种表面公理化(Scheinaxiomatisierung);而更加令人生疑的,是类似"法律行为形式自由,除非法律中有形式要件规定"或者"合同必须遵

---

[35] 参见 Hilbert–Ackermann, a.a.O., S. 31 f., 74 ff.; Fraenkel, a.a.O., S. 356 ff.; Carnap, Abriß, a.a.O, S. 70 f.和 Symbolische Logik, S. 148 f.; Leinfellner, Struktur und Aufbau wissenschaftlicher Theorien, 1965, S. 208; Härlen, a.a.O., S. 477 f.; Engisch, Stud. Gen. 10 (1957), S. 174; Klug, a.a.O., S. 176; Bulygin, a.a.O., S. 330。

[36] 参见 Hilbert–Ackermann, a.a.O., S. 31, 33 ff. (35); Fraenkel, a.a.O., S. 347 ff; Carnap, Abriß, a.a.O., S. 70 f. 和 Symbolische Logik, a.a.O., S. 149(亦可参见第 147 页 S); Härlen, a.a.O., S. 477 f.; Engisch, a.a.O., S. 174; Klug, a.a.O., S. 176; Bulygin, a.a.O., S. 330。

[37] 对此,参见下文第六章"一、(四)、1"的详细论述。

[38] 对此,只需参见 Engisch, Einheit, a.a.O., S. 46 ff. 和 Einführung, a.a.O., S. 158 f.。

[39] 对此,参见下文第六章"一",特别是边码 119 及以下、126 及以下、130—131 的详细论述。

[40] 对此,参见边码 48—49 的详细论述。

守,除非法律规定抗辩事由(Einwendung und Einrede)"之类的命题,是否也可以被合理地称为公理。[41] 若人们进一步认识到,例外很多时候是"不成文"的,有时可能通过"法律续造"才被创设出来,那无矛盾性这一假设究竟制造了多大的难题,顿时就完全清楚了。

而第二项特征,即"完整性",则是完全不可能满足的。[42] 依希尔伯特-阿克曼(*Hilbert-Ackermann*)之见,(至少[43])应当如此理解完整性:"某一确定的、内容上有待进行特征勾勒的领域内的所有正确公式(Formeln),都可以从公理体系之中推出。"[44] 如果人们进一步认识到,在公理体系之外,不得引入任何具有实质性内容(Gehalt)的命题,所有的"定理(Theoreme)"都只能通过纯粹形式—逻辑上的操作得出[45],那么完整性这一假设,相应地就会要求,不仅一部法律的所有基础规范以及它们的例外,而是**几乎所有(成文与不成文的!)规定都必须要被上升到公理的位阶**。因为几乎每一条法律规定都包含着一项实质性内容,并在某一方向上对法的基本判断(Grundentscheidung)进行修正或者具体化;否则的话,它就是多余的了,但是,即使是在制定得很糟糕的法律中,人们也只能对少数规范作如此评价。尽管人们现在无法就一个公理体系可以包含的公理数量确立固定规则,但另一方面,其数量多寡并非完全无足轻重[46];合理而言,它无论如何都应当比从公理中推导出来的"定理"的数量少得多。然而,即

---

[41] 亦可参见 Engisch, Stud. Gen. 10 (1957), S. 176。
[42] 针对这一特征,管见认为,截至目前的对于法学的公理—演绎体系之可能性的批评,没有做好足够的准备。
[43] 希尔伯特-阿克曼更加狭义地认为只有在以下情形才满足公理的完整性,即"为基础公式的体系增加一项截至目前无法被推导出来的公式,就会导致矛盾产生"(vgl. a.a.O., S. 35)。
[44] 参见 a.a.O., S. 35。
[45] 参见上文脚注 31 的论述及该脚注。
[46] 亦可参见 Engisch, Stud. Gen. 12 (1959), S. 86 以及该处公开的和克鲁格的对话。

使把那些为对具体个案进行裁判而构建的"大前提"也计算在内,通过对不同的具体法律规则进行组合,也只能创造出相对而言较少的新法律规则。[47]

就算人们可以将这一反对意见视为术语问题而消解掉,第二个反对意见则是无论如何也无法辩驳的。如果法秩序的所有规则(Sätze),如上述要求一般,都应当可以从公理中推导出来,那这些公理中也应当包含那些用来填补漏洞的法律规则。而这要满足的前提,是这些法律规则**无一例外**是内在于现行法的——公理正是从现行法中发展出来的!——而这只能是纯粹的偶然,是的,这实际上几乎是完全不可能的。因为存在这样一种特定类型的法律漏洞,在这种漏洞中,尽管成文法(Gesetz)的不完整性毫无疑问是由于现行法(das geltende Recht)自身导致的,但在此类成文法中,漏洞的确定,对于漏洞填补的可能性几乎没有任何帮助[48],因此,此时可能全部其余的法秩序都没有包含任何关于漏洞填补的提示;典型的例子,是德国国际私法上没有关于债权关系准据法(Obligationsstatut)的规定。这样一来,法的公理化就要满足以下前提,即在法秩序中,存在一项对所有漏洞情形都适用的填补性评价(ausfüllende Wertung),而这将推出**法具有目的论上的封闭性(teleologische Geschlossenheit)之假设**;然而,不但**逻辑上的封闭性**这一理论已经毫无问题地被推翻了,**目的论上的封闭性**也只是纯粹的乌托邦(Utopie)[49]。最后,与这一反对意见密切相关的,是法律中存在一系列"需要进行价值填补"的一般条款(wertausfüllungsbedürftiger Generalklausel),如诚实信用、善良风俗、

---

[47] 能否借助这些规则对无穷多的"生活案件"进行裁判,则是另外一个问题。

[48] 参见 Canaris, Die Feststellung von Lücken, a.a.O., S. 144 ff.的详细论述,在此处,相应的漏洞类型被称为"规定漏洞"或者"禁止拒绝裁判漏洞"(Anordnungs- oder Rechtsverweigerungsfälle)。

[49] 参见 Canaris, a.a.O., S. 173 的详细论述。

可期待性、交易中应尽之注意等。在这些一般条款中,评价的具体化和法律规则的创设,通常只能**结合具体个案**,或者特定的、在法律发展中作为典型出现的案例群(Fallgruppen)进行,因此,这类规范从一开始就不可能被公理化。但这类需要价值填补的条款与其他条文之间的过渡,完全是连续的,可以说,几乎所有的法律规定都在某种方向上需要贯彻评价的具体化(wertungsvollziehende Konkretisierung)。因此,这种意义复杂性和可变性(Sinnkomplexität und -variabilität)经常构成公理化的障碍。

故而,公理—演绎体系的构建是不可能的[50],且违反了法的本质。正如特别是针对公理的"完整性"要求所作的论述已清楚展示的那样,这种尝试只会导致乌托邦式的结果:即一个法秩序内所必要的全部价值判断,都可以被穷尽地表达出来,亦即一种典型的实证主义的偏见[51],而这种偏见如今或许可以说已经被彻底推翻。

(四)作为问题关联的体系

1.马克斯·萨洛蒙的体系概念

有人从一定程度上相反的方向,尝试将**体系作为问题关联**(Problemzusammenhang)进行设计。马克斯·萨洛蒙正是如此[52],由于这样一种构想无疑在今天再次具有特别的现实性(Aktualität),所以,在下文应当对其进行更详尽的探讨。萨洛蒙的出发点,是要对法学的科学品性进行证立。但依其观点,只有那种针对不会消逝之客体进行的

---

[50] 结论上同样如此的,参见上文前注 13 所引用者。
[51] 在此意义上,实证主义的批评——克鲁格在前引文第 173—174 页对此进行了反驳——是完全正确的。
[52] Grundlegung zur Rechtsphilosophie, 2. Aufl. 1925, 特别是第 26 及以下各页、54 及以下各页;赞同观点,参见 Burckhardt, Methode und System des Rechts, 1936, S. 131 及脚注 24。

30 活动,才能被称为科学[53]。而只要法学的研究对象还是某一特定的历史性的法秩序,它就欠缺这一点。因此,萨洛蒙很明显是被基希曼(*Kirchmann*)关于"法学作为科学的无价值性"的著名演讲所迷惑,而对于基希曼那几乎已成为谚语的句子:"立法者只需改动三个字,整个图书馆即刻变成废纸"[54],萨洛蒙也明确赞同[55]。萨洛蒙认为,出路只能是转而研究那些(不会消逝的)**问题**(Problemen),而非相反地研究它的(会消逝的)**解决方法**(Lösungen)。如此一来,传统上称为法学的东西,亦即对某一特定的实证法秩序的方法论上的处理,自然就直接被排除在科学之外[56],而真正的法律科学的研究对象,就只剩下构建"可能的立法之问题的体系"(System der Probleme möglicher Gesetzgebung)[57]。

只需一眼,就可以明白,这样一种问题及其关联的体系,无法体现法秩序的内在统一性和一致性。因为,法并非一系列问题的总和,而是问题**解决方法**的总和[58],故而,它的意义统一性(Sinneinheit),也只能在承载**这一意义统一性**的观点中,而非在孤立的问题中才寻找得到。所以,萨洛蒙的体系概念,无论如何也无助于澄清当前研究的主题。

除此以外,必须加以反驳的,是认为发展出一个问题体系不无可能的观点[59];这样一种"体系"毋宁说是一种自相矛盾。因为它必然缺少对体系概念而言必不可少的统一性,即内在的关联。[60] 也就是

---

[53] 参见 a.a.O., S. 11 ff., 18 ff. (21)。
[54] Die Wertlosigkeit der Jurisprudenz als Wissenschaft, 1848, S. 17.
[55] 参见 a.a.O., S. 13 und S. 21。
[56] 这也是萨洛蒙的观点,参见例如边码 24、54 及以下、63 及其他处。
[57] 参见 S. 54 ff., 67。
[58] 总和当然不仅仅是作为加总,而且是作为意义关联来理解。
[59] 关于下文内容,亦可参见 *Binder*, Kantstudien 25 (1921), S. 321 ff.所作的一流的批评。
[60] *Salomon*, a.a.O., S. 58 ff.的相反观点仅仅是一种纯粹的声称(Behauptung)。

说,问题(Probleme)本身不外乎是孤立的提问(Fragen),人们对之可以随意挑选,因此,为了能被纳入一种体系上的关系(Beziehung)之中,它需要一项能创造意义统一性和统一性的要素,而这种要素,只能存在于其自身之外。所以,可以想到的第一个问题(Problem),即法秩序的任务为何的提问(Frage),就已经要求人们在一定程度上知道或者假定法是什么;完全没有前提的提问是不可能的,因为提问(Fragenstellung)本身,通常就已经蕴含了特定的"观点"(Blickpunkt)。这一点,在任一问题关联(Fragenzusammenhang)的所有层面都适用。譬如,只有**回答了**应当如何通过一种特定的方式——亦即便利私法的创建的方式[61]——规整(Ordnung)人类之间的关系这一前置提问(Vorfrage),才会产生诸如意思自治和法律行为的问题(Problematik);只有完成这一回答,才能继续抛出新的提问(Fragen),如私法自治行为是否需要形式要件,私法自治的干扰如意思表示错误应当如何处理,以及私法自治的界限等的提问;只有从这些提问的回答中,才能继续产生新的子问题(Unterprobleme),譬如,从原则上否定形式强制之中,产生可能的例外以及对例外的合理区分的问题,继而又由此产生须满足之形式的类型以及其区分的问题;从原则上肯定错误的重大性(Beachtlichkeit)之中,产生重大错误之确定、错误之主张,以及对相对人的信赖损害的问题;从原则上肯定私法自治存在界限之中,产生该界限之确定的问题,譬如是通过像《民法典》第134条一般的僵化规范,还是通过像《民法典》第138条一般的灵活规则,而从这之中,又继而产生具体应该如何对其进行表述的问题,譬如是以积极的还是(如第138条正确地选择的)消极的方式[62]等。总而言之,无可争议的是,一个纯粹由问题构成的体系是不可能的。只有**对提问与答**

---

[61] 对此,参见 F. v. Hippel, Das Problem der rechtsgeschäftlichen Privatautonomie, 1936.

[62] 也就是说,无须确定法律行为符合公序良俗,而是确定它不违背公序良俗。

案,(以及由此产生的)新问题与新答案的关联进行设计,才是可能的。因此,一门不愿将自己束缚于某一特定实在法的科学的目标,只能是研究清楚相应的**可能的**答案——这些答案的数量,则完全是有限的——和由此相应产生的子提问(Unterfragen)和可能的子答案,以及因对前置提问的回答而经常导致的其子答案的选择可能性的限制;对于这样一种活动的科学品性,萨洛蒙的质疑是肯定无法成立的。[63]

2.弗里茨·冯·希佩尔的构想

与萨洛蒙的思想相近的,是已经被讨论得很多的[64]弗里茨·冯·希佩尔(Fritz von Hippel)对法学的体系构建的研究[65]。希佩尔试图发掘因承认私法自治而必然存在的"固有的问题关联",并以此为例发展出体系构建的一般理论。在此,他的构想的中心,依然是"固有的问题关联"的意义。他说道:"只要我们认识到它,我们就认识了整个私法的体系。"[66]这当然并非明白无误的,它让人以为,希佩尔像萨洛蒙一样,认为体系**仅仅**存在于问题关联之中。实际上,菲韦格正是这样理解他的论述的,并将其总结成这样一句话:"因此,这一固有的问题关联构成了要寻找的私法的体系";如此一来,这种体系的特别之处就在于,它不再是"从实在法上"来寻找的,相反,它成

---

[63] 此外,如果人们将成文法视为一种在具体的历史情境的要求下,就"永恒的"正义问题所采取的可能的解决方案之一,那该质疑相对于以特定的法秩序为研究对象的法学而言,也并不正确。因此,基希曼关于科学的图书馆将变成废纸的言论,也不正确;私法的整个历史,特别是《民法典》的起源过程——没有科学的前期工作,《民法典》是不可想象的——就是最好的反证。法律科学发展出来的思想,绝不会因为"立法者大笔一挥"就变得毫无价值,而是要么是在法的继续发展中(在黑格尔意义上)被"废除",要么是——一定程度上是以等待状态——丰富可能的问题解决方案的"永久"储备。陈述这一思想的作品会过时,这是法学和所有科学工作的共通之处,否则的话,科学的进步将不可想象。

[64] 参见例如 Viehweg, a.a.O., S. 66 ff.; Esser, Grundsatz und Norm, a.a.O., S. 5 f.; Engisch, Stud. Gen. 10 (1957), S. 179; Diederichsen, NJW 1966, S. 699。

[65] 参见 Zur Gesetzmäßigkeit juristischer Systembildung, 1930; 转引自 F. v. Hippel, Rechtstheorie und Rechtsdogmatik, 1964, S. 13 ff.。

[66] 参见 a.a.O., S. 19。

了实在法的"对立物"(Gegenstück),"其乃一种由提问构成的组织体(Fragengefüge)"[67]。

若如此,这样一种体系将会招来上文针对萨洛蒙提出的所有反对意见,它也因此实际上不能主张体系之称谓。但令人怀疑的是,菲韦格是不是真的正确理解了希佩尔。[68] 因为,希佩尔绝对没有忽视答案这一面(Antwortseite),而是在刚才引述的地方继续说道[69]:"从现在起,我们可以将私法领域的大量具体知识,作为对某一特定问题关联中的特定的持续提问(Dauerfragen)的历史性的回答来进行整理、理解……"此外,希佩尔也已经足够清楚地强调,这一问题关联绝非先验的(a priori),而是在某一特定的答案——亦即有利于私法自治的判断——的基础上才形成的。也就是说,与萨洛蒙相反,希佩尔对于答案与问题、新答案与新问题之间不可分割的关联,是完全清楚的。他也没有说,问题关联"构成"了体系,亦即问题关联等同于体系——就好像菲韦格强加到他头上的那样——他只是说,因为我们现在可以对各种不同的解决方法(Lösungen)进行归置(einordnen),所以我们"认识"(kennen)到了体系。

然而,即使人们考虑到,希佩尔必然理所当然地将问题这一面(Problemseite)作为其研究的真正新颖之处而过分强调,仍然无法消除一种存在一定程度的分裂的印象。尽管他不无道理地说道:立法者通过"回答这些提问,创造了一部民法典"[70],还必须补充的是,"只

---

[67] a.a.O., S. 67.
[68] *Diederichsen*, a.a.O.对此有争议。当然,单纯指出希佩尔意图设计一个体系尚未足够,因为这一意图可能是基于对思维体系的一种误解,但另一方面,这样一种理所当然性(Selbstverständlichkeit)——希佩尔据此来构建体系思维——应该已经足以让菲韦格实际上怀疑他的解读的正确性。与菲韦格相同、反对迪德里希森的观点,现可参见 *Wieacker*, Privatrechtsgeschichte der Neuzeit, 2. Aufl. 1967, S. 597, Fn. 48。
[69] 值得强调的是,这两个句子是被冒号连接起来的,这也特别清楚地体现了它们内在的关联。
[70] a.a.O., S. 22.

有通过**回答**这些提问,立法者才能同时创造一个体系"。但希佩尔却没有说明,一个起统一作用的意义中心(Sinnmitte),能给这些回答带来什么,亦即,立法者是依据何种上位的价值观点(Wertgesichtspunkte)来解决问题的。[71] 所以,他其实并没有设计出一套自己的体系[72]。正如跟他作品的题目完全相符的那样,他更多的只是通过揭示与某一特定的基本判断——亦即:问题解决方法(Problemlösung)——必然结合在一起的内在问题关联,来对"法学**体系构建的合法律性(Gesetzmäßigkeit)**"进行论述。而问题关联之存在,是毫无疑问的,所以,希佩尔的思想,在这一点上完全值得赞同;但是,他并没有给出对体系概念的某种具体化——这正是本章涉及的问题。[73]

(五) 生活关系体系

问题关联本身远不足以构建体系,**生活关系**(Lebensverhältnisse)及

---

[71] 与该批评完全相同的,是希佩尔对启蒙时期的体系所作的批评并非在任何方面都具有说服力。在这一体系设计中,至少这种认识是具有活力的,即意义统一性——所有的法在本质上都以此为基础——只能在若干少数基础性法伦理原则的基础上获得,而这构成了这种体系无可争议的伟大之处。而这些原则被单方面地高估,或者至少今天看起来是这样,以及它们因此而需要通过在我们的体系中纳入其他基本原则来加以补充(对此,特别参见 Coing, Festschrift für Dölle, 1963, Bd. I, S. 25 ff., 特别是 S. 29 ff.),仅仅意味着,这种秩序选择是(以在历史角度完全可以被理解的方式)单方面作出的,而不是相反地意味着"体系构建的合法律性(Gesetzmäßigkeiten)"被错误认识了;这一设计完全可以被理解为对正义这一基本问题的回答——这与希佩尔所称的"法律事实理论"相反,该理论实际上忽视了法学的体系构建的本质(当然这不能被概括地与"19世纪的体系论"等同起来,但参见 v. Hippel, a.a.O., S. 36)。

[72] 值得怀疑的是,他是否愿意这样,参见其作品的标题,对此,下文马上讨论。无论如何,他明显地将自己的构想在概念上与启蒙时期和19世纪的体系放在同一层次这一点,支持对这一问题作出肯定回答,参见边码23、36。

[73] 人们最多可以在他的论述的基础上给出以下定义,即体系是特定问题关联的解决方案;但是,一方面可能仍然值得怀疑的是,希佩尔是否真的愿意在体系概念中纳入"答案面(Antwortseite)";另一方面,即使如此,这也不是一个足够的定义,因为它没有包含统一性和秩序这两项根本性的概念元素。

其内在秩序亦是如此。[74] 因为它只是法的客体(Objekt),被法按照其自身独特的方式进行塑造;所以,它本身无法构成法的内在的意义统一性,或者说无法单独承载法的内在的意义统一性。当然,这并非说,它作为"事物本质(Natur der Sache)",无法对法,并继而可能对法的体系产生影响。但是,法并未因此而完全依赖于生活关系。当然,也不应当否认,生活关系的秩序,对法的"外在"体系有重大影响——只要想想诸如家庭和继承法、商法、劳动法、著作权法或者债法分则的某些具体类型对相应的生活现象的依赖![75] 必须坚决警告的,仅仅是将此种秩序与法规范的独特的关联**等同起来**,因为这将构成忽视法价值的社会学至上主义(Soziologismus)。[76]

(六) 黑克和利益法学的"冲突裁判体系"

还剩下最后一种体系概念要进行研究:**黑克和利益法学的体系概念**。众所周知,"外部"体系和"内部"体系这一价值重大的区分源自黑克。[77] 对发掘法秩序的统一性和一致性而言,自始就只需考虑内部体系;因为,用黑克的话来说,内部体系的任务,是把握"实质的关

---

[74] *Larenz*, a.a.O.把内部体系"在生活关联中已经存在"的观点,归于黑克(参见第 57 和 362 页)。尽管实际上存在这个方向的迹象(参见 *Heck*, a.a.O., S. 149 f. und S. 158),但是黑克的体系理解的这一面,完全退居到"冲突裁判体系"这一思想的背后[对此,参见紧接着的下文"(六)"]。否则,当然只有它才逻辑一致地贯彻了"基因利益理论"这一社会学路径(亦可参见下文脚注 100),但是,在此也显示了,利益法学并没有始终保持这一路径,而是考虑到了——并非因果地确定的——立法者的评价的意义。

[75] 这也体现了一种以事物本质为媒介的"外部"和"内部"体系之间的紧密关系。

[76] 这方面的例子,是埃尔利希的观点,他否认"法在它的法律规则中的统一性"(参见 Die juristische Logik, 2. Aufl. 1925, S. 137),并试图将其仅仅承认为"在社会的关联中的统一性"(参见第 146 页)。埃尔利希将必然逻辑一致地形成一种在本文中被拒绝的体系概念;亦可参见下文脚注 100。

[77] 参见 Begriffsbildung und Interessenjurisprudenz, 1932, S. 139 ff. (142 f.)。

联"和"固有的秩序"。[78] 那么,依黑克的观点,此种"内部"体系究竟为何?

1.利益法学对法的统一性思想的观点

黑克明确拒绝以下——本身显而易见的[79]——思想,即认为内在秩序的元素(Elemente)乃是各具体利益[80],并将体系称为"**冲突裁判体系**(System von *Konfliktentscheidungen*)"[81]。这种体系在多大程度上可以实现法秩序的内在统一性和一致性这一问题,直接引出了利益法学究竟如何看待法的统一性思想这一前置问题,并因而引出一个属于该理论的法哲学基础中最重要的问题之一的问题。因为,利益法学在这点上,实际上为其对手提供了重要的攻击理由,故而,它与法的统一性思想之间的关系,反复成为批判的对象。早在1914年,科勒齐玛(*Kretschmar*)就在其堪称一流的、富有主见地权衡了概念法学和利益法学的缺陷和优点的校长就职演讲中,批评利益法学忽视统一性思想。[82] 与此相似,黑格勒后来也批评道,利益法学只强调**具体**的规范中体现出来的价值判断(Werturteile)以及正义、公平等最高的法价值,却忽视了"位于中间的东西、相关法领域的根本的特别的目的"[83],我们今天可能将其称为一般法律原则。他因此以非常典型的方式,将此缺陷与不完备的体系构建的批评挂上了钩。厄尔特曼(*Oertmann*)也以意味深长的话语对此抱怨道,尽管所有的"具体研究都是正确的、让人信服的",他依然未能在利益法学的著作中"发现整

---

[78] 参见 a.a.O., S. 143。
[79] 参见前注 74。
[80] 参见 a.a.O., S. 150。
[81] 参见 a.a.O., S. 149 ff.。
[82] Über die Methode der Privatrechtswissenschaft, 1914, 特别是第 39 及以下各页;亦可参见 *Kretschmar*, Grundfragen der Privatrechtsmethodik, Jher. Jb. 67 (1917), S. 233 ff., 特别是第 271 及以下各页、第 285—286 页、第 291 及以下各页。
[83] Zum Gedächtnis von Max Rümelin, Kanzlerrede 1931, S. 19.

体","从来没有"获得"一个统一的整体图景",以至于他无法消除"那种一定程度上让人产生科学上之怀疑的感觉"。[84] 最后,科英(*Coing*)将这些针对利益法学的批评意见总结如下:"对于利益法学而言,法无论在道德上还是在逻辑上,都不是一个统一的秩序。它根本没有统一性。"[85]

利益法学的追随者本身对此问题有何说法?相关表态数量极少,但其中包含对法的统一性思想的明白无误的承认。[86] 所以,现在的问题只能是,他们是如何理解统一性的?在此意义上,黑克的两处表态值得关注。在第一处表态中,他把法的统一性等同于法的无矛盾性[87];这当然是一个重要的元素,但它仅体现了统一性思想所谓消极的一面,且无法通过任何方式让人认识到,积极一面的法的意义统一性体现在何处。[88] 第二处表态涉及法秩序的内在关联,其在规范对"那些通过最多样化的关联和一致而相互结合起来的生活部分(Teile des Lebens)"的指涉(Beziehung)之中寻找这种关联[89];上文[90]早已详细说明,这并未足够。除此之外,黑克试图借以把握法之

---

[84] 参见 Interesse und Begriff in der Rechtswissenschaft, 1931, S.40; 对此,参见 Heck, a.a.O., S. 207 ff., 212 ff.的回应。关于学生信件的解读,黑克可能在某些方面是正确的(参见第 216—217 页),但在其他方面,他的回应以最具有特征性的方式与厄尔特曼(*Oertmann*)的愿望(Anliegen)擦肩而过;无论是他将内在统一性的问题,缩减成"概况(Übersicht)"的问题(第 207 及以下各页),还是仅仅以"生活需要(Lebensbedürfnissen)"来解释法秩序的一般的关联(第 214 页),都证实了本书所持的观点,即黑克最终令人无法理解地站到了法的统一性思想的对立面。

[85] 参见 System, Geschichte und Interesse in der Privatrechtswissenschaft, JZ 1951, S. 481 ff. (484); 赞成观点,参见 *Larenz*, Methodenlehre, S. 133; 对此很大程度上肯定的判断,参见 *Binders*, ZHR 100, S. 63 f.。

[86] 特别参见 *Stoll*, Begriff und Konstruktion in der Lehre der Interessenjurisprudenz, Festgabe für Heck, Rümelin und Schmidt, 1931, S.96; *Heck*, a.a.O., S. 87 f. 和 S. 149 f.。

[87] a.a.O., S. 87 f.

[88] 在此关联上,参见上文第一章"二、(二)"脚注 31 及该脚注。

[89] a.a.O., S. 149 f.; 关于立足于"生活冲突"(而非对其解决有决定意义的标准)以及参见第 158 页。

[90] 参见 Ziff. 5。

统一性的**手段**(Mittel)也毫无用处。亦即,他认为唯一适于达成这一目标的,是构建分门别类的(klassifikatorisch)"持续变化之一般性(Allgemeinheit)的群概念(Gruppenbegriffe)"[91]。然而,抽象的一般概念(Allgemeinbegriff)完全不适合用来把握通常而言是具体的法的意义统一性[92],如果只赋予它们那些黑克分配给他的"群概念"的残余的功能,那它们对于这一目的之达成毫无用处。亦即,它们应当只服务于两项"需求":其一,它们应当使得人们对多样性(Mannigfaltigen)的"理解"更加"容易",因为"人类的心智,只能同时把握数量有限的具体想象(Einzelvorstellungen)";其二,它们应当使"记忆(Erinnerung)更加容易"。[93] 显而易见,在这样一种对概念的意义的"主观化(Subjektivierung)"——为避免将其称为对概念的意义的"内心化(Psychologisierung)","内心化"将概念的意义贬低成人类理解力和记忆力之缺陷的纯粹的辅助工具——之中,是完全不可能关注到法的**客观的**意义统一性和一致性的。

如此,现在就仅剩下一个出发点(Ansatzpunkt):即黑克对立法者的价值判断所具有的"远程效应(Fernwirkung)"的提示[94],这一远程效应,本身离"作为前提的法的内在一致性"[95]可能只有一步之遥。毫无疑问,对这一要素(Moment)的研究,是利益法学在方法论上作出的重大贡献之一。唯一的问题是,利益法学在何处找寻这些价值判断:仅仅是在立法者的**具体评价**之中,还是同时也在法的更深入层

---

[91] a.a.O., S. 150.
[92] 参见下文边码 49 的详细论述。
[93] 参见 a.a.O., S. 82 f.
[94] 参见 a.a.O., S. 150; 关于"远程效应"的基础性论述,参见 Heck, Gesetzesauslegung und Interessenjurisprudenz, 1914, S. 230 ff.。
[95] 参见第一章脚注 27。

次?黑克可能会在后者的意义上作出回答[96],但黑格勒关于利益法学忽视了"处于中间位置的东西"的批评,原则上是正确的。这一点,无论是在它的方法论工具(Rüstzeug),还是在它的实际工作中,都同样清楚。在方法论方面,利益法学很大程度上只认识到找法的前两个"层次(Stufen)",亦即法律解释以及类推和限缩的层次;其后则毫无过渡地紧接着法官的"自我评价(Eigenwertung)"。与之相反,它并没有赋予第三个"层次"——即对"基础的特别的目的"[97],也就是某一法领域的支撑性的基本思想和"一般法律原则"的运用——任何重要的功能;对其而言,法律(lex)和立法意旨(ratio legis)背后,就直接是正义、公平、法安定性等最高的法价值。而说到早期利益法学代表人物的教义学—实践研究,谁能不在很大程度上[98]对厄尔特曼的[84]*那种不快深有同感,即尽管所有的"具体研究都是正确的、让人信服的",仍未能获得"一个统一的整体图景"?毫无疑问的是:利益法学的优点,在于阐释具体问题,而非整理"大的问题关联"[99]——顺便

---

[96] 譬如,他在前引文第231—232页将法律解释委诸于民法中的平等原则的远程效应;黑克在此尽管没有选择**具体**评价,但是通过平等律,为此选择了一种最高的法价值,而非一种"处于中间位置的"原则,这可能确实不是偶然的;对此,参见下文紧接的论述。

[97] 参见 Hegler, a.a.O.(同脚注83)。

[98] 当然存在例外。只需想想即使在今天也仍然在方法论上和内容上都在很大范围内具有榜样性的穆勒—埃茨巴赫(Müller-Erzbach)关于危险责任的研究,或者施托尔关于给付障碍的研究。

* 原著脚注标示方法如此,即此处可以参考脚注84之意。后文该类情形均与原著保持一致。——译者注

[99] 面对厄尔特曼和黑格勒的攻击,尽管黑克指出,他在他的物权法教科书中,在开始位置设置了一个总则,但是管见以为,在这一总则中,我们物权法的"内在意义统一性"和支撑它的基本原则很少得到清楚的体现,相反,人们可以回应黑克,以下情况并非偶然,而是与利益法学的对统一性和体系的理解紧密关联的,即民法**总则**的大型教科书,完全没有出自典型的利益法学家,而是从冯·图尔(v. Tuhr)开始,历经尼佩代(Nipperdey)直到弗卢梅和拉伦茨,都是出自那些思想远超利益法学的——总而言之相对狭窄的——方法论界限的科学家;实际上,这些界限在面对"总则"的要求时,比在任何其他情形下都显示得更加清楚。

提一下,在方法论史上,这作为对前一时代的过分夸张而进行的反命题意义上的反向运动(antithetische Gegenbewegung)是完全可以理解的。总而言之,人们可能真的必须同意科英[85]所作的不友好的判断,特别是因为它符合了"起源的利益理论(genetische Interessentheorie)"的社会学上的基本出发点(Grundansatz)。[100]

2.利益法学的体系概念的缺陷

39 对利益法学中的统一性思想的这一论述,为对利益法学的**体系概念**进行判断创造了前提:它只在很小程度上适于用来把握法秩序的内在统一性和一致性。亦即,"冲突裁判体系"未能对法的意义统一性作出任何说明,即使黑克强调了突出"冲突裁判的一致性和差异性"的必要性。[101] 因为,譬如我们的私法的支撑性基本思想——这些基本思想构建了私法的体系——如自我决定原则、自己责任原则、信赖保护原则等[102],并不等同于冲突裁判,而是冲突裁判的基础,赋予了冲突裁判一个"意义中心",如果将之缩减成纯粹的"冲突裁判",就会误解其本质[103]:**它们的法伦理学上的内容将被剥夺**。从黑克对具体的实践的体系问题的观点就可以看出,他对体系与法的意义统一性思想之间的关联基本上是陌生的。在此[104],只需挑一个例子,即"证券理论(Wertpapiertheorien)"的例子,黑克本身也经常称这一例子尤为典型地体现了他对体系的理解。黑克认为,具有决定性的,是现行法

---

[100] 在此关联上亦可参见上文脚注74。前后一致地亦可参见 Ehrlich, Logik, a.a. O.,他从他的社会学基本观点出发推出了以下结论,即并不存在一种作为它的规范的统一性的法的统一性,并继续说道:"对于唯一科学的解释,即历史解释而言——这恰恰符合黑克的观点!——每一项法律规则都是一种个性(Individualität),一种独立的存在,其拥有自己的生命和自己的历史"(第137页)。从这一基础出发,法实际上"只能在和社会——它们(亦即:法律规则)在此发挥作用——的关联之中"才能具有统一性(参见 a.a.O., S. 146)。

[101] 参见 a.a.O., S. 150。

[102] 参见下文边码47—48、边码53及以下的详细论述。

[103] 黑克也不会这样做;他反而完全忽略了它。

[104] 参见下文第五章"三"。

律规则是来源于生活需要,并因此而试图将整个理论争议缩减成"表述问题(Formulierungsfrage)"[105],其结果是导致在大范围内可能出现内容不同、但却具有同等正当性的表述,亦即"**不同科学建构的等值性(Äquivalenz wissenschaftlicher Konstruktionen)**"[106]。再也没有比这里更大的误解了。实际上,这里涉及的是对我们的私法的意义统一性的维持,也就是说,涉及的是以下问题,即是否应当在某些重要的子领域,为了便利实现单方设定负担的可能性,而以危害统一性的方式,突破在其他情形普遍适用的合同原则,或者应当与之相反地以维持统一性的方式,承认合同原则,而仅仅以已经在很多领域得到贯彻的权利外观原则(Rechtsscheinprinzip)结合同样作为基础的自己责任原则作为其补充。与此关联紧密的,是黑克未能正确理解,体系判断(Systementscheidung)亦包含着评价,下文还将对此详加论述。[107]

总而言之,利益法学的体系概念并未能让人完全满意,但另一方面也必须承认,由于它的追随者的观点存在模糊性和多义性,对其进行批判并不容易,上文论述也不能主张自己已经完全澄清了这一在方法论史上极为有趣的问题[108]。但是,除此之外,还是要强调,利益法

---

[105] 参见 Grundriß des Schuldrechts, 1929, § 137。
[106] 参见 a.a.O., S. 473, Anm. 2,该处明确指向第 137 条。相反,Stoll, a.a.O., S. 117 脚注 2(亦可参见第 110 页)不无正确,黑克在回应中(Begriffsbildung, a.a.O., S. 211)没有满足他的愿望,因为黑克完全被束缚在其因果性的观察方式的基本错误之中;同样无法令人满意的,是 Heck, a.a.O., S. 100 ff.面对莱曼(Lehmann)完全正当的攻击所作的陈述,对此,参见下文边码 96—97。
[107] 参见下文第五章"三"。
[108] 很遗憾,在这方面,不久前出版的埃德尔曼的作品 Edelmann, Die Entwicklung der Interessenjurisprudenz, 1967 完全无法令人满意;人们至多可以引用第 102—103 页的论述,但是,在此至多只有这样一件罕见的事(Kuriosum)值得关注,即埃德尔曼偏偏通过指出韦伯(Weber)在施陶丁格评注中对《民法典》第 242 条的评注的极不寻常的篇幅(!),而将其列为法律科学进行"体系建构"的努力的证据(或者这应该是一种讽刺?)。

学无论如何在体系问题这一领域也做了宝贵的前期工作[109],特别是"内部体系"的思想和对内部体系的目的论属性[110]的提示,为我们提供了重要的出发点(Ansatzpunkte),这些出发点应当被采纳和继续阐述。[111]

二、从法秩序的评价一致性和内在统一性思想中发展体系概念

41 截至目前的批判性论述,同时在很大程度上为发展出一项适于用来把握法秩序的内在一致性和统一性的体系概念打下了基础。

(一)体系作为价值论或者目的论的秩序

法的评价一致性和内在统一性是从正义命令[112]中引申出来的,与之相应,其性质乃是**评价性的**(wertungsmäßige Natur),因此,与之相符的体系也只能是一种**价值论的**或者**目的论的**秩序——在此处,目的论不是在纯粹手段与目的之间的联结(Mittel - und Zweckverknüpfung)这一更狭窄的意义上[113],而是在任何目的和价值的实现(Zweck - und Wertverwirklichung)这一最宽泛的意义上去理解,亦即这样一种意义:在这种意义上,人们把"评价法学(Wertungsjurisprudenz)"与"目的论

---

[109] 此外,施托尔与今天占主导地位的且是本书所持的体系理解的距离,比黑克远要近得多(参见 Stoll, a.a.O., S. 77 f., 96, 110),正如施托尔的思想在某些方面完全比黑克更加能指明未来方向,以及正如并非偶然地恰恰是施托尔为"评价法学"这一表述打下了烙印(比较 a.a.O., S. 67, Fn. 1 和 S. 75 Fn. 5),并因而赋予了今天的民法教义学这一方法论关键词一样。

[110] 参见 Heck, a.a.O., S. 147, 155, 160 及其他处(其指向黑格勒)。

[111] 关于目的性体系,参见接下来的"二、(一)"。

[112] 参见上文第一章"二、(二)"。

[113] 该表述也经常在此意义上被使用;参见例如 Binder, ZHR 100, S. 62 f.; Engisch, Einführung in das juristische Denken, S. 161 f. und Stud. Gen. 10 (1957) S. 178 f.。

的"法学等同起来。这样一种目的论体系是可能的,但这并非理所当然的。例如,与之相反,概念法学就认为,要么存在一个逻辑的体系,要么根本就不存在任何体系。而斯塔姆勒将体系仅限于"纯粹"基础概念,以及他心灰意冷地放弃对某一特定的实在法秩序进行体系化(Systematisierung),可能与对体系概念的这种理解也有关系。[114] 瓦尔特·布克哈特(Walther *Burckhardt*)在1936年仍然严格区分法的"逻辑的"和"伦理的正确性",并将体系限于对前者进行把握。[115] 最后,针对最近一段时间,还必要提及乌尔里希·克鲁格(Ulrich *Klug*),他认为体系的意义,在于作为证明形式—逻辑思维在法学中的重要性的重要证据;这样一来,"体系的概念本身就已经是一个专门的逻辑上的术语",而且"只有逻辑才能确定,何处存在真正的体系。"[116]

然而,将体系概念限于形式—逻辑体系,具有一定的恣意性。[117]

---

[114] 施塔姆勒将其体系视为由抽象的一般概念构成的形式—逻辑体系;他明确否认设计一种特定法秩序的"内容上被填充的"体系的可能性。参见 Theorie der Rechtswissenschaft, 2. Aufl. 1923, S. 222 ff. und Lehrbuch der Rechtsphilosophie, 3. Aufl. 1928, S. 278 ff.。

[115] 参见 Methode und System des Rechts, 1936, S. 121 ff. und 241 ff.。

[116] 参见 a.a.O., S. 5;进一步参见例如 *Sigwart*, a.a.O., S. 695:"体系具有以下任务,即将某一时点获得的认识的全部,作为整体加以展示,这一整体的各部分毫无例外地是在逻辑关系中关联起来的(强调是原文所加)"——但是,在此应当要注意仅限于认识的体系(与客观体系相反)——将公理体系与体系等同的观点,参见 *Arndt*, NJW 63, S. 1277 f.。

[117] 实际上,目的性体系之可能性也经常被明确承认,当然,人们并非总能看到其科学理论上的问题。参见例如 *Radbruch*, Zur Systematik der Verbrechenslehre, Frank-Festgabe I, 1930, S. 159; *Hegler*, a.a.O., S. 216 ff.; *Engisch*, Stud. Gen. 10 (1957), S. 178 ff.;事实上,黑克勒亦是如此,他在这方面多次明确强调他与黑格勒的一致性,参见 a.a.O., S. 147, 155, 160 及其他处。不过,"目的性"这一表述有时也在上文脚注113 所勾勒的狭义意义上被使用。即使在非法学文献中,"价值体系(Wertsystem)"或者类似的说法亦非罕见,参见例如 *Kraft*, Die Grundlagen einer wissenschaftlichen Wertlehre, 1951, S. 21 ff., 该处附有引据; *Stark*, Die Wissenssoziologie, 1960, S. 59 ff., 92 ff., 144 ff., 252 ff. 及其他处(参见索引关键字"价值体系"部分,在此,"价值论的体系"这一术语也会在不同方式上被使用,参见例如第93、146、252 页;在此关联上,进一步参见 *Leinfellner*, Einführung in die Erkenntnis-und Wissenschaftstheorie, 1965, S. 178 ff., 即使其没有明确涉及体系问题。

如果这里涉及的仅仅是**术语**问题,那么人们当然可以就这样一种限缩(Einengung)的合理性进行争论。作为解决办法,可以像科英[118]一样,区分狭义的和广义的体系概念,其中,狭义的体系概念即为形式—逻辑体系,而在广义的体系概念之内,目的论体系也可以找到自己存在的空间。但若与之相反,这里涉及的是**实质问题**(Sachproblematik),那么将体系概念限于形式—逻辑体系,就只是一种未经任何证实的假定(Hypothese)——为了不将其称为循环论证(petitio principii)而采此称谓。因为,体系不外乎意味着一种尝试,即通过运用**理性的手段**,把握和展现某一特定实质领域的统一性和秩序,故而,否定非形式—逻辑体系的可能性,就等同于宣称,形式逻辑是实现这一目的的唯一可以想象的手段。对于这样一种对某个领域——在这一领域之内,理性引导的思考和论证是可能的[119]——的限缩,法律人[120]恰恰必须将其视为无法忍受的而加以反对;因为法学那些真正的难题,是无法通过形式逻辑的手段加以解决的[121],这样做,不仅仅是将作为一门科学的法学判了死刑,而且还非常一般化地将所有把法律适用理解为理性引导的程序的尝试判了死刑。这样一来,法律人的判断,就如实际上也有不少人宣称的那样,很大程度上就只能衡诸于某种"法感

---

[118] 参见 Zur Geschichte des Privatrechtssystems S. 9。

[119] 这样一种限缩,是否真的符合形式逻辑或者公理—演绎体系的追随者的概念,并非总是清楚的。无论如何,值得强调的是,Klug, a.a.O.只把直觉(Intuition)作为对法学问题进行逻辑分析的对立面(参见 Vorwort von 1950)。这样并未能回答形式逻辑对于法学有何意义的问题。因为直觉在所有的科学中都是必不可少的——否则可能将不存在任何科学的天才,科学的进步也将完全是"可以工业化生产的"——当然,法学家亦因此而无法缺少"科学的幻想";故而,问题指向的不是在形式逻辑和直觉中二选一,而是那些"中间领域",亦即一种并非形式逻辑的,但却是理性的专门的法学上的方法——亦即按照本书所述可能是一种"形式的目的论"的可能性和重要性;但是,克鲁格也在其他处着重强调对形式逻辑进行目的性补充的必要性,比较前注 27 的引据。

[120] 但其他所有的精神科学和哲学也是如此。创造一种不管是什么类型的**实质**逻辑的尝试的次数,已经足够清楚地显示,通过其他类型的理性的思维来补充形式逻辑的需求是多么旺盛。

[121] 参见上文边码 22 及以下的详细论述。

（Rechtsgefühl）"的标准，而"法感"本身常常是不理性的，因此，至少在目前，不存在这样一种一致意见（Verständigung），即认为法感的"结论（Aussagen）"可以主张享有一定程度的普遍拘束力（Allgemeinverbindlichkeit）。换句话说：谁否定目的论体系的可能性，也就同时非常一般性地否定了理性把握目的论思维的一致性的可能性[122]，同时也否定了在法学的重要领域理性地从事法学的可能性；因为，此处所理解的体系（作为这里讨论的对象[123]），顾名思义就是对法的评价关联（Wertungszusammenhang）的一致性的理性把握。

因此，如果人们不希望极端地否定对法学的传统理解——即把法学理解为一种被方法论引导的、以理性的论证为基础的活动——就必须至少作为一种**假定**对价值论或者目的论体系存在的可能性加以肯定。就此而言，宾德尔针对法学的科学性在一般意义上所说的话，亦具体适用于体系思维，其说道：正如康德并未问是否存在一门自然科学，而是将**此作为前提**，并尝试进行理解，人们也必须首先认为，"存在一门法律科学，然后再问它的意义为何，什么证立了它对自身科学性的主张"[124]。实际上，如果人们认同宾德尔的这一——可惜未被足够重视的——出发点（Ausgangspunkt），而非不断地质疑精神科学独有的工作方式（Arbeitswesen）——特别是诠释学的和目的论的思维——的科学性，并尝试理解这些方法的特殊之处，然后再紧接着提出关于科学品性的问题，就可能对法学中的（以及非常一般化而言精神科学中

---

[122] 亦即，他必须宣称，例如对任何一种类推推论进行理性的证立——这种证立超越了纯粹对其形式—逻辑结构的揭示，深入决定性的核心，亦即立法意旨是否"适用"的问题——是不可能的。

[123] 亦即针对秩序这一特征，而非统一性。

[124] 参见 Philosophie des Rechts, 1925, S. 836 ff. (837) und Der Wissenschaftscharakter der Rechtswissenschaft, Kantstudien 25 (1921), S. 321 ff., 特别是第 352 及以下各页；一项值得关注的同样观点，参见（涉及一般性的，亦即并非专门法学上的对评价的科学的把握）*Leinfellner*, Einführung, a.a.O., S. 180 f.。

的)现代方法论的讨论助益甚多。[125] 若如此,讨论将很快从两个极端——今天的讨论经常在这个极端之间摇摆——回归到唯一适合用来完成法学独特的任务的中间位置(Mittellage):即从纯粹逻辑和数理逻辑研究的无用性(Unfruchtbarkeit)[126]的一端,和无拘束力(Unverbindlichkeit)[127]的纯粹论题学的另一端,回归到目的论(Teleologik)和诠释学(Hermeneutik),它借助理性的手段,提供可被理性验证的,并因而具有拘束力的结果——即使无法达到作为自然科学和数学之典型特征的那种可信程度。

而相关假定就那么难以验证吗?可能根本就不难!譬如,自从文学不再把自身仅仅或者首先理解为**历史性**的科学[128],而是按照它独特的自身规律性(Eigengesetzlichkeit)——比如在"作品内在的解读(werkimmanente Interpretation)"或者"结构分析(Strukturanalyse)"等关键词之下——将艺术作品作为其研究的对象,并在这意义上成为**诠释学的**科学后,它——如果允许一个业余爱好者/半吊子门外汉(在Dilettanten 一词的两种意义上)对此作出判断——就已经取得了令人惊讶的进步,并产出了最具信服力的成果。与之相似,现代目的论法学也可以主张自己能取得无可争议的成功;只是人们不应当把目光持续地盯向一般条款(Generalklausel)[129],而是应当把以下部分(Par-

---

[125] 在此,当然不能以实证主义的科学理念(Ideal)为基础,这种理念——与被它作为导向的完全不同的模型(亦即数学和自然科学)相符——自始就无法符合诠释学思维和任何类型的目的论。因此,不无正确的,是例如拉伦茨的法学方法论的核心思想中的一项,就是反对这种科学概念具有唯一的拘束力。

[126] 亦可参见上文边码 22 及以下。

[127] 亦可参见下文第七章"二、(一)、2"。

[128] 实证主义的科学概念在此也造成了严重的损害。因为除了自然科学和数学,只有以"积极的事实"为导向的历史描述被承认为科学,故人们认为,文学科学只有作为历史科学方有可能,从而恰恰将那些构成技艺(Kunstwerk)的特殊的东西(Spezifische),排除在科学研究的领域之外。

[129] 它的具体化有时也取得了令人震惊的进步,只要想想譬如西伯特(Siebert)和维亚克尔针对《民法典》第 242 条所做的工作即可。

tien）也纳入其中，在这些部分中，正如在物权法、继承法或者证券法这些"建构的（konstruktiv）"领域一样，在大量案件中，只能对某种结果作出"错误"或者"正确"的判断，而无法作出诸如"有道理（vertretbar）"之类的判断。类似地，人们还应当注意诸多"强制的"解释、"强制的"类推、"强制的"限缩，而不应当仅仅把"自由"的（亦即不再以内在法律评价为导向的）法律续造的问题，作为衡量法学方法的可靠性的标准。最后，不单法盲，经常也有法律人把法学思维视为"逻辑"思维的范例，这绝非偶然；人们只要记住，实际上并非形式逻辑思维，而是只有目的论思维才能解决法学的独特问题，那就可以明白，这一判断背后到底隐含着什么：即对**价值论**和**目的论**思维的一致性和理性上说服力的显著性（Evidenz）的体验。总而言之，即使对该思维的结构还揭示不多，我们依然可以说：**为了可以被当成科学的前提加以利用，以下假定，即法学——价值论或者目的论思维的一致性，在性质上是理性的，因此是可以被理性地论证的，以及它因而可以在一个对应的体系内被把握，已经被充分证实了**。它是法学思维可能存在的条件，特别是在理性引导下，可以理性验证地满足"同等东西同等对待，不同东西按其差异程度区别对待"这一正义命令的前提条件。

  但是，在此还要最后明确强调一项特别之处：这里经常说到价值的一致性，其所指的，就是字面所反映的意思。亦即，涉及的并非实质上的"正确性（Richtigkeit）"，而是仅指一项评价的形式的"一致性"——当然，这里所说的"形式"不能在"形式—逻辑"的意义上去理解，而是在那种意义上理解，即如同人们说到平等律的"形式"特征那样。换句话说：目的论思维的任务——只要它是在这一关联上被纳入考察的——并不是寻找某种先验的、**内容上**"正确的"规则（Regelung）——比如说自然法意义上，或者在"正确法"理论意义上的——而仅仅是对某一被设定的（第一性的）的评价的所有可能后果进行穷尽思考,将其适用于类似的案例中,消除其与其他已经设定的评价的矛盾,并在设定新的评价[130]时阻止矛盾出现。相应地,保证这种形式的一致性,也是"目的论的"体系[131]的任务,这与其从"形式"的平等律中获得正当性是完全一致的。

(二) 体系作为"一般法律原则"的秩序

但是,通过将体系定性为目的论的秩序,尚未回答第二个重要的问题:彰显法秩序的内在统一性和一致性的**支撑性元素**(tragende Elemente)是什么。不过,在这一点上,已经澄清的,是这里涉及的必然是评价,但这并不能成为最终答案,因为马上就会产生第二个问题,即所指的是**哪些评价**:所有的抑或仅仅是特定的?如果人们在前者的意义上作出判断,那么就会得出这样一种体系概念,它跟黑克的"冲突裁判体系"非常类似,因而也会面临相同的批评(Bedenken):它恰恰无法彰显统一性。因为这里涉及的,是要寻找一些元素,这些元素使诸多具体评价中的内在关联得以清楚地显示出来,因此,其不可能等同于这些评价的简单加总。

不如说,人们在这里必须要再次回想一下一开始[132]所整理出来的统一性思想的主要特征:即将具体的多样性回溯至少数支撑性的基本思想。但这意味着,在揭示目的论体系的时候,不能止步于"冲突裁判体系"和**具体评价**(*Einzel*wertung),而是必须要挺进到更深层次的**基础评价**(*Grund*wertungen),亦即法秩序的**一般原则**;也就是说,要发现法律(lex)和立法意旨(ratio legis)背后的全局性的(übergreifend)**法之理性**(ratio iuris)。因为只有这样,各具体评价才能摆脱其表面上

---

[130] 如通过立法,通过法律续造。
[131] 关于因此在多大程度上能同时实现实质正义的问题,参见下文第五章"四、(三)"。
[132] 参见第一章"一"。

的孤立性,并被纳入找到的"有机的"关联之中,只有这样,才能到达那种层次的一般性(Allgemeinheit),在此层次,一开始[132]所描述的意义上的法秩序的内在统一性才能彰显出来。因此,体系就可以被定义为一般法律原则的价值论或者目的论的秩序[133],在此,在目的论的秩序这一特征中,更多地[134]阐述评价一致性元素,而在一般原则这一特征中,更多地[134]阐述内在统一性元素。

在此,无法自始就确定,某一原则何时可以被视为"一般的";这里涉及的,也是一个完全相对化的标准。譬如,人们不会将那些对私法而言具有"创造统一性(einheitsstiftend)",并进而具有体系支撑性

---

[133] 关于原则的体系构建功能,特别参见 *Esser*, Grundsatz und Norm, a.a.O., S. 227 f. und 323 ff.。此外,科英和拉伦茨的体系概念,与本文所持的体系概念最为接近(但是,*Stoll*, a.a.O., S. 77 f. und 96 中已有重要的苗头),特别参见 *Coing*, Grundzüge der Rechtsphilosophie, 1950, S. 275 ff., JZ 1951, S. 481 ff. (484 f.), Geschichte und Bedeutung des Systemgedankens, S. 9 ff. und Dölle-Festschrift, S. 25 ff.; *Larenz*, Festschrift für Nikisch, 1958, S. 299 ff. und Methodenlehre, S. 133 ff. und 367 ff.。但是,两者都不认为体系只存在于一般法律原则的关联中,而是有时也存在于生活关联、价值、制度等之中(参见 *Coing*, JZ, a.a.O., S. 485, Rechtsphilosophie, a.a.O., S. 278; *Larenz*, a.a.O., S. 136 f. und S. 367)。这或许构成一个与本文所持观点相对而言非常小的不同之处。首先,关于**生活关联的意义**,需要严格区分外部和内部体系;对于外部体系的构建,其具有巨大的直接意义,相反,对于内部体系的构建,它只能借助"事物本质"和由此产生的被法所纳入的,亦即转化为专门法学上的形式的秩序观点和评价观点,也就是说,同样还是要借助一般法律原则才能间接地具有重要性。类似结论,也适用于"**实质逻辑的结构差异(sachlogische Strukturunterschiede)**",例如债法与物权法之间的差异;即使在这里,也取决于对外部和内部体系进行区分,而且针对后者,仅引入那些背后隐藏着实质评价的元素。对于其他元素,如概念、法律制度或者价值,参见下文紧接的"(1)"部分。管见以为,一种在同等位阶内包含所有或者多个这些元素的体系,亦即在其内部,譬如概念、法律制度、价值、生活关联等与原则处于同一个层次的体系,意义甚微(但参见 *Coing* und *Larenz*, a.a.O.)。只要外部体系和内部体系在此没有像不被允许的那样发生混同,那其最多只能算是将处于不同层次的元素等同视之。尽管人们可能可以用价值、概念、制度等构建内部体系(对此,参见下文紧接的"1"部分),但是每次应当只以这些元素中的**一项**为基础,而非不断地变换层次。人们可以通过这种方式,发展出数个在不同的层面前后排列的或者在各层次上下层叠的体系,这些体系在很大程度上又可以被转化(umformulieren)进其他体系,但仍然是存在不同的("科学的")体系,抑即不同的对("客观的")法秩序体系进行观察和把握的方式(关于"客观体系"和它在"科学体系"中的表达的关系,参见上文边码 13)。

[134] 参见上文第一章"一"脚注 13、14 以及该两脚注。

(systemtragend)功能的原则,视为对整个法秩序都有此功能,反之,并非所有对债法、物权法、继承法等有体系支撑性的原则,对整个私法亦是如此。在这些法律领域内,可以继续形成具有各自独立的"一般"原则的下位体系(Untersystem),例如侵权法体系、不当得利法体系、给付障碍法或者信赖责任体系。有时候,一部分支撑下位体系的原则可能作为"一般"的原则进入上位体系,反过来,下位体系通常只是部分地由上位体系的原则构成。[135] 因此,随着视角的高低不同,某一原则的"一般性"也会变化。最终具有决定性的,总是何种法律思想对于相应子领域的内在意义统一性具有建构性(konstruktiv),以至于这些原则中的某一项原则的变动,将导致该领域的秩序在其"**本质内容(Wesensgehalt)**"上发生变化的问题。对于现行民法而言,譬如——此处非为完全列举——自我决定和自己责任原则、交易和信赖保护原则、尊重他人人格和自由领域原则和不当得利返还原则或许应当被视为具有体系支撑性。[136]

一般法律原则对于体系构建的意义,还需要在某些方面作进一步的阐述。

1.一般法律原则在体系构建时相对于规范、概念、法律制度和价值的优势

体系应当由原则组成这一点,并非理所当然。相反,人们必然会面临下面的问题,即体系是否不能以其他"一般性"的元素,例如**规范、概念、法律制度或者价值**为基础。要回答这一问题并非易事,或许可以从合目的性和视角(Blickwinkel)的角度来加以确定。

---

[135] 原则通常而言没有足够的即便在更狭窄的秩序领域也能包含所有重要的价值观点的内容丰富性(sachhaltig),参见下文边码 57—58 的详细论述。

[136] 对今天私法体系的内容进行展示,并非本研究的对象(对此,特别参见 Coing, Dölle-Festschrift, a.a.O.);相反,这里涉及的仅仅是问题**方法论**的一面,因此,本书中列举的原则,仅仅是为了结合例子来进行直观说明。

首先，就**规范体系**而言，此种体系意义不大，因为我们应当寻找的，恰恰是联结各规范的关联，而这一关联几乎不可能也存在于一项规范之中。实际上，具有创造意义和统一性作用的法律思想，至多只有极小一部分是以规范的形式——不同规范依据其前提条件和法律后果，须以构成要件的方式在一定程度上固定地加以区分——来表述的，毋宁说其需要原则这种更具灵活性的表述。

其次，就**一般法律概念体系**而言，可以想象的，不仅是由一般基础概念构成的纯粹形式体系[137]，还可能是某一特定法秩序的进行了目的论上的"填充"的体系。但是，这些概念就必须是目的论概念或者"价值概念"[138]；对于体系构建而言，也几乎不能考虑**抽象的**一般概念[139]，而只能考虑黑格尔意义上的**具体的**一般概念[140]，因为只有后者才看起来适于容纳构成内在统一性的意义整体(Sinngefüge)。[141] 无论如

---

[137] 对此，参见上文第二章"一、(二)"。

[138] Coing, Rechtsphilosophie, a.a.O., S. 272 使用这一术语。

[139] 参见 Larenz, a.a.O., S. 139 f.。

[140] 关于具体——一般概念对于法学的意义的基础性论述，参见 Larenz, a.a.O., S. 353 ff.。

[141] 宾德尔在其被忽视的《科学论》(Wissenschaftslehre) 一书中要求建立具体——抽象概念体系，参见科隆大学国家哲学和法政策研究所保存的草稿第 351 及以下各页(第 355 页)。在其 1925 年的《法哲学》(Philosophie des Rechts) 一书中，宾德尔提出"经验的一般概念"的体系，参见 921 及以下各页(第 924 页)，他将此种概念作为"纯粹"的法律概念的对立面；这些概念在以下意义上是"经验的"，因为它们是必须从"具体的历史给定的法秩序的内容"中被发展出来的。而"经验的**一般概念**"和"[里克特(Rickert)意义上的]历史的个性概念(historischen Individualbegriffen)"——宾德尔认为该概念对法学具有决定性意义(特别参见 a.a.O., S. 841 ff. und 888 ff.)——之间的关系，在此当然并非十分清晰(关于宾德尔的概念构建的困难，亦可参见 Larenz, a.a.O., S. 106 f.)。宾德尔最终可能在黑格尔的具体——一般概念中找到了解决方法，他在《法哲学》一书中，就已经在这一关联上偶尔地追随黑格尔(第 842 页，亦可参见第 888 页)——宾德尔几乎比所有人都更加毫不疲倦地提示，概念在性质上必须是目的性的，参见例如 a.a.O., S. 886, 890, 897 ff.。拉伦茨认为，具体——一般概念的体系是法哲学的体系，而不是法教义学的体系(参见第 367 页)，亦即并非一项特定的法秩序的体系。这是否正确，以及是否也能够前后一致地被纳入拉伦茨的其他概念，在我看来十分令人怀疑。因为抽象——一般概念具有涵摄能力，故而现行法的科学为完成其自身任务而需要抽象——一般概念这一论证理由，无论如何可能绝非必然的。尽管这是正确(转下页)

何,尽管由法律概念构成的体系是可能的,但这并不意味着它就具有合目的性。实际上,就此处提出的任务而言,对此应当加以怀疑。因为体系应当彰显法的评价一致性和内在统一性,而概念非常不适于用来完成此任务。概念即使被正确地构建,也只间接地——也就是加密地——包含评价,而原则则清楚地昭示评价。譬如一项评价在自我决定原则中,就比在(已被归置的)法律行为这一概念中要直接可见得多,而主观权利之概念究竟包含何种评价,亦只能通过相较而言较为困难的思考来确定。因此,可以说:**在(正确构造的)概念中,评价是隐性的,与之相反,原则则让其显现**,因此,原则更适于用来反映法的评价统一性。此外,人们不应忘记,对于我们法秩序的所有基础评价,不可能都已经整理出相应的概念,而且这也比表述一般法律原则要困难得多。不过,几乎不需要强调的是,概念之构建,并非因此而多余。相反,它对涵摄的准备工作而言,乃是不可或缺的,因此,由法律概念构成的对应的体系,应当被归置于诸原则之中。人们只是不应忘记,这些原则乃具有目的论之本质,因此,在有疑问时,需要经常回溯到其自身包含的评价,亦即相应的原则之中。例如,如果尚不清楚,某一特定行为是否构成法律行为,或者一项受保护之法律地位是否构成主观权利时,就必须经常提出以下问题,即在相关情形中,基于私法自治之自我决定原则的规定是否适用,或者对被承认之主观权利适用的评价在此情形是否也适用。

  类似结论亦适用于**法律制度体系**。[142] 法律制度亦无法让创造统一性之评价直接可见。不过,其一般不是以单独的一项评价,而是

(接上页)的,但是提供直接涵摄的可能性恰恰并非体系的任务;原则、法律制度,甚至生活关联也完全不具有涵摄能力。相反:具有涵摄能力的是规范,而体系应当揭示规范"背后"或者"之中"存在的意义关联,因此,其本身可能完全没有涵摄能力。

 〔142〕 这特别是符合萨维尼的体系概念,参见 System des heutigen römischen Rechts, 1840, § 5(第 10—11 页);关于"制度"作为体系构建性因素,除此之外,参见 *Esser*, Grundsatz und Norm, a.a.O., S. 324 ff.和 *Larenz*, Methodenlehre, a.a.O., S. 137 ff.。

以多个不同法律思想的结合为基础:如私法自治之规制整体(Regelungskomplex)——或许可将之视为我们的私法的"制度"——便只能从自我决定、自我负责以及交易和信赖保护等原则之间的相互作用的角度来理解[143],而与之类似的不同基本思想之间的"缠绕(Verschlingung)",可能几乎在所有"法律制度"之中都可以得到证明。但是,由法律制度组成的体系,最多只能零碎地显示法秩序的统一性,因为在不同制度之间同样存在的更深层次的关联,不会因此而变得清晰可见;相反:相同的原则——比如自己责任或者保护自由领域的原则——有时对不同的制度而言都具有建构性[144],这一点显示了人们在寻找法的统一性的时候,最终将会不断回到一般法律原则——在此,体系当然不是从一般法律原则的纯粹毫无关联的列举(Aufzählung)中产生的,而是通过它们之间的相互作用和它们的内部位阶秩序共同建构的[145],并在此意义上包含着一项与制度具有一定相似性的组成部分。针对制度体系的那些反对意见,同样也适用于概念体系,因为它通常也包含多种评价因素;这样一来,上面针对私法自治制度所说的东西,也在非常相似的程度上适用于概念体系。而在侵权行为这一概念和它的具体元素(构成要件该当性、违法性、有责性)之中,也隐藏着**多种**不同的评价和原则。

与本书提出的建议最接近的,可能是将**体系作为价值的秩序**进行理解的尝试。[146] 这样一种体系,当然原则上也是可能的;因为每一种法秩序最终都是以若干最高的价值为基础,它服务于对这些价值的保护。但是,还是有很好的理由反对这种尝试。尽管从价值到原则的过

---

[143] 参见下文边码 55—56 的详细论述。
[144] 亦可参见 Larenz, a.a.O., S.139:"……通过具体制度而被把握的(hindurchgreifend)、证立了全面的规范复合体之间的意义关联的法伦理上的原则……"
[145] 参见下文边码 53、55—56 的详细论述。
[146] 对此,特别参见 Coing, a.a.O.(同脚注 133)。

渡，是极其平顺的，但人们——如果人们想引入一种一定程度上具有可操作性的区分的话——仍可以说，相比价值，原则已经被更进一步地具体化了：**与价值不同，原则已经包含了作为法律规则之特征的对构成要件和法律效果的二分（Zweiteilung）**。[147] 譬如，在法律行为上的自我决定原则背后的，是自由这一价值；但是单纯的自由价值本身，尚未包含任何对于可以由其引申出来的法律效果的提示，而原则对此已经作出比较具体的说明，亦即对自由的保护，将通过个人私法自治地规定他与他人之间的关系的正当性（Legitimation）来加以保证。也就是说，相对于一端的价值和另一端的概念，原则恰好保持正确的中间位置：相对于前者，其优势在于它已经足够固定，从而已经包含对于法律效果的说明；相对于后者，其优势在于它没有固定到足以掩盖评价的程度。总而言之，这里涉及的——为了避免发生误解而再次重复——当然首先是合目的性和视角的问题；无论如何，目的论概念的体系、法律制度的体系，或者最高价值的体系必然非常接近原则的体系，**其中任一体系必然可以很大程度地——如果不是完全的话——被转化（umformulieren）进另一种体系**。

---

[147] 参见 *Canaris*, a.a.O., S. 123 f 的详细论述。当然，这并非意味着，它也已经显示出法律规则的形式；其与法律规则的区别在于，原则通常还没有被足够的具体化，从而得以进行涵摄，因而需要进行"规范化"，参见 a.a.O., S. 160 ff.的详细论述，但是，与比德林斯基（*Bydlinski*）（öJBl. 1968, S. 223）的观点相反，这并不改变所建议的对原则和价值进行区分的正确性；因为与价值不同，即使原则还没明确具体细节，但它毕竟至少已经指出了法律效果的方向（参见 a.a.O., S. 161 ff.）。特别是涉及比德林斯基所提及的原则的例子，即必须保证维持股份有限公司的注册资本，在这一原则之中，构成要件（"注册资本"）和法律效果（"必须维持"）之间的二分，已经完全具有清晰可见的苗头；在此情形下，认为这里构成一种"价值"特别没有意义，因为注册资本的维持并非为了其自身，而是为了保护"背后隐藏的"价值，亦即要求不同的"价值"。此外，当然必须承认，法律价值较为容易转化进相应的原则之中，因而其过渡是连续的——但这只是一项不断持续的具体化过程（它在接下来的阶段，继续从原则变成规范，并在此显示出类似的连续过渡）的不同层次——与此相反，比德林斯基前引文为区分类推和一般法律原则所说者，则是令人信服的，并构成了关于此问题的一项重要进步。

2."一般法律原则"在体系构建时的作用方式

若已证明,选择一般法律原则作为支撑一致性之元素的决定,具有相当充分之理由,那就产生了进一步的任务,即对一般法律原则履行其体系支撑功能的类型和方式作更详细之说明。在此,可整理出**四项特征**:原则并非毫无例外地适用,且相互之间可能形成对立或者矛盾[148];原则不主张排他性;原则只有在相互补充和限制的互动中才能展现其真正的意义内容;原则之实现,需要通过具有独立实质内容的下位原则和具体评价进行具体化。

原则并非毫无例外地适用,且相互之间可能形成对立或者矛盾。这一特征,几乎无须解释,因为法秩序作出之基本判断,存在诸多例外,且各具体的法律原则,常常会导致相互对立之判断,这对法律人而言,实乃熟悉的现象。只需想想比如债法合同形式自由、代理权授予无形式要件、法律行为原则上可代理、法律行为原则上可附条件、法定代理人得自由决定是否追认法律行为等原则中存在的例外即可。或者想想对法律行为性的自我决定原则的诸多限制,这些限制是基于对相反作用的原则和由此而产生的对立(Gegensätze)的考虑而作出的,再譬如,通过各种强制缔约构成要件而对缔约自由进行的限制、通过社会性的租赁法和劳动法中的合同终止保护法而对债法合同内容自由原则进行的限制、通过特留份法而对遗嘱自由进行的限制等。此等情形下,单纯的例外和原则对立(Prinzipiengegensatz)之间,必然会存在连续的过渡;人们将只能以此为准,即要求进行限制之评价,是否具有充分的一般性和位阶高度,以至于其自身也可以作为支撑体系的原则而发生效力。上述诸例中,在针对隐藏在诸多形式要件规定背后的法律思想,亦即防止因仓促而受损害或者澄清证据状态方面,这一点肯定不满足。《民法典》并未赋予上述评价这样一种意义,即人们

---

[148] 关于对立和矛盾的区分,参见下文第六章"一、(二)、4"。

可以将其称为民法的、或者仅仅是债法的体系支撑性原则。因此，此处出现的，只是形式自由这一原则（Grundsatz）的例外。与之相反，隐藏在合同终止保护法以及特留份法背后的保护劳动者和保护家庭的思想，毫无疑问地对劳动法和继承法发挥着体系支撑性功能，除此之外，还对整个私法发挥着上述功能。因此，此处出现了原则对立。

原则不主张排他性。这意味着，对于某一特定原则而言具有特征性的同一法律后果，也可能与另一法律原则联结起来。人们或许认为，此乃理所当然。然而——至少就某些具体的法律原则而言——这一点常常被误解，这一误解有时被证明是我们私法之续造（Fortbildung）的严重阻碍。譬如，人们过去并不总是普遍认可，损害赔偿请求权并非**只有**过错侵害他人权利才会产生损害赔偿请求权。当然，今天已毫无争议的是，除此之外还有一系列其他的、同样具有体系支撑性的归责原则，例如风险原则、信赖或者牺牲原则，而以此为基础的规定，例如危险责任的构成要件以及《民法典》第122、179、307条以及第904条第2款，绝非"违反体系"的例外构成要件（Ausnahmetatbestände），相反，其乃一般原则（有时并不完全）的体现。当然，对过错不法行为承担责任之原则，依然具有一定程度的优先地位——这一优先地位部分可以通过其历史意义，但主要是通过它的特殊的法伦理性上的明显性加以证立；然而无论以何种方式，这都无法为承认该原则得享有排他性的主张提供正当化理由。这至多只能使得我们在承认其他归责原因的时候，特别谨慎地审查它们的内在说服力。不言而喻的是，这一被转换的观察方式（Blickweise）对于法律解释和法律续造具有极端重要性。[149] 针对意思自治原则，譬如在涉及过错原则的时候也会产生一个非常类似的问题，而这一问题时至今日仍然具有巨大的现实性（Aktualität）。亦即，不时地普遍存在这样一种误解，认为比如"基于

---

[149] 亦可参见下文边码71—72、99—100。

法律行为"的请求权,特别是履行请求权,原则上**只能**从法律行为中产生。[150] 这将阻碍我们把譬如信赖责任承认为一项具有同等位阶的体系支撑性原则,因为从信赖责任中,不仅可以产生损害赔偿请求权,还可以像在权利外观责任中一样,产生履行请求权。实际上,法律行为性的自我决定原则的这样一种排他性主张,并没有办法证立[151],故而,它也不能阻止我们承认从信赖责任或者其他"客观归责"[152]的构成要件中,可以产生履行请求权。因此,需要非常一般性地说明:原则上,不能把原则带入一种排他性的状态,亦即,其不应借助"只有……,才……"的模板来表述。

原则只有在相互补充和限制的互动中才能展现其真正的意义内容。[153]对此,到处都能找到范例。例如,法律行为理论,特别是《民法典》的错误规定,只有与自我决定、自己责任以及交易和信赖保护这三项原则结合起来,才能被理解。自我决定只有在自己责任中方有可能[154],正如真正的自由本身一般而言总是包含了伦理上的约束。相应地,依法律规定有责任能力者,即使其自我决定能力存在瑕疵,有时也要承担责任;在此,自己责任乃作为补充性原则出现。但自己责任又与信赖保护思想紧密结合,因为一般而言,只有针对善意第三人,才有理由援引自己责任原则维持法律行为,尽管此时自我决定能力存在瑕疵。例如,在客观解释原则中,如果此时涉及的是表意人必

---

[150] 特别是弗卢梅持此观点,正因如此,他将相关的现象,要么降格为无法再进行解释的特别构成要件,正像譬如商事确认函一样(参见 Allg. Teil II, 1965, § 36),或者将之视为和现行法特别是法律行为理论不符而加以拒绝,正如"表象代理"一样[参见 a. a.O., § 49, 4, 特别是第 834 页;"……因此(!)法律行为的相关规则不适用。"]。

[151] 对此,参见 Canaris, Die Vertrauenshaftung im deutschen Privatrecht, 1971, S. 431 ff.的详细论述。

[152] 对此,特别参见 Hübner, Zurechnung statt Fiktion einer Willenserklärung, in Nipperdey-Festschrift, 1965, S. 373 ff.

[153] 起奠基性作用的是维尔伯格的作品,对此,参见下文第四章的详细论述。

[154] 对此,只需参见 Larenz, Die Methode der Auslegung des Rechtsgeschäfts, 1930: Flume, a.a.O., § 4, 8 und 21, 1。

须让客观意义(至少是暂时地)归属于自己,便突出自我负责原则,而如果涉及的是相对方应当如何合理地理解表示,则突出信赖原则。与之类似,《民法典》第123条第2款也是以此三大原则之结合为基础。第123条第1款规定胁迫毫无例外地具有重大性(Beachtlichkeit),是以信赖保护原则让位于自我决定原则为基础,在此,由于瑕疵——根据《民法典》的评价——特别严重,自我决定原则便没有被自己责任的思想所修正。基于本身构成重大之错误而实施的法律行为暂时有效这一原则背后,同样隐藏着自己责任和交易保护(并非信赖保护)思想,自己责任和信赖保护原则赋予了《民法典》第122条自身的意义。在行为能力的规定中,交易保护思想继续扮演着重要角色,在此,该思想与跟它具有密切关系的法清晰性(Rechtsklarheit)思想一道,使得人们确立了僵硬的年龄界限。如此,它不但修正了自我决定原则,同样修正了自己责任原则:一个20周岁之人作出的法律行为不发生效力,即便该行为是在具有完全判断能力的情况下被作出的,亦即构成了一条在毫无瑕疵的自己责任意义上的自我决定中创设的规则,相反,一名精神孱弱之21周岁的人创设之规则发生效力,即使此时尚不存在自己责任意义上的自我决定。

在这样一种**补充**之外,还有相互之间的**限制**。在上文阐述第一条标准之时,就已对此有所提示。因此,若要对自我决定原则在我们的法秩序中的地位作出完整的判断,就必须将那些起阻碍作用和限制作用的原则以及分别分配给各该原则的适用范围纳入考察,例如,将强制缔约之构成要件、合同终止保护或者特留份法作为体系支撑性元素,用来助益对私法自治的理解。换句话说:理解一项原则,常常也是理解对它的限制。[155]

但是,原则之间的此种相互作用,会给体系的表述带来一定困

---

[155] 包括它固有的和"外部的",亦即因为与其他原则构成对立而形成的限制。

难。亦即,根据人们到底是想描述一项法律原则在法秩序**不同位置**中的**何处**具有意义,还是想搞清楚原则**如何在某个特定**的位置发挥作用,需要考虑不同的因素。譬如,风险归属和交易保护原则不但在法律行为框架内,也在不当得利和损害赔偿法中扮演角色,这在一定程度上是现行法的一个具有体系影响性(systemprägend)的特征。同样具有体系影响性的,是上述原则在法律行为领域导致了客观解释原则,在不当得利领域则导致了著名的三角关系中的穿透禁令(Durchgriffsverbot),而在损害赔偿法中,则导致了过错标准的客观化。只有将这两个因素结合起来,方能在一定程度上完整地展示体系,但人们无须总是**同时**反映甚至表述二者。亦即,引用一个在自然科学的理论构建领域也被使用的术语,它们相互之间乃是**互补**(komplementär)的。[156]

最后,原则之实现,需要通过具有独立实质内容的下位原则和具体评价进行具体化。原则并非规范,故而不能直接适用[157],为此还需要进行构成要件式的固定和"规范化"。在此,引入新的独立的评价乃必不可少。对此仍应举例明示。譬如,假如人们已经清楚,特定义务的施加,是基于自己责任原则,那人们离一条具有涵摄能力的规范还相距甚远。因为,自己责任不外乎意味着归责(Zurechnung),而归责却以特定的归责原则为前提。现行法规定的归责原则,有过错原则、风险原则,以及——至少根据通行的、但却错误[158]的观点是如此的——肇因原则。因此,首先应当在上述原则中进行挑选。但是,具体化程序尚未因此而结束。亦即,譬如我们作出了有利于过错原则的

---

[156] 对此,参见例如 *Weisskopf* in Rückblick in die Zukunft, 1981, S. 203 f.(他追随 Niels Bohr)。

[157] 关于原则与规范之区分的奠基性作品,参见 *Esser*, Grundsatz und Norm in der richterlichen Fortbildung des Privatrechts, 2. Aufl. 1964。

[158] 参见 *Canaris*, Die Vertrauenshaftung, a.a.O., S. 474 ff.。

决定,便会产生过错形式这一进一步的问题。如果过错形式被进一步确定为故意和过失,又要解释二者所指为何,在此又再次需要进行独立的评价,譬如对禁止性规定认识错误的处理,过失概念应当作客观还是主观理解,以及特定情况下"交易中必要之谨慎"所指为何的内容确定;在确定责任标准时——亦即处理对何种程度之过错应当承担责任这一问题的时候——也会产生新的评价:仅对故意、仅对达到重大过失程度的过错,抑或仅对欠缺与处理自己事务为同一的注意(diligentia quam in suis)等。若在处理归责原则的问题时,作出有利于风险原则的决定,也会发生类似情况。在涉及何种风险应当被归责,以及责任承担义务应当以何为限的时候,也会产生独立的评价问题。人们只需想想涵盖从发生不可抗力仍应承担责任,经由各种不同的中间形态,直到出现《道路交通法》第7条第2款意义上的"不可避免之结果"时免于承担责任的可能性刻度盘(Skala)!信赖责任的例子也是如此。若原则上肯定信赖保护,则会马上产生应当以何种方式实施信赖保护的问题:是提供譬如《民法典》第122条、第179条第2款、第307条中规定的损害赔偿请求权和支出费用补偿请求权,还是提供如同在权利外观责任情形一样的履行请求权?单纯基于信赖保护思想,明显无法解决上述问题,故而必须再次寻找新的实质性观点,而在引入此种新观点后,有时又会继续产生类似的后继问题(Unterprobleme)。若进一步考虑到,信赖责任通常以信赖保护原则和自己责任原则的结合为基础,而自己责任原则本身恰如上文描述那样,具有各种不同的具体化可能性,那就可以清楚,通过具体的变型和下位变型的组合,可以形成何其多样的构成要件模式——对现行法及其规定的众多不同的信赖责任类型的观察,实际上证实了这一点。

各种情形都表明,从不同的体系支撑性原则的简单组合之中,几乎不可能直接导出法律效果,反而是在具体化的各个层次之中,不断出现新的独立的评价观点。这些评价观点一般性较弱,法伦理上之分量通常较低,因此,通常不会开始承认其具有体系支撑性元素的位阶:其对于相关法领域的意义一致性没有建构性作用,在上述例子中,亦即对于私法的意义一致性没有建构性作用。[159]

3."一般法律原则"与公理的区别

如果我们最后再次回顾一下公理—演绎体系的问题[160],则依上文所述已经清楚,一般法律原则无论如何都不适于作为此种体系的基础。但是,整理出来的特征中的第二项以及第三项——至少在部分程度上——可以适用于公理。因为,公理依其本质,也无须依照"只有……,才……"的公式(Formel)来构造,而是对同样结果也可能从另一公理中引申得出的可能性保持开放。[161] 即使公理体系内部也包含了一定程度的缩减为数量较少的前提的倾向——因为一致性因素之存在,每个体系都会显示出这一倾向,在一般法律原则的体系之中,这一倾向也清晰可见——但一项公理并不因此而必然主张自己具有排他性。就第三项特征,即原则之间的相互**补充性**而言,则会得出与公理之间的相似性,因为公理也只有在人们为了从诸多公理性大前提中获得大量"定理"而将其相互结合起来后,才能展现其本质的意义。

然而,在相互**限制**这一因素上,更遑论在原则可因例外和原则矛盾而被突破这一特征上,两者之间的一致(Übereinstimmung)便戛然

---

[159] 但是,它当然可能对于某个——几乎通常是任意小的——子领域具有建构性。例如,人们可以认为一项对于债法甚至私法的体系而言不具有建构性位阶的法律思想,对于"信赖责任体系"而言完全具有建构性。因此,将一项原则称为"具有体系支撑性",只是一种相对的说法,比较下文边码47—48的详细论述。

[160] 对此,参见上文第二章"一、(三)、2"的详细论述。

[161] 是否允许公理从另外一项或者多项其他公理的结合中被推导出来,则是另外一个问题;对此应加以否定,因为否则的话公理将变得多余。但是,一项前提绝不会因为从它之中和从另一项内容不同的前提之中可以推导出同样的结果而变得多余。

而止。因为公理要求无例外地适用,而若想将所有被考虑到的例外一并纳入公理的表述之中,就只是一种表面公理化。[162] 原则在其表述之中,包含了"原则上"这一对法律人而言如此具有标志性的小单词,而公理则必须按照"只要……,就……"这一模板来表述。这完全不是偶然的,相反,这对目的论思维相对于形式—逻辑思维所具有的特殊性而言,是具有标志性的。因为正如埃赛尔(*Esser*)所言[163],"原则只有在人们可以适当地(sachgerecht)将其突破的时候,才能发挥功能"。与公理体系完全无法协调者,乃是**原则矛盾**(**Prinzipienwidersprüche**)的可能性。原则矛盾可能存在,已被普遍承认[164],实际上也不容否认。[165] 它也并非总是可以被消除的[165],因此,一般法律原则的体系,无法满足完全无矛盾性这一假设。故而,原则无法作为公理—逻辑体系的基础,因为无矛盾性对于公理而言,是不可或缺的。[166] 与之相反,目的论体系之构建,完全不排斥原则矛盾之可能性。但是,原则矛盾阻碍了一个完全令人满意的体系的构建。[167]

最后,第四项特征也将一般法律原则与公理区分开来。因为,"定理"必须能够在仅仅适用形式逻辑规律且不引入新的实质性观点的前提下,从公理中推导出来[168];但如上所述,在一般法律原则的具体化和规范化过程中,各个具体层次总是需要独立的部分评价(Teil-wertungen)。

---

[162] 参见上文边码 27—28。
[163] 参见 Grundsatz und Norm, S. 7。
[164] 只需参见 Engisch, Einführung in das juristische Denken, S. 162 ff.,其脚注 206a 附有详细引据。
[165] 参见下文第六章"一、(三)至(五)"的详细论述。
[166] 参见上文脚注 35。
[167] 参见下文第六章"一、(五)"的详细论述。
[168] 参见上文脚注 31 的引用。

第三章

体系的开放性

通过将体系定义为一般法律原则的目的论秩序,尽管已经确定了体系概念最重要的那些特征,但其在若干方面还需要加以精确化。在现代法学关于体系的讨论中,体系的两项特性扮演着愈发重要的角色,截至目前的论述中,尚未对该二者有所触及,因此,下文应当对其进行深入研究:即体系的"开放性"和"动态性"。其所指为何?

首先,关于"开放性",文献中可以找到两种不同类型的词语用法。第一种用法,是将开放性与封闭性体系之间的对立,等同于以决疑论方式(kasuistisch)形成的、以法官法为基础的法秩序与被法典化思想支配的法秩序之间的区别。[1] 在此意义上,今天德国法的体系,依其基本结构[2]毫无疑问是属于封闭性体系。第二种用法,是将开放性理解为体系的非封闭性、可发展性、可修正性。[3] 在此意义上,我们今天的法秩序的体系,实际上也可以被称为是开放的。因为

---

[1] 参见 *Esser*, Grundsatz und Norm, S. 44, 218 f.及其他处,他追随 Fritz *Schulz*, History of Roman Legal Science, 1946, S. 69,但是他的术语使用却并非清晰地固定在这一意义上;进一步参见 *Lerche*, DVBl. 1961, S. 692。

[2] 按照 *Esser*, a.a.O.中好几处地方的论述,今天已经普遍承认,这一对立并非相互排斥的,而仅仅是类型上的对立,亦即两种体系类型趋同;亦可参见 *Zajtay*, AcP 165, S. 97 ff. (106).

[3] 参见 *Sauer*, Juristische Methodenlehre, 1940, S. 172; *Engisch*, Stud. Gen. Bd. 10 (1957), S. 187 f.; *Larenz*, Methodenlehre, S. 134 und S. 367; *Emge*, Philosophie der Rechtswissenschaft, 1961, S. 290; *Raiser*, NJW 1964, S. 1204; *Flume*, Allg. Teil des Bürgerlichen Rechts, Bd. 2, 1965, S. 295 f.; *Mayer-Maly*, The Irish Jurist, vol. II part 2, 1967, p. 375; *Kriele*, Theorie der Rechtsgewinnung, 1967, S. 122, 145, 150。这一术语使用和一般科学理论上的术语使用一致,参见下文脚注 8 的引用。

众所周知且普遍承认的事实是,这一体系是在持续的变动中被理解的,例如,我们今天的私法体系,与《民法典》颁布之初,甚至三十年前相比,看起来有很大不同。这一变迁——在这一变迁过程中,一些"新的"原则已经得到承认——已被频繁地加以描述[4],故而在此只需被指出即可。例如,风险原则在危险责任中、信赖原则在权利外观责任和缔约过失理论中、实质等值原则在交易基础制度中都作为体系支撑性或者体系修正性的因素得到了贯彻。与之类似,诚信原则在欺诈抗辩、权利失效理论或者一系列从它自身发展出来的行为义务领域,展现了出人意料的体系变动性力量。

这一体系变迁的原因何在?体系在哪些方面是开放的?人们只有清楚地区分体系概念的两面,即科学的和客观的体系[5],才能对此作出回答。

一、"科学体系"的开放性作为科学认识的非封闭性

首先,关于前者,亦即法学理论的体系,其开放性在此意味着**科学认识的非封闭性和暂时性**。实际上,如同所有科学家一样,法学家也必须时刻准备好,质疑目前已建立的体系,并基于更好的认识而拓展或者改变该体系。因此,任何科学体系都只是一个体系**草案**(Sys-tem*entwurf*)[5a],它仅仅展示了当前的知识状态,所以,只要在相关领域内,依然有继续进行有意义的科学研究和取得进步的可能性,该体

---

[4] 对此,只需参见 *Wieacker*, Das Sozialmodell der klassischen Privatrechtsgesetzbücher und die Entwicklung der modernen Gesellschaft, 1953, Das Bürgerliche Recht im Wandel der Gesellschaftsordnungen, JT-Festschrift Bd. 2, 1960, S. 1 ff. und Privatrechtsgeschichte der Neuzeit, 1967, S. 514 ff., 543 ff.; F *v. Hippel*, Zum Aufbau und Sinnwandel unseres Privatrechts, 1957.

[5] 关于此区分,参见上文边码 13。

[5a] 参见 *Popper*, Logik der Forschung, S. 223 ff.。

系草案就必然不是最终性和"封闭"的。与之相应,体系的任务从来就不是将科学或者法律发展固定在某种特定状态,而只是展示当前取得的所有认识之间的整体关联,保证其相互之间的协调性,特别是帮助人们更加容易地确定某一特定点上的(认识或者客体的)变动,会因为内在一致性之命令而对其他位置产生何种反作用(Rückwirkung)。

但是,可能没人愿意宣称,体系"开放性"现象,在法学领域只能从科学认识的暂时性中得到解释。认为上文提到的体系变迁,完全是因为在对法律材料进行科学研究方面取得进步的观点,毋宁说是纯粹的乌托邦。这将前后一致地导出这样一个结论,即**客观体系**,也就是法秩序的意义统一体本身,亦会发生变迁,因而必然是"开放的"。

二、"客观体系"的开放性作为法秩序的基础评价的可变迁性

实际上,此乃无可争辩之事,从以下事实中可以直接得出该结论:即使在一个以法典化思想为基础的法秩序中,实证法也是被公认在不同方面都具有可续造性的。而那些支撑性的基础评价原则上也不例外,故而,体现其统一性和一致性的体系,自然必须同样发生变迁。也就是说,相较于数十年前,今天可能有新的不同的原则获得效力并具有体系支撑性。归根结底,体系作为具体法秩序的意义统一体,也分享其存在方式(Seinsweise),亦即,体系与法秩序一样,并非静止性的,而是动态性的,也就是说具有历史性的结构。[6]

人们不应通过以下方式掩盖这一事实,即认为不存在一种变迁的并因而是开放的体系,而是认为先后出现不同的、静止的并因而是封

---

[6] 关于法的历史性,参见例如 G. *Husserl*, Recht und Zeit, 1955; Arthur *Kaufmann*, Naturrecht und Geschichtlichkeit, 1957, und Das Schuldprinzip, 1961, S. 86 ff.; *Larenz*, Methodenlehre, S. 189 ff.; *Henkel*, Einführung in die Rechtsphilosophie, 1964, S. 36 ff.。

闭的体系。尽管在理论上,当一项新的具有体系支撑性的原则获得效力时,人们总是可以认为同时也产生一种新的体系,这种新体系替代了旧体系,但如此一来,就无法正确解释这里涉及的现象。因为法的这种变动,并非按照界限分明的阶段完成的,而是在渐进的和连续的发展中进行的,即便这一发展不是以法官的法律续造,而是以立法者的介入为基础的,亦是如此:譬如,立法者创造越来越多的危险责任的构成要件,并因此将一项新的法律原则提升到体系支撑性元素的位阶,但我们私法体系的同一性,并不会因此而被消除,它只是发生了变迁,这与一个个体的同一性不会因为随时间而发生的变化而被消除——假如允许以此进行比较的话〔7〕——并无二致。当然,不能因此就否认,立法者可以用一个全新的体系,来替代旧的体系,但是,这并非此处涉及的问题。

三、体系的开放性对法学中的体系思维和体系构建之可能性的意义

开放性除了作为**科学认识的非封闭性**,还可以作为**法秩序本身的可变迁性**。开放性的这两种形式,是法学体系的本质特征,没有什么比将体系的开放性列为反驳体系构建在法学中的意义的理由,或者将开放性体系称为自相矛盾,错得更加离谱。相反,科学体系的开放性,其实从科学研究——只要在相关领域还存在进步可能,也就是说科学研究还有意义,科学研究就通常只能体现暂时的方案——的基本前提(Grundbedingungen)本身就可以推出,因此,这

---

〔7〕 对此,参见例如 Henkel, a.a.O., S. 40,他明确地赋予法秩序"自己的个体性(eigene Individualität)"。

种开放性是法学体系和其他所有学科的体系所共有的。[8] 而**客观体系**的开放性,则是从法学客体的本质中推出的,亦即是从作为一种处于历史进程中并因而不断变迁的现象的实证法的本质中推出的。这样一种形式的开放性,并不必然在所有其他科学领域中都是如此[9],因为它们的客体可能是不变的。是的,这或许恰恰构成法学的一种特殊之处(Spezifikum)。但是,这无论如何都不能作为质疑体系思维对法律科学的支撑作用(Tragfähigkeit)的正当化理由:我们的体系概念的特殊性,必须符合我们的客体的特殊性,一个处于不断变化中的(客观意义上的)体系,和一个持续变迁的意义统一体,都是可以想象的。[10] 不过,由此可以推出以下结论:法学的体系构建——可能与其他科学领域相反——永远没有尽头,而是与其本质一致,是一个不会终结的进程。[11] 而这也是认为法学体系具有开放性这一观点具

---

[8] 近代科学理论对体系的开放性这一思想也完全是熟悉的,参见例如 *Rickert*, System der Philosophie I, 1921, S. 350; *Plessner*, Zur Soziologie der modernen Forschung und ihrer Organisation in der deutschen Universität, in: Versuche zu einer Soziologie des Wissens, herausgegeben von Max Scheler, 1924, S. 407 ff. (413); *Jaspers* (und Rossmann), Die Idee der Universität, für die gegenwärtige Situation entworfen, 1961, S. 44; *Freyer*, Die Wissenschaften des 20. Jahrhunderts und die Idee des Humanismus, Merkur 156 (1961), S. 101 ff. (113); *Schelsky*, Einsamkeit und Freiheit, Idee und Gestalt der deutschen Universität und ihrer Reformen, 1963, S. 287 f.。

[9] 在这一关联上,关于物理,参见例如 C. F. *von Weizsäcker*, Abschluß und Vollendung der Physik, abgedruckt in: Süddeutsche Zeitung vom 25.10.1966, Nr. 255。

[10] 此外,这一问题,同样在关于法学的科学品性的争论中出现,这一科学品性被通过以下理由否定,即认为法律人研究的是一种"暂时性的"客体。最终,两种情形中可能都只是涉及一种没有多大意义的概念问题。

[11] 只要法秩序仍有效,它就会发生变迁;一旦它失效,它就不再是作为现行法的科学的教义学的研究客体,而是法律史的研究客体。与伽达默尔(Wahrheit und Methode, 2. Aufl. 1965, S. 307 ff.)的观点相反,历史学家的工作方式,与教义学家的不同,因为他们不致力于研究对教义学家而言如此具有重要性的法对最新案例的适用,更不用说法的续造;伽达默尔之所以错误认识这一点,主要是因为他的"适用(Applikation)"概念的多义性,参见 *Wagner*, AcP 165, S. 535 f.,他不无止确地批评伽达默尔在此关联上存在偷换概念;此外,对伽达默尔的有信服力的反驳,参见 *Betti*, Die Hermeneutik als allgemeine Methodik der Geisteswissenschaften, 1962, S. 44 ff.和 *Wieacker*, Notizen zur rechtshistorischen Hermeneutik, 1962, S. 21(亦可参见第 8 及以下各页、第 19—20 页)。

有一定程度的实践意义的原因。不过,总而言之,这毋宁说是一种不言而喻之理,其并没有像在现代的体系性讨论中看起来所具有的那种根本性意义。特别是对于法律续造的允许性问题,体系的开放性没有任何意义:并非因为体系是开放的,所以允许法律续造,而是因为法律续造——因为体系问题以外的原因——是被允许的,所以体系是开放的。

四、体系变迁的前提条件和客观体系变迁与科学体系变迁之间的关系

当然,仅仅将科学体系的非封闭性与客观体系的可变迁性并列起来,尚未完全解决体系开放性所涉及的所有问题,尽管这一区分原则上是正确的。实践上极为重要的问题,即**在何种条件下,两种体系中的一种内部发生的变动得被允许**,以及与此密切相关的问题,即**两种体系之间(或者体系的两面之间)究竟是何种关系**;相应地,**其中一种体系内的变动,对于另一种体系会有何种影响**,至今还没有得到澄清。乍看之下,似乎不难给出答案:要么是取得了对现行法的新的正确认识,要么是客观体系——科学体系须符合客观体系——已经变迁的时候,科学体系就要变动,而客观体系,则是在支撑现行法的基础评价变迁时变动。与此相应,科学体系对客观体系具有严格的依附性,并总是随其变迁,而客观体系则不受科学体系内部变迁的影响。

然而,进一步的审查显示,问题绝非如此简单,它把我们直接引向两个极为复杂的前置问题:效力和法源问题[12],以及——与之具有

---

[12] 在此,效力和法源当然要从规范的而非从事实的意义上去理解,亦即被理解为关于何种法律规则应当被适用的说明(Aussage),而非对于何种法律规则通常被实际适用的确定(Feststellung)。管见以为,这一区分——事实上,这一术语不断变换——对于法源论和法效力论具有基础性意义,就算经常存在批评意见,也不应当放弃或者仅仅是混淆这一区分(但亦可参见下文脚注36)。关于不同类型的效力概念,只需(转下页)

一定关联的——"客观"有效的法与对它的认识和适用的关系问题。因为,客观体系变动的前提条件和影响因素(Faktoren)的问题,等同于对现行法进行变动的允许性问题,亦即法源问题;而客观体系和科学体系的关系问题,仅仅是"客观"有效的法与对它的认识的关系这一一般性问题的子问题。因为这两个问题并非体系问题中特有的提问(Fragen),故本书当然无法对其进行全面讨论。下文只在必要时简短阐述个人观点,以全面揭示体系的开放性问题。[13]

(一)"客观"体系的变迁

首先转向客观体系的变迁问题。与传统的法源理论相一致,在此应当认为,首先是**立法者**有权对其进行变动。作为例子,可以再次回顾一下危险责任的逐渐扩张,以及因此造成的我们的私法体系的变动。然而,并非任何时候都需要出现此种直接的介入。相反,立法者进行的主要涉及其他完全不同的法律领域的立法活动,也可能导致体系变动。此种情形下,评价统一性的假设以及因此产生的体系思维的力量,甚至特别引人注目。与此相关的最直观的例子之一,是基本权利的第三人效力理论。该理论只有在法秩序统一性思想的背景下,才能被完全理解。该理论——无论是以直接还是间接第三人效力的方式——根本性地变动了我们的私法体系。一般人格权这一关键词已经充分表明这一点。此外,**习惯法**毫无疑问具有变动体系的力量。例如,我们的物权法体系,因承认让与担保——尽管存在诸多正当化尝试,但对让与担保的承认,可能仍只能被视为是违反成文法的法律续造(Rechtsfortbildung contra legem),从而只能以习惯法的废止效力(derogierende Kraft)为依据——而被修改。

(接上页) 参见 Henkel, Einführung in die Rechtsphilosophie, S. 438 ff.,该处附有大量引据。

〔13〕 在此,对放弃与不同观点进行详细的争论以及一定程度的不可避免的问题简化,作者是明知并接受的。

立法和习惯法是否是唯二对客观体系变迁具有重要性的因素？传统法源理论只能前后一致地作肯定回答，并因而产生以下问题：对因**法官法律续造**（richterliche Rechtsfortbildung）而导致的那些体系变迁，应当如何解释？亦即，在此意义上，如何理解譬如缔约过失和权利外观责任、积极侵害债权和附保护第三人效力的合同、欺诈抗辩和权利失权、强制缔约和交易基础理论、劳动法和合伙/公司法领域的照管义务和忠实义务的发展，或者瑕疵公司和瑕疵劳动关系理论？这些制度，都是不依赖立法者的介入而诞生的，而若仅以习惯法作为其效力基础，单是出于以下理由就已经十分令人不满：因为习惯法的前提条件——即使这些前提条件今天是存在的——在这些制度第一次得到承认时，无论如何尚未存在，从而使得人们只能认为这些制度原本并非"有效力"，而是嗣后被具有废止作用的习惯法所正当化。因此，出路仅剩一条：在这些情形下，人们只能否认"**客观**"体系的任何变动，并宣称，这些发展仅仅是导致了**科学**体系变迁。因为按照本书的观点，客观体系是由基础评价或者一般法律原则构成的，故上述做法的前提条件，是那些新的法律制度，是以**自始便内在于我们的私法**的那些评价为基础的，如此，这一问题便转变为一般法律原则的效力基础问题。[14]

一般法律原则的效力基础，首先是成文法（das gesetzte Recht）。一般法律原则经常可以通过"法律类推"（Rechtsanalogie）——更准确地讲是归纳（Induktion）——从成文法中获得。实际上，部分上述新法律制度可以从成文法的评价中引申出来。例如权利外观责任，因为它

---

[14] 这一点相对来说很少得到澄清；我在前引文第95及以下各页（第97及以下各页、第106及以下各页、第118及以下各页）尝试在这一方面加以深入研究，下文论述以此为基础。

分支众多的整体构造，几乎[15]完全是通过部分和整体类推（Einzel- und Gesamtannalogien），从《民法典》第 171、172、405、794 条上相对而言非常细小的出发点（Ansatzpunkt）中发展出来的。[16] 此外，这也完全适用于积极侵害债权理论，或许还有瑕疵公司理论。[17] 在此类情形下，一项新制度的承认，实际上前后一致地意味着，并非客观体系而是科学体系发生了一处变动，因为成文法自始就已经包含相关评价，只是其作用范围未被完全地或者压根没被认识到而已。

但是，并非所有被列举的制度，都可以通过此种方式，以成文法的评价作为其基础。它们中的一部分，并非成文法固有目的所"要求"的，最多只是被其"激发"（angeregt）[18]，而对另一些制度，甚至都不能这样说。因此，正如维亚克尔（Wieacker）正确表述的那样，存在一个"成文法之外的法秩序（außergesetzliche Rechtsordnung）"[19]，体系变迁也可以以此为基础。对此，上文列举的新制度中的绝大多数都可以作为例证，对这些新制度而言，通常最多只能为它们找到一个实证法上的"挂钩（Aufhänger）"（例如《民法典》第 307 条及其相关条文之于缔约过失，或者《民法典》第 242 条之于欺诈抗辩和失权理论），但是却无法从成文法中为它们找出一个真正的正当化理由。在这些情

---

[15] 唯一的例外可能是针对所谓的"表象代理"，但其因为和欠缺表示意思的法律规定之间存在评价矛盾而构成问题；参见下文边码 98 的详细论述。

[16] 参见 Canaris, Die Vertrauenshaftung im deutschen Privatrecht, 1971, S. 106 f., 107 ff. und 133 ff.

[17] 针对积极侵害债权，这是直接从对法律规定的给付障碍的类推中得出的。针对瑕疵公司，就外部关系而言，这是从我们的法秩序固有的（参见本书方才所述）权利外观原则中得出的；就内部关系而言，则是从以下事实中得出，即《民法典》第 812 条以下的规定在类型论上就不适用于公司，故而应基于目的性限缩而排除适用，取而代之的是类推适用作为更加合理的平衡规则的清算规定（Liquidationsvorschriften）；关于瑕疵公司问题的这种理解，参见 Larenz, Methodenlehre, S. 298 f. und Schuldrecht, B.T. § 56 VII.

[18] 参见 Larenz, Nikisch-Festschrift, S. 276 的正确表述。

[19] 参见其作品 Gesetz und Richterkunst, 1958 的副标题：论成文法之外的法秩序的问题。

形下,人们是否还能说,作为其基础的评价,本身已经内在于我们的法秩序中,其仅仅是"被发现"了,亦即,此时也仅仅是科学体系而非客观体系的变动?这一问题的答案,只有在人们问到,为什么那些未被成文法(Gesetz)所包含的评价,却应当成为法(Recht)的组成部分,亦即再次提出其效力基础为何的问题时,才能得出。与该问题的特殊性相对应,成文法和习惯法从一开始就被排除了作为效力基础的可能性,因此,在此只能得出有必要对传统法源理论进行进一步发展的结论[20],而这种进一步发展,只能从两个方向进行:人们要么决定,将**法官法**提升到与成文法和习惯法并列的独立的法源[21]的地位,要么只能承认存在"**实证法之外的**"**效力标准**("*außerpositive*" *Geltungskriterien*),特别是"法理念"和"事物本质"可以作为这样的效力基础。

但是,第一种解决方案与法官在我们的法秩序中的地位无法协调:被法院作为裁判基础的法律规则(Rechtssatz),并非因其被法官适用而具有效力,而是因为其被有说服力地证立了,亦即,被从法官裁判之外的效力标准中充分地引申出来。这一观点,不仅符合学界的一致通说[22],而且也与法官和学者的自我理解相一致:法官在进行裁判时,即使是在有意识地对法进行"续造",其出发点,也完全是认为作为基础的法律规则,并非通过法官裁判才获得效力[21],而是在此之前就拥有效力,亦即该效力仅仅是"被发现"而已;而学者在宣扬一种新的、可以变动体系的法律制度时,则是直接带着这样一种主张出现的,即其所代表的解决方案,属于有效力的法,而非仅仅是一种对司法

---

[20] *Wieacker*, a.a.O.明确地从"成文法之外的法秩序"这一发现中推导出这一结论,参见第15—16页。

[21] 在规范的意义上;无可争议的是,法官裁判(Richterspruch)是在事实上有效力的、亦即被实际适用的法的"渊源(Quelle)"(关于区分参见前注12)。

[22] 关于法官法的文献,参见最近一段时间特别是 *Hirsch*, JR 1966, S. 334 ff.及其详细引据;*Esser*, Festschrift für F. v. Hippel, 1967, S. 95 ff.; H. P. *Schneider*, Richterrecht, Gesetzesrecht und Verfassungsrecht, 1969。

没有拘束力的建议——这种解决方案能否被司法采纳,只是纯粹合目的性甚至自由选择的问题。因此,实际上仅剩下第二条路可走,而这条路完全可以走得通,即使问题暂时还没被充分思考:一般法律原则的效力基础,除了在成文法之中,还可以在法理念——一般法律原则很大程度上是法理念的历史性的具体化——和事物本质中找到[23],因此,法理念和事物本质这两种标准应当被承认为——相对于成文法和习惯法具有辅助性(subsidiär)的[24]——法源,以这两者为基础,完全可以在一个当然非常复杂的具体化过程中,发展出具有高度说服力的、实质的、在内容上被清晰界定的法律规则。[25]

这对于一开始提出的问题有何意义?首先,其意味着,除了成文法和习惯法,那些作为法理念和事物本质之外溢(Ausflüsse)的一般法律原则[26],也能导致**客观体系的变迁**。人们不能非历史性(ahistorisch)和静态(statisch)地想象这些标准。[27] 相反,那些可回溯至法理念的原则,只有结合具体的历史情境,经由当时的"一般法律意识"[28]的媒介,才能获得其具体的样态(Gestalt)。对"事物本质"而

---

[23] 必须再次强调,此处仅考虑到对个人立场——其在其他地方(参见脚注 14 和 25 的援引)已被详细论述和证立——进行一个勾勒,并因而有意识地放弃对此的详细讨论。

[24] 这意味着,从它们中发展出来的法思想仅在以下情形具有效力,即只有在其不与成文法或者习惯法的评价发生冲突时,参见 Canaris, a.a.O., S. 95 f.的详细论述。

[25] 关于细节问题,特别是关于例子,我只能再次仅限于对我在前引文第 93 及以下各页和第 160 及以下各页的论述(亦可参见第 170—171 页的总结)进行援引。

[26] 内在于法律的原则,尽管如上所述通常并非客观体系变迁的突破口,但是当然存在过渡情形;特别是有时候,一项法律中包含的原则的一般性,只有通过额外回溯到譬如法理念或者事物本质等标准才能被有信服力地证立,至少在此情形下,它面临着一定程度的变迁;此外亦可参见下文脚注 38。

[27] 对此,特别参见 Esser, Grundsatz und Norm in der richterlichen Fortbildung des Privatrechts, passim; Larenz, Nikisch-Festschrift, S. 299 ff., 特别是第 301、305 页以及 Methodenlehre, S. 314 ff.。

[28] 在此,这一概念在 Larenz, Methodenlehre, S. 192 f.的意义上进行理解。

言,亦是如此。[29] 基于这些"参考点(Bezugspunkt)"的可变迁性,法理念和事物本质这两种标准也前后一致地获得了一种相对的,亦即可变动的特性。譬如,人们或许可以将"信赖原则"——可能没有任何法秩序可以完全不考虑这一原则[30]——视为法理念的衍生(Emanation),而这一原则,恰恰是一个内容上的可变迁性的范例:其无法被先验地固定于法律问题清晰的解决方案之中,而是只有针对一个具体的历史情境——该情境除了被成文法,还很大程度上被"一般法律意识"的状态所确定——才能被固定下来。因此,譬如人们完全可以说,缔约过失或者权利失效的理论,并非任何时候都可以从信赖原则中得到证立,亦即,并非必然从一开始就是"有效力的",而是在一般法律意识发生了特定的变迁——这种变迁导致更加强调法伦理上的价值——之后,才可以主张承认其为正当的法律续造。基于事物本质进行论证的例子中,亦有类似情况。例如,对劳动关系之"本质"的理解,发生过强烈的变化。与之相应,从当时的观点中引申出来[31]的照管义务,以及今天许多从现今的观点中推导出来的具体结论,并非必然自始就是我们的私法的——客观的只是没有被认识到的——组成部分,而是在一个逐步的过程中才获得效力。[32] 最后,同样的结论,很大程度上也适用于**"需要进行价值填补的"一般条款**,例如对公序良俗或者诚信原则的援用,在此种援用中,成文法本身就为成文法之外的且必然具有可变迁性的评价的引入,提供了空间:在此

---

[29] 这被拉德布鲁赫称为"历史性和国家性法律构建的多样性"的原因,参见 Festschrift für R. Laun, 1948, S. 158。在关于事物本质的诸多文献中,参见最近数十年来特别是 *Schambeck*, Der Begriff der Natur der Sache, 1964, 附有详细引据; Arthur *Kaufmann*, Analogie und Natur der Sache, 1965; *Dreier*, Zum Begriff der Natur der Sache, 1965。

[30] 至少在其被认识到之后。

[31] *Larenz*, Nikisch-Festschrift, S. 284 f.不无正确。

[32] 它除了受到一般法律意识的变迁——有时从一般法律意识中产生,有时又反过来对其产生影响——的影响,当然还受到其他因素,例如立法上的劳动者保护的进步以及其他同类因素的影响。

也存在一个**客观体系**变动的出发点(Ansatzpunkt),此种变动的过程,与一般法律原则具体化情形非常相似(一般条款恰好经常援引一般法律原则)。

(二)"科学"体系的变迁

尽管此类无法从成文法中提取出来的法律原则的内容上的变化,很大程度上是被"一般法律意识"的变迁所决定的,但这另一方面也没有排除以下事实,即它们原则上不是被"制定"或者"假设(postuliert)",而是"被发现"或者"被找到"的。[33] 对于客观体系和科学体系关系而言,这意味着,此时前者的变迁也必然发生在后者的变动之前。[34] 因为在此类情形下,裁判和学说——至少从理念上是如此——也仅仅是说出那些"本身"就已经具有效力的东西。当然,这里显示得格外清楚的是,人们——至少在涉及价值评价上的具体化,而非单纯涵摄的情形——只能将客观法和对它的认识和适用之间的关系,理解为辩证的关系[35];尽管在基于一项一般法律原则进行论证时,通常已经以该项原则具有效力为前提,但另一方面,也只有在其适用的过程中,它才能被进一步地具体化。[36] 例如对权利失效理论或者类似新制度的承认,不仅以一般法律意识发生变迁为前提,其

73

---

[33] *Larenz*, Methodenlehre, S. 315 不无正确。
[34] 当然,针对**事实上有效力**的法,亦即"行动中的法(law in action)"则有所不同,在此情形,新的观点通常和已经变迁了的适用重叠或者甚至早于后者(关于规范效力和事实效力的区分,参见上文脚注12)。
[35] 基础性论述见 *Larenz*, Methodenlehre, S. 189 ff. (193 f.)。
[36] 在这一辩证关系中,规范上有效的法和事实上有效的法之间的对立(参见上文脚注12)部分程度上通过以下方式被克服,即两种效力形式在法律适用的过程中相互影响。此外,特别是习惯法保证了两者之间的结合:一项尽管有事实效力但是没有规范效力的规定,可以通过习惯法也获得后一种效力;反过来,一项尽管有规范效力,但因为不被适用而欠缺事实效力的规定,可以通过习惯法上的长期不被适用(desuetudo)而丧失规范效力,故而习惯法长远来看通常阻止两种效力类型之间发生分离。

本身还体现并推动了这一变迁。[37]

综上所述,结论如下:**客观**体系的变迁,很大程度上[38]归因于立法变动、习惯法上新制度的形成、需进行价值填补之规范的具体化,以及成文法之外的一般法律原则——它们在法理念和事物本质中找到其效力基础——的突破。而**科学**体系的变动,一方面是对现行法的基础评价的认识有所进步的结果,另一方面,也体现了对客观体系变迁的理解(Nachvollzug)。故而,前一种体系的变动,原则上紧接着后一种体系的变迁而发生,但客观体系和科学体系在客观有效的法和它的适用之间的一般辩证关系中也是相互关联的。

---

[37] 从这一辩证关系中,可能可以解释为何一般法律原则往往是在其第一次被"适用"相对较长的时间,特别是经常隐藏在表面证立(Scheinbegründungen)多年之后,才被正确地表述出来。

[38] 当然,传统的法律解释有时也可以导致体系变迁,因为法律解释也要经历对"一般法律意识"的探寻并因而可能发生变动。

第四章

体系的动态性

人们通常将体系的"开放性(Offenheit)"与体系的"动态性(Beweglichkeit)"等同起来。这样一种词语用法,本身完全是可能的,因为"动态性"一词,也可以形象地展示体系的暂时性和可变动性。[1] 但是,这不值得推荐,因为这一术语,已经被维尔伯格(Wilburg)固定进另一种意义之中[2],为避免误解,人们也应当只在维尔伯格所指的意义上使用该术语。因此,下文将"动态性"与"开放性"区分开来,且只在存在维尔伯格的体系概念的根本特征时,才使用"动态体系"一词。

一、维尔伯格的动态体系的特征

这些特征为何?借助一个例子可以展示得最清楚,维尔伯格正是基于该例子发展出其理论——他的损害赔偿法理论。维尔伯格拒绝寻找一项可以解决所有损害赔偿责任问题的统一的法律原则,而是代之以一系列被其称为"要素(Elemente)"或者"动态力量"的观点,它们是:"1. 与损害事件构成因果关系的存在于责任人一方的瑕疵。根据其是由责任人或者其履行辅助人之过错造成的,或者完全不基于任

---

[1] 譬如,*Zippelius*, NJW 1967, S. 2231, Sp. 2 就在此意义上使用它;可能 *Zimmerl*, Aufbau des Strafrechtssystems, 1930, Vorwort S. V 也是如此;此外参见下文脚注9的引用。

[2] 奠基性的:Entwicklung eines beweglichen Systems im Bürgerlichen Recht, Grazer Rektoratsrede 1950。

何过错——譬如一台机器上无法被发现的材料瑕疵——而产生的,这一瑕疵具有不同的严重程度。2. 一种加害人因其行为(Unternehmen)或者因其对物的占有而造成的并导致损害发生的风险(Gefährdung)。3. 导致责任成立之原因与产生的损害之间的因果关联的密切性(Nähe)。4. 对被害人和加害人的财产状况的社会性衡量。[3]"而法律后果——这也是起决定作用的东西——则"从这些要素之间不同数量和强度上的相互作用"[4]中得出,并经由法官"按照受指引的衡量(nach gelenktem Ermessen)"来加以确定。[5] 亦即,这些"力量"并非具有"绝对的、固定的大小,起决定作用的,是它们之间可变化的相互作用的整体效果。"[6]在此,即使只存在其中一种要素,只要该要素是以"特别高之强度"出现的,也可能足够。[7]

依此,对体系的动态性而言,具有特征性的,一是维尔伯格拒绝为"要素"确立固定的位阶关系,亦即它们原则上处于同等层次。二是它们并非必须总是全部出现,而是可以相互替代的。亦即,相关原则或者正义标准——事实上,维尔伯格在说"要素"或者"动态力量"的时候[8],所指

---

[3] 参见 a.a.O., S. 12 f.,该处追随 Die Elemente des Schadensrechts, 1941 的观点,特别是第 26 及以下各页、第 283 及以下各页;进一步参见 Zusammenspiel der Kräfte im Aufbau des Schuldrechts, AcP 163, S. 346。

[4] 参见 AcP 163, S. 347。

[5] 参见 Entwicklung eines beweglichen Systems, S. 22。

[6] 参见 a.a.O., S. 13。

[7] 参见 a.a.O., S. 13。

[8] 这一套术语并非很成功。因为两项表述都使人非常强烈地想到自然科学的标准[化学元素、物理力量!亦可参见 a.a.O., S. 17,这里提到了合同信守的"作用能量(Wirkungsenergie)"],而且借助它们也无法合理地解决法学问题——对此,维尔伯格绝对没有错误认识(参见例如他对耶林的"自然历史"方法的批评,a.a.O., S. 4 f.)。因此,"评价原则"或者"正义标准"的术语可能更好,这样一来,所想的东西就可以被名称直接体现出来,同时也清楚地显示维尔伯格在方法论史上的位置:事实上,他远远超越了早期的利益法学的观念和"原因性法律思想(kausales Rechtsdenken)"——他必须承认和这些理论有一定程度的相似性(vgl. a.a.O., S. 5),这些理论实际上可能影响了他的术语体系——并可能是现代"评价法学"(对此,参见 Larenz, Methodenlehre, S. 123 ff.)的最早的和指明方向的代表者之一。

的正是相关原则或者正义标准——的**原则上的位阶相同性和相互之间的可替代性,同时放弃封闭性的要件构建**,是"动态体系"的本质特征。正如很容易就看到的那样,这跟体系的开放性根本没有任何关系[9];对开放性而言具有特征性的评价和原则的可变动性,在动态体系中并非必然存在,因为相关的"要素"完全可能被一次性地确定,反过来,体系的开放性也绝不必然导致它的原则具有位阶相同性和可替代性,以及放弃固定的要件构建。亦即,动态体系可以是开放的或者封闭的[10],而开放体系可以是动态的或者非动态的。

二、动态体系与一般体系概念

维尔伯格绝非想通过其构想而完全抛弃体系思想,而仅仅是试图对体系进行不一样的——"动态的"——构造。因此,他明白无误地继续坚持"体系"这一术语。尽管如此,菲韦格还是直接将他归入论题学式——亦即可能是:非体系的——思维代表者的行列[11],而实际上,值得质疑的是,根据事物本质[12],其是否以及在多大程度上还可以被称为"体系",或者"动态"体系是否本身就已经构成自我矛盾。正如一开始所提出的那样[13],对体系概念而言具有特征性的,是统一性和秩序这两个特征。维尔伯格的理论毫无疑问可以满足前者。

---

[9] 因此,经常有人将维尔伯格的"动态"体系和开放性体系简单地等同起来,这是不正确的;但参见 *Engisch*, Stud. Gen. 10 (1957), S. 187 f. (188); *Wieacker*, Juristentags-Festschrift, Bd. II, 1960, S. 7; *Larenz*, JuS 65, S. 379, Sp. 2; *Mayer-Maly*, The Irish Jurist, vol. II part 2, 1967, p. 375 及脚注 2。

[10] 维尔伯格本身可能也认为他的动态体系同时是开放性的,因为他明确强调,也可能会有"新的观点和力量"加入,vgl. a.a.O., S. 14。

[11] 参见 Topik und Jurisprudenz, S. 72 ff.;赞成观点,参见 *Wieacker*, Privatrechtsgeschichte der Neuzeit, 2. Aufl. 1967, S. 597, Fn. 48; 对此,亦可参见下文脚注 28。

[12] 当然,尽管菲韦格无法单纯通过沉默而直接忽视在术语中体现的维尔伯格的自我理解,但术语最终并无决定性意义,亦可参见 *Diederichsen*, NJW 66, S. 699。

[13] 参见上文第一章"一"。

因为,他的全部思考——针对某些误解,对此必须要明确强调——都是以梳理出少数支撑性的基本思想为导向,从这些基本思想的相互作用中产生众多的具体裁判。也就是说,动态体系应当使得**多样性中的统一性**能够为人所见。这一点,在维尔伯格对立法者提出的通过"对理念的清晰的引领",消退毫无关联性的具体规范的洪水[14]的要求中,以及在他反对法官以单纯的公平[15]——其缺少"原则性"[16]——为导向的论战中,都得到清楚的体现。与之相对,维尔伯格拒绝将所有的法律规范回溯至**唯一的**一项法律思想,则无关紧要,因为体系完全可以且通常也是由多项基本原则构成的。

基于统一性的特征,也必须前后一致地肯定秩序这一特征,因为前者无法脱离后者而存在[17],而维尔伯格也经常反复强调法的"内在秩序"或者"内在支撑(Halt)"的必要性。[18] 如上所述,他认为相关的标准原则上可以相互替代,而这与之完全不矛盾,因为并非**任意一个观点**都可以替代任一其他观点——若如此,这实际上就不是秩序,而是混乱——而仅仅是**特定数量要素**中的一个要素,针对一项特定的规整对象(Regelungsmaterie)而替代另一个要素,例如,为解决非合同性损害赔偿请求权的问题,由上述四个要素中的一个要素,代替它们中的另外一个要素。而相关正义标准的原则上的位阶相同性,同样并不与秩序特征存在矛盾,因为地位相同(Gleichordnung)也是秩序的一种形式。虽然体系的概念,传统上是和存在一定程度的**层级(Hierarchie)**的想象相关联的。但是,这一特征看起来并非不可放弃,只要它的欠缺不会导致内在统一性的存在变得不可能即可。然而,在维

---

[14] 参见 a.a.O., S. 4。
[15] 参见 a.a.O., S. 22。
[16] 参见 a.a.O., S. 6。
[17] 但是反过来,没有统一性的秩序或许是可能的;亦可参见上文边码 12—13。
[18] 参见 a.a.O., S. 12 bzw. S. 22。

尔伯格的理论中,恰恰不存在后一种情况,如果人们认为,维尔伯格将法秩序内**所有**具有某种重要性的观点,原则上都视为同等重要的,那人们可能误解了他。与之相反:维尔伯格的理论对于一定程度的层级这一思想绝不排斥,因为对于某些特殊问题,毫无疑问还要在他梳理出来的"要素"的基础上补充额外的解决观点(Lösungsgesichtspunkte),这些额外的解决观点是像他那样的具有区分性的思考所无法放弃的,因为相对于那些解决观点,这些要素无论如何只有更小的分量。亦即,只有在——起创造统一性作用的——基本原则内部,才存在位阶相同性(Ranggleichheit)。即便在此情形,维尔伯格也明显没有完全排除位阶排序(Rangstufung)的可能性[19];与之相反,这些基本原则和其他与解决具体问题相关的标准之间,完全可能存在一定程度的层级。[20] 总而言之,维尔伯格的理论以"体系"为名,并无不当[21],尽管我们同时不应忽视,其乃一种边界情形。

三、动态体系与现行法

(一)非动态体系原则上的优先性

本书着眼于德国现行法、特别是德国私法来研究体系问题,因而须回答它们与维尔伯格的思想之间关系为何的问题。纵观我们的法秩序,就可以得出毋庸置疑的答案:**德国现行法的体系原则上不是动**

---

[19] 参见例如 a.a.O., S. 15,维尔伯格在此(针对一个不当得利法问题)试图在"有疑义的情形"考虑当事人之间的财产状况,亦即明显只是在其他的标准无法提供一种公正的解决方法的情形下,也就是说,只是补充性地(subsidär)加以考虑,而这明显地隐含了一种位阶关系。随后在损害赔偿法中,维尔伯格也对平等位阶地考虑财产状况的合法性表达了一定程度的怀疑,vgl. AcP 163, S. 346, Fn. 2。

[20] 但是,因为缺乏对此问题的明确的表态,可能无法最终地确定,这是否真的是维尔伯格的观点。

[21] 亦可参见 Bydlinski, öJBl. 1965, S. 360; *Diederichsen*, NJW 66, S. 699。

态的,**而是非动态的**。因为它通常为各具体原则分配了界限清晰的适用范围,在此范围内,原则无法被其他"要素"所替代,而且它倾向固定的要件构建,而固定的要件构建排除了——即使是"受约束的"——法官基于裁量任意确定不同法律效果的可能性。例如,德国法——继续以损害赔偿法为例——清楚地规定,何处过错原则起决定作用;何处风险思想起决定作用;在何种前提下,应当例外地考虑当事人的财产状况(参见《民法典》第 829 条)等。此处并无"根据数量和强度"对诸标准进行衡量的余地,这一点原则上也适用于我们私法的所有其他领域,以及我们的法秩序。

(二) 动态体系部分的存在

但仅仅是原则上如此!亦即,现行德国损害赔偿法同时也包含了一个反例,它清楚显示了必要的限制:《民法典》第 254 条对全有或者全无原则(Alles-oder-Nichts-Prinzip)的突破。依该条规定,若受害人自身有过错或者——今天普遍承认的——其他归责事由,特别是共同导致了一项可归责的运营风险(Betriebsgefahr),则损害赔偿的数额,取决于"具体情况(Umständen)"。这里呈现的,恰恰是对维尔伯格的动态体系而言具有特征性的一幅画面:必须对不同的因素进行相互衡量,其中任意一项可以取代另一项,它们之间就不存在固定的位阶关系。例如,除了与有过失抗辩,也可以提出共同导致运营风险的抗辩,程度轻的与有过失,可能会因为受害人支配范围内出现提高风险的情事,而导致受害人的赔偿请求数额被大幅减少到与其有重大与有过失情形一样[22],一项"特殊的"或者"被提升的"运营风险,也可

---

[22] 因为过错和过错的程度只是在确定赔偿请求权的数额时几个要进行相互衡量的事由之一;关于哪些因素具有决定性的问题,只需参见 *Larenz*, Schuldrecht A. T., 9. Aufl. 1968, § 15 I e; *Esser*, Schuldrecht, 3. Aufl. 1968, § 47 IV und VII; *Soergel-Schmidt*, 10. Aufl. 1968, § 254 Rdzn. 7 ff.。

能部分地抵消重大过失等。一项共同导致的运营风险原则上可以相对于过错责任[23],以及轻与有过失可以相对于重大过失甚至可能相对于故意,发生减少请求数额的效力;相反,危险责任不必然因与有过失而被直接排除,因"最轻过失(culpa levissima)"而承担的责任不必然因重大与有过失而被直接排除。换言之,这里无法进行固定的要件构建,而是应当完全在维尔伯格所指的意义上,对特定的标准按照其"数量和强度"进行相互衡量,但不一次性地固定譬如过错和风险之间的位阶关系。然而,另一方面,也不是说任意观点都具有重要性——法官显然不应当考虑当事人的婚姻状况或者国籍,而对当事人的财产状况,则只有在类推适用《民法典》第829条的例外情况下才加以考虑——而是只有那些专门的、一般性地确定的归责标准,例如过错程度、运营或者物的危险性、相当性的程度或者因果联系的"远近程度"[24]——亦即那些在此情形之外也支配着我们的损害赔偿法的原则——才具有重要性。如此,损害赔偿法体系在原则上的"非动态性"之外,还包含一个子领域,在该领域中,决定性的评价观点是"动态的"。

其他领域也与此类似。特别是在固定要件被一般条款补充或者放松的领域,经常可以找到体系动态性的例子;在确定终止合同是否违反社会原则(sozialwidrig)、是否存在重大事由,法律行为或者行为(Verhalten)是否违反公序良俗等时候,通常需要对特定的观点,不按固定位阶关系,而是"根据数量和强度"进行相互衡量。[25] 但是,在

---

[23] 这在今天是学界的绝对通说,参见例如 Larenz, a.a.O., unter b 和 Esser, a.a.O., unter 5,各自附有引据。
[24] 对哪些因素应当加以考虑的问题,细节上还没有完全得到澄清;但是,无可争议的是,在此通常涉及归责观点,并非对任意一种"论题"都能适用。关于该问题,参见上文脚注22所列文献。
[25] 但是,不能将"动态体系"和一般条款等同起来,参见下文边码82、85的详细论述。

此,固定的要件构建——可以毫无疑问地说——仍属于一般情况,"动态性"则构成例外。[26] 亦即,现行法中,同时存在非动态体系部分和动态体系部分,原则上前者占优势地位。

四、动态体系的立法和方法论意义

在方法论和法哲学层面,人们当然不能止步于这一结论。相反,人们应该继续追问,对于维尔伯格的理论,不管其在具体的法秩序中实现的广泛程度如何,应当如何进行评判;以及相应地,其在立法论上,亦即对立法者而言,有何种意义。

(一)动态体系和进行更强烈区分的要求

为回答这一问题,首先必须提取出这样一项特征,它尽管对维尔伯格的"动态体系"而言具有特征性,但并非其独有,它在"非动态"体系中亦可能存在。此处所指的,是维尔伯格提出的进行更强烈区分的要求(Forderung nach stärkerer Differenzierung),以及他对特定原则的任何绝对化的批评。在此意义上,毫无疑问要对其表示赞同,上文[27]也恰恰将以下这点作为原则的体系构建功能的一个重要特征,即原则不主张具有排他效力,更多的是被要求相互补充,亦即"相互作用",除此之外,为形成法律规则,原则还需要借助新的独立的评价标准进行区分性的具体化。尽管这一观点非常正确,且在今天的民法教义学中得到普遍的承认——这也是基于对维尔伯格本人的不当得利法和损害赔偿法作品的印象——但这种更强烈的区分绝非只与动态

---

[26] 不仅是数量上的,尤其还是重要性上的!
[27] 参见 S. 53 ff. und 55 ff.。

体系联系在一起。[28] 例如,维尔伯格要求在破产法中,以不同法律思想之间的"更弹性化的(elastischer)"相互作用,来代替所有无物权性担保的债权人之间具有平等性这一僵硬的原则,并将诸如"价值追及"、不谨慎地提供信贷和对"小"债权人的社会性保护等观点列举为其所指的法律思想[29],然而,通过非动态体系,至少可以跟通过动态体系一样好地实现这一目标:人们完全可以设立相应的**固定**的构成要件[如《破产法》第46条[30]针对替代取回权(Ersatzaussonderung)所作的规定,或者《破产法》第61条针对特定的特别值得保护的债权人所作的规定],并通过**清楚界定**的例外,来限制所有破产债权人平等这一原则;是的,人们甚至不得不说,在破产法领域,这样一种尽管具有区分性,但却是非动态性的构造,要合适得多,特别是人们无法放弃不同种类的破产债权之间的**固定的位阶关系**,因此也无法放弃不同的评价观点之间的**固定的位阶关系**。所以,区分化与对具体原则错误的绝对化的斗争,并不必然以动态性为前提[31],维尔伯格的思维方式中蕴含的巨大的区分性本身,未能告诉我们关于动态体系的价值的任何本质的东西。

---

[28] 完全不可理解的是,Viehweg, a.a.O., S. 72 ff.,特别是第74页认为维尔伯格与对特定原则进行绝对化的斗争,是"当前民法学具有论题学结构的证据"。一项原则必须总是追求唯一支配性这一点,就算对于菲韦格所指向的公理—逻辑体系都不适用,即使这一(就像任何一种)体系中包含着一定程度的回溯到少数基础思想的倾向,并符合其理念(Ideal)。但是,正如本书所述,整理出少数支撑性的基础思想,恰恰是维尔伯格的意图,故而,菲韦格在这一点上追随他是非常不成功的;维尔伯格放弃构建固定构成要件或许更能支持这一点,但是,菲韦格当然不因此而得以证明其论点——即法学在其整体上显示出论题式的结构——相反,其论点仅适用于一般条款或者类似的现象[若如此,他本可以非常接近正确观点,参见下文第七章"二、(二)"的详细论述]。

[29] 参见 a.a.O., S. 6 ff.,其追随 öJBl. 1949, S. 29 ff.。

[30] 其构造具体是否符合维尔伯格的要求——《破产法》当然不会这样做!——对于此处要论述的**原则性**问题毫无意义。

[31] 可能要求"开放性",因为进行更强烈区分的要求,不仅针对立法者,同时也针对法律适用者。

(二)动态体系与一般条款

在这点上,唯一具有决定性的,毋宁说是其特别之处(Spezifika),亦即缺少固定的要件构建,以及评价原则相互间的可替代性和原则上的位阶相同性。特别是第一个特征,容易让人直接将这一问题,等同于固定要件和一般条款之间关系为何的问题。但这样将会误解维尔伯格。[32] 因为一般条款的特点,是需要进行价值填补,也就是说,它并没有说明对其进行具体化所必要的标准,这些标准原则**上只有结合相应的具体个案才能被确定**;与此相反,维尔伯格的追求,则是从内容和数量上**一般性地**确定起决定作用的"要素",仅仅是对它们的"混合比例"进行可变的构造,让其取决于个案的具体情况。[33] 如此,维尔伯格也明确反对完全根据公平来进行裁判,因为公平缺少"原则性(Grundsätzlichkeit)"[34]——这是一个最能论证其基本观点的论据;与之相反,一般条款则反复地——至少在部分程度上正确地——被称为"公平的突破口"。

(三)动态体系在一般条款与固定要件之间的中间位置以及对三种可能构造进行结合的必要性

尽管动态体系未显示出与需要进行价值填补的一般条款相同的结构,但不可否认其与一般条款具有一定程度的相似性[35]:**动态体**

---

[32] 因此,管见认为,Esser, AcP 151, S. 555 f.和 RabelsZ 18 (1953), S. 165 ff.对维尔伯格的批评,并非完全合理。

[33] 因此,维尔伯格原则上也并非仅仅立足于个案,而是——正如他的特征性表述那样——立足于"个案在被展示的、发生共同作用的诸观点方面的情况";参见 a.a.O., S. 17, 13, 18 及其他处。

[34] 参见 a.a.O., S.6;亦可参见第 22 页。

[35] 关于动态体系对于一般条款具体化的意义,亦可参见下文边码 85 结合脚注 45,以及特别是边码 152—153。

系处于固定要件和一般条款的中间位置。它的优势和弱点都由此产生。首先,就弱点而言,很明显,动态体系相较于非动态的、有严格位阶的具有固定要件的体系,只能在更低的程度上保证**法安定性**。故而,在那些有更高法安定性需求的领域,无论如何都应当优先选择后者,正因如此,即使维尔伯格自己也肯定不会主张,将譬如证券法、物权法[36]或者仅仅是继承法、公司法的固定秩序,拆解为动态体系。其次,尚需考虑的是,若法官**毫无例外**地要面对动态体系,并在**每一个案件**中都要面临在通常数量较多的"要素"之间进行衡量的难题,那将超出法官的能力范围。[37] 最后,人们也不应该对以下内容有错误认识,即除了法安定性这一价值,正义这一价值也可能与动态体系相矛盾;因为正义命令的"**一般化**"倾向——此种倾向是从平等律中引申出来的——反对任何以个案具体情况作为依据的做法,因此也反对——即使是一般性地加以确定的——"要素"进行衡量。

不过,正义不仅显示出一般化的倾向,同时也显示出**个性化的倾向**[38],因此,很容易在对动态体系进行正当化时以此为据。但是,此时必须加以小心。因为一方面,一定程度的个性化,也可能通过非动态的、具有严格位阶的体系的强烈区分而实现;另一方面,动态体系也

---

[36] 对此,参见 a.a.O., S. 4 的明确论述。

[37] 维尔伯格完全知晓这一反对意见(参见 a.a.O., S. 23),并反驳道,"如果他应当适用那些会导致不可接受的结果的原则",那法官的处境还将困难得多。这只是部分有说服力的,因为,第一,在一定程度上被穷尽思考的法律中,真正的"不可接受的结果"可能只是一种例外情况;第二,法官往往可以完全正当地借助对"严格的"法进行相对化的一般条款来防止此种结果的出现;第三,考虑到其他法价值,特别是法安定性,接受一种尽管非常不公正的结果,有时候很可能弊端更少;第四,特别是从维尔伯格的担忧之中,并不必然得出整个体系都必须是动态的的结论,而仅仅是得出以下结论,即体系中必须包含作为"阀门"的动态部分(以及真正的一般条款)(亦可参见接下来的论述)。

[38] 关于正义的这两种倾向和它们相互之间的指涉关系(Bezogenheit),特别参见 Henkel, Recht und Individualität, 1958, S. 16 ff. 和 Einführung in die Rechtsphilosophie, S. 320, 323 ff. (325), 351 ff.。

不允许不受限制的个性化[38a]，因为它是以数量**有限**的要素为基础的。故而，实际上无法将动态体系完全归入正义的两种倾向中的任意一种：它通过**一般性地**确定具有决定意义的正义标准，考虑到了一般化倾向；通过让具体法律效果取决于这些标准在**个案**中的相互作用，也兼顾了个性化倾向。这显示出它的巨大优势：**动态体系构成对法理念的不同假设的一种特别成功的妥协**——毕竟，相比在纯粹的公平条款的情形，法安定性还是得到了更大程度的维护——并在经过衡量的、"折中的"解决方案中，平衡了这些不同假设的"两极性（Polarität）"[39]。它既远离固定要件的僵硬性，又远离纯粹公平条款的漫无边际性。

但是，如上所言，其至少在部分程度上缺少其他构造可能具有的优势，因此，结论只能是，**应从所有这些构建类型的相互作用中来构造法**：在以固定要件构建为一端和以纯粹公平条款为另一端的中间位置，是动态体系。如前所言，至少在特定领域，固定要件是无论如何都不可缺少的，特别是当"非动态"体系显示出强烈的区分性时，其可以展现最适当的解决方案。回想一下上文[40]论述过的破产法中的例子，或者维尔伯格所举的危险责任领域的例子：若物具有高度危险性，如飞机等，即使不可抗力抗辩，亦不能减轻物之所有人的责任，与之相反，对于危险性较小的物，例如机动车，一项来自外部的"无法克服的"事件，即可产生排除责任的效力。[41] 应该将这样一种根据物的危险程度而对免责事由进行的区分——这看起来有意义，且对德国法而言也完全是"体系固有的"——完全交由**法**

[38a] 若如此将不再存在任何体系！
[39] Henkel, a.a.O., S. 345 ff., 特别是第349页令人信服地论述了涉及的是"两极性"而非真正的"自相矛盾（Antinomien）"。
[40] 参见 S. 81。
[41] 参见 a.a.O., S.13。

官在个案中进行,还是说,为了法安定性以及遵守平等律,此时由**立法者**根据清晰的构成要件特征(飞机、铁路、机动车等),一般化地对其进行区分看起来会更适合?! 此外,对危险责任而言不可或缺的——因为风险的可计算性和可保险性要求——通过数值固定的最高额来对责任进行的限制,又该如何? 很难否认,在此情形,"固定的"成文法规定弊端更少。但反过来,人们不应对以下这点有错误认识,即对个案中的**所有**情况**全部**加以考虑,同样也可能是有意义的,因此不应被立法者完全排除;因为"公平"也是一种法律特有的价值[42],只有完全开放性的规定,如可期待性条款,才能**完全**对其加以顾及。因此,法理念的各种假设的差异性,要求立法者要利用**所有**被列举的可能构造,只有对它们进行经过衡量的选择,立法者才能解决最高的法价值的"两极性"[43]问题。但是,人们无法一般性地说,何种解决方案更为可取,这取决于相关调整对象的特殊结构,以及对其而言重要的价值。[44] 在此,动态体系被赋予了一项特别重要的任务,因为如前所言,它以非常成功的方式居于固定要件和一般条款的中间位置,并为正义的一般化和个性化倾向提供了空间。不过,它仍仅仅是诸多可以考虑的可能构造中的一种,故而,在另一方面,不应过分高估其效用(Leistungsfähigkeit)。加以这一限制后,应当说,动态体系的思想,正如它由维尔伯格发展出来的那样,构成对立法

---

[42] 在这一问题中,可能隐藏着反对危险责任一般条款的主要思想之一;至少这种一般条款还要通过一系列的特别构成要件加以补充,这些特别构成要件区分性地确定最高责任限额和其他特别问题,因此本身可以同时为一般条款的具体化提供标准。

[43] *Henkel*, a.a.O., S. 324 坚决且正确地持此观点。

[44] 此处无法对一般条款的价值以及应当合理地为其设定的适用范围展开更详细的讨论;对此,只需参见 *Hedemann, Die Flucht in die Generalklausen*, 1933; *F. v. Hippel, Richtlinie und Kasuistik im Aufbau von Rechtsordnung*, 1942; 新近文献特别参见 *Henkel*, a.a.o., S, 357 ff., 360 ff.。

论和方法论[45]工具库的一项具有决定性意义的增益（Bereicherung），其毫无疑问应当属于重要的法学"发现"[46]。

---

[45] 在方法论上，一方面，具有意义的，是区分动态体系和一般原则，并相应地对其进行更狭窄的解释，也就是说，譬如在《民法典》第254条中，仅允许特殊的归责观点；另一方面，动态体系的思想，在一般条款的具体化过程中，也有可能起到重要的作用，对此，参见下文边码152—153。

[46] "法学上的发现"这一概念源自德勒（*Dölle*），但是德勒仅从教义学的视角对其进行举例论述，参见 Festvortrag vor dem 42. deutschen Juristentag, Bd. II der „Verhandlungen", Tübingen 1959。

第五章

体系与找法

现在已经对法学体系的概念和特性进行了充分澄清,从而可以过渡到那个对于体系思维在法学中的意义具有最终决定性的问题的论述:即体系的"实践"重要性的问题。实际上,若对此问题的观点(Stellungnahme)不同时具有"实践"重要性,那对"体系思维和体系概念"这一问题的全面研究就没有什么意义;因为法学跟其他少数几门科学一样,是直接以"实践性的"证明(Bewährung)为导向和指引的,因此,体系的——用利益法学的语言来表述——"生活价值(Lebenswert)"问题,一直处于关于体系的讨论的中心。在此意义上的"实践",是指将法适用于具体的案件事实,因此,这一问题就被精确化为,体系对于萃取相关法律规则是否具有某种意义。

这一问题,被一种广泛传播的观点坚决地否定了。依此种观点,体系没有"生活价值",特别是没有"认识价值(Erkenntniswert)"[1],对于找法也没有价值,而仅仅是具有"展示价值和秩序价值(Darstellungs- und Ordnungswert)"。对体系的此种理解,发端于早期的利益法学[2],但在今天仍很大程度上能得到赞同。作为代表,可以援引最近

---

[1] 在认识何为现行法的意义上;与之相反,人们通常并不否定体系具有使对法律的理解更容易之意义上的教育学价值。

[2] 特别参见 M. *v. Rümelin*, Bernhard Windscheid und sein Einfluß auf Privatrecht und Privatrechtswissenschaft, 1907, S. 40 ff. und Zur Lehre von der Juristischen Konstruktion ArchRWirtschPh. XVI (1922/23), S. 343 ff. (349 ff.); *Heck*, Das Problem der Rechtsgewinnung, 1912, 2. Aufl. 1932, S. 9 ff. und Begriffsbildung und Interessenjurisprudenz, (转下页)

87 克里勒(*Kriele*)提出的观点,他认为,在今天,"借助演绎从体系中找法的尝试,在实践中仅具有相对较小的作用"[3],实际上,"基于存在先在体系之假设的找法不能获得任何支持"[4];因为:"此种体系的意义,可能是多样性的:它服务于教学目的,服务于外部的划分以及因此而服务于对法秩序的了解,在法政策上服务于简化法律构造等等,诸如此类。**其唯一不服务于解释**。"[5]

此外,在这一点上,作为各自基础的体系概念的模糊性,也导致讨论发生混乱。体系思维的反对者截至目前提出的所有观点,仅适用于两种特定类型的体系:"外部"体系以及逻辑或者公理—演绎体系。譬如,黑克反对"体系的建构"[6]的论战(Polemik),与利益法学反对概念法学的追随者所使用的"颠倒方法(Inversionsmethode)"的斗争直接相关,因而相应地只对后者所立足的公理—演绎体系而言是正确的。[7] 克里勒可能也持一种完全类似的体系概念,因为他

(接上页) 1932, S. 66 ff., 84 ff., 91 ff., 188 ff.; *Stoll*, Begriff und Konstruktion in der Lehre von der Interessenjurisprudenz, Festgabe für Heck, Rümelin und Schmidt, 1931, S. 60 ff. (S. 68 f, 76 ff., 112 ff.)。*Kretschmar*, Über die Methode der Privatrechtswissenschaft, 1914, S. 42 ff. 和 Jher. Jb. 67, 264 ff., 273 ff., 285 ff.面对利益法学的攻击而对体系思维所作的出色的正当化论证,非常遗憾从来没有获得足够的重视。进一步参见 *Baumgarten*, Juristische Konstruktion und Konstruktionsjurisprudenz, in: Festgabe für Speiser, 1926, S. 105 ff.。

[3] 参见 Theorie der Rechtsgewinnung, 1967, S. 97。
[4] a.a.O., S. 97。
[5] a.a.O., S. 98(着重部分系本书作者添加);一个进一步的苗头参见第 121 页,但是其在后面部分(特别参见第 124 页)很遗憾地没有被利用起来。
[6] 特别参见 Begriffsbildung, S. 66 ff. (69 f.), 188 ff.。
[7] 黑克有时候还将它直接等同于"外部"体系,这就使得他的批评更加不准确;参见例如 a.a.O., S. 196(这里所指的通常是科学的外部体系,而不是法律的外部体系)。

明确说到从体系中进行"演绎"[8],并提及"公理"体系[9]。在今天的**教义学**文献中,体系思维通常被完全不加批判地与"概念法学"直接等同起来,这确实是最受欢迎的将一项体系论据(systematisches Argument)不加任何研究地贬低为"概念法学"并因而"过时"的借口之一——这是一种喜欢自我标榜为"现代"的方法,但在今天的方法论中却已逐渐过时。因为,正如在第二章所全面展示的那样,存在多种不同的体系概念,绝不可能从一开始就确定,对于从逻辑的或者公理—演绎体系中找法的可能性所作的不无正确的批评,对于其他所有的体系类型而言,也肯定是适用的。

恰恰相反!如果人们按照本书所持的观点,将法秩序的"内在"体系理解为价值论的或者目的论的体系[10],那体系对于找法的意义就显而易见了;因为,体系论据(Systemargument)**仅仅是目的性论证**(teleologische Begründung)**的一种特别形式**,其本身毫无疑问应当是被允许和具有重要性的。因此,只要人们注意,不要从逻辑演绎,而是从评价上的归置这一意义上去理解"推导"一词,那么就完全可以说,体系具有"目的论上的或者评价上的推导能力(Ableitungseignung)"。不仅对上文建议的一般法律原则体系,对于任何一种目的论的体系,特别是由相应的概念或者价值组成的目的论的体系,都应当承认其有此种推导能力,在此,与不同的目的论的体系之间具有相互可转换性[11]相对应,在正确构建体系的前提下,实践结果应当总是

---

[8] 参见 a.a.O., S. 97。
[9] 参见 a.a.O., Fn. 1。但是,克里勒在脚注 2 所列举的例子,指向了相反的方向,因为那里提及的观点的追随者,完全不是从一种公理—演绎体系出发的。很遗憾,克里勒本人没有对其提及的理论**在细节上**进行论述,故而没法清楚认识,他认为它们的弱点在哪里。因为他在作品中提出的反驳观点,仅针对公理—演绎体系而言是正确的,故很容易产生以下嫌疑,即克里勒错误地认为,只要说到法学体系,就只能是指公理—演绎体系。
[10] 参见上文第二章"二、(一)"。
[11] 参见上文第二章"二、(二)、1"。

相同的。[12]

但是,这也仅仅表明了体系有利于找法的原则上的可能性,因此,现在应当对体系对找法的意义具体地,特别是对体系思维相对于其他目的性论证形式的特别之处加以梳理。在此,可以再次立足于体系概念的两项要素进行论述:即目的性秩序要素和法的评价一致性和统一性的保障之要素。

一、体系性归置和目的性内容的揭示

如果人们以某种特定的方式,对法律现象进行"体系上的归置",那么人们通常也同时也对其目的性内容作出了一项说明。譬如,如果人们将某一条文认定为危险责任、权利外观责任或者牺牲责任的构成要件,或者将一项请求权称为代偿请求权[13],那他这么做绝非仅仅是服务于"展示和秩序目的"。相反,相应规范背后的评价,特别是法秩序的一般原则,将因此而被直接表达出来。故而,围绕体系上的归置的争论,通常同时是围绕某种法律现象的"本质"[14],亦即主要围绕其在现行法中的评价内容的争论。[15] 因此,没有什么比将围绕特定的双方行为可否定性为法律行为的争论视为毫无意义的概念法学错得更加离谱;相反,譬如人们如果讨论,应当将婚约视为合同、纯粹的事实关系,或者因为其引起信赖而将其视为"法定的"特别关系,从而违反婚约是构成违约、侵权还是违反信赖的

---

[12] 很明显,譬如从被目的性地理解的法律行为**概念**以及私法自治**原则**中必然可以得出同样的体系论据。
[13] 参见下文使用的例子。
[14] *Engisch*, Stud. Gen. 10 (1957), S. 188 f.正确地指出此点。
[15] 也就是说,这里通常涉及的不是某种先验的观察!

时候,人们实际上是在追问婚约的"本质"。[16] 设权理论(Kreations-theorie)和合同理论(Vertragstheorie)(以及其他理论[17])之间发生的围绕证券设立行为之"本质"的争论,亦与之相似。

但是,这一所谓的"揭示本质"的过程,并非一种所谓的单行道式的过程,在单行道式的过程中,客体一开始完全不被人所知,然后仅仅是通过体系上的归置为突然被理解了。相反,在对相关客体的认识和对它的体系定性之间,存在着相互作用。[18] 因此,譬如在将《民法典》第833条第1句归置为危险责任之前,人们必须首先认识到它的立法意旨(ratio legis)。另一方面,如果不是已经存在危险责任这一体系范畴,立法意旨的揭示将会困难得多。此外——这可能也是更加重要的——也只有体系归置,才使得对相关规范进行完全的——**不仅仅是作为单独现象(Einzelerscheinung),而是作为整体的一部分**——理解,成为可能。譬如,如果人们将《民法典》第833条第1句视为危险责任的诸多构成要件之一,那么比起只是单独认识到它的立法意旨——即为动物造成的风险承担责任——人们可以更加完整和更加正确地理解它。反过来,体系亦可能通过对一项新的构成要件的归置,获得内容上的丰富或者修正,因为特殊(das Besondere)并非仅仅是一般(das Allgemeine)的子类型,还是一般的建构性元素。[19] 也就

---

〔16〕 亦可参见 Beitzke, Festschrift für Ficker, 1967, S. 84,他不无正确地问道,哪一种理论,可以"更好地解释婚约的本质和法律效果"。在此,"解释"不可以被理解成从理论出发进行的**因果性推导**(kausale Ableitung)——特别是早期的利益法学有此误解——而要理解成一种对体系的内在意义和具体法律效果的(评价上的)一致性的发现。

〔17〕 这里还进一步涉及对我们的法的统一性的维持(参见上文边码39—40已经作出的论述),但是这跟本质揭示(Wesenserhellung)没法很严格地区分开来(参见下文"二、(一)"之前的详细论述)。

〔18〕 参见 Engisch, a.a.O., S. 189;赞成观点,亦可参见 Diederichsen, NJW 66, 701。

〔19〕 亦即这里的一般不是作为"抽象——一般",而是作为黑格尔意义上的"具体——一般"进行理解。

是说,这是一种**相互揭示意义的辩证过程**。不可否认,此时经常会面临循环论证的风险,但是这只是诠释学上的在其他情形也为人所熟知的一般与特殊之间的循环的一种特别情形[20];这种循环是所有精神科学上的理解都具有的特性(eigentümlich),因而无法从一开始就被排除。

若体系归置的"认识价值"因此而不能被质疑,则从中也可以径直得出它对于找法的意义;因为,如果这里涉及的是对目的性内容的揭示,那这对今天主要进行目的性论证的法学而言,就不可能不对法的解释和续造有所影响。而实际上,体系归置在找法的所有层级上都发挥着重要作用。

(一)"体系解释"

正因如此,"**体系解释**"很久以前就在法学的"解释准则(Auslegungskanon)"中占据了牢固的位置。[21] 当然,在此关联中,人们想到的,通常首先是**基于法律的外部体系进行的解释**,亦即从条文在特定的编、章、条文关联中的位置,从其是被表述为独立的一款还是仅作为某一款的一句等进行的反推。但是,条文的位置很多时候实质上是错误的,因此,这只能提供相对而言并不重要的线索。若要举两个例子,可以想想《民法典》第 833 条第 1 句被纳入侵权法之中,或者在

---

[20] 对此问题,特别参见 *Schleiermacher*, Werke I 7, 1838, S.37, 143 ff.; *Dilthey*, Gesammelte Schriften VII, 1927, S. 212 f.; *Coing*, Die juristischen Auslegungsmethoden und die Lehren der allgemeinen Hermeneutik, 1959, S. 14; *Betti*, Zur Grundlegung einer allgemeinen Auslegungslehre, Festschrift für *Rabel*, 1954, Bd. II, S.102 ff.和 Allgemeine Auslegungslehre als Methodik der Geisteswissenschaften, 1967, S. 219 ff. 文中所说的循环,并非海德格尔(*Heidegger*)和伽达默尔(*Gadamer*)意义上的"诠释学上的循环"(不同的是,a.a.O., S. 275 ff.明显是指此),后者所理解的是解释者的"前理解"和解释结论之间的关系。

[21] 只需参见 *Baumgarten*, Die Wissenschaft vom Recht und ihre Methode, 1920–22, Bd. I, S. 295 ff. und Bd. II, S. 617 ff.和 Grundzüge der juristischen Methodenlehre, 1939, S. 35 ff.; *Engisch*, Einführung, a.a.O., S. 77 ff.; *Larenz*, Methodenlehre, a.a.O., S. 244 ff.。

《民法典》第254条第2款第2句(而不是在第3款)对《民法典》第278条进行援引。不过,不可否认的是,基于外部体系进行论证,也具有一定的价值。譬如,从一个条文是在法律的总则或者分则的位置,反推出它的适用范围,并非完全不被允许。而且人们不能忘记,法律的结构安排(Einteilung),经常在很大程度上受到"事物本质"的影响;因此,一项规定的特性,例如作为家庭法或者商法规范,可以对理解该规定有所助益。但是,这类论证,只有在体系位置中体现出来的**评价**也同时被揭示出来时,才能真正具有决定性的作用,而此时,这实际上已经是**基于内部体系进行的论证**。内部论证实际上具有更大的意义。从外部体系进行的解释一定程度上是文义解释的延续,而从内部体系进行的解释,则是目的[22]解释的延续,或者更确切地说,仅仅是目的解释内部一个更高的层次——这一层次,从"立法意旨(ratio legis)"前进到"法之理性(ratio iuris)";因此,正如目的解释通常而言的那样,从法律的内部体系进行的论证,在各种解释方法中具有最高的位阶。[23]

---

[22] 从最广义的意义上来理解的目的,参见上文边码41。

[23] 通常所持的观点,即认为具体的解释方法之间并没有固定的**位阶关系**,不值得赞同。相反,目的解释最终处于优先地位,实践结果中,这一点在今天也几乎是被普遍考虑到的。首先,就目的解释和文义解释的关系而言,"意义和目的比法律的文义站得更高"这句话可能已经被普遍承认;学界通说认为"可能的文义"构成解释的界限,并因此而优先于立法目的,但是这——除了类推禁令以及同样的东西——是纯粹的术语问题,因为在超越文义的时候,仅是从狭义意义上的解释过渡到下一个层次,即类推和目的性限缩,并因此而**在结果上帮助立法目的**无论如何都能取得相对于——过宽或者过窄的——文义的优先地位。而就目的解释和体系解释的关系而言,从外部体系进行的解释,因为其巨大的不安定性(参见下文的论述)而无论如何都要居于目的解释之后,而基于内部体系的解释,正如本文所述的那样,本身就只是目的解释的一种形式。而最终就目的解释和历史解释的关系而言,目的解释也应居于优先地位。对于客观解释理论而言,此点无须论证,对于主观解释而言,也不应怀疑,因为其本身也不能**在所有细节上**实现立法者的想象,而只能是帮助其**目的**得到实现;故而,解释是以主观—目的的方式进行的,在这一过程中有时可能完全剔除立法者的可以被确定的想象,如果这一想象不适于实现立法者所追求的目的的话——像黑克这么坚定的主观解释理论的追随者将这样一种方法装进"思考地服从(denkender Gehorsam)"这一著名准则的外衣之下。

92　　　一些实践例子可以直观地展示体系解释对于找法的意义。譬如,将《民法典》第833条第1句定性为**危险责任**的构成要件,极大地有助于对它的解释。除此之外,从这一定性之中,可以推出——正如在危险责任中常见的那样——动物饲养人只需对一项"专门的(spezifische)"危险的实现,亦即对"随意的典型性动物行为"引发的后果承担责任,对于诸如绊到熟睡的猫而导致的骨折,或者由被放去攻击某人的狗导致的损害则不承担责任。对于保有人概念的界定而言,如果人们尝试依托危险责任的其他构成要件,亦即以符合体系(systmkonform)的方式对其进行具体化,也将获得诸多重要的线索(Anhaltspunkt)。当然,同样的结论,也可以单纯通过对第833条第1句进行目的解释而达成,但不可否认的是,从危险责任的一般原则进行论证,这些结论不但可以更加简单地,而且可以更具有信服力地被证立。[24]

93　　此外也有一些问题,**只能通过回溯到危险责任这一全局性的制度**(das übergreifende Institut)**才能解决**。譬如,在以出借的方式把动物交给他人,或者将动物交付给驯兽师或兽医的情形,人们不应尝试通过拟制、建构合同性的责任排除约定,或者以存在与有过失,来解决问题[25],而是应当将从危险责任的一般理论中发展出来的体系固

---

〔24〕 动物危险规则和保有人概念根据学界通说应当也适用于《民法典》第833条第2句这一点,并非反对理由,尽管该句并非危险责任的构成要件,而是推定过错责任的构成要件。因为一方面,这并非必然的,相反,尽管这两项条文之间有紧密的外部关联,但基于法律概念的相对性这一原则,需要一项**独立**的以第2句的特别目的为导向的论证。另一方面,风险观点对于第2句而言也扮演着重要角色;证明责任倒置这一点,就已经包含风险元素,实际上,由此可以推导出保有人概念在很大程度上存在一致性。最终,特殊的行为义务的确立,正如它作为第833条第2句的基础那样,是以动物的特别的危险性为连接点的:如果一个动物不是通过"随意的典型性动物行为"造成损害,那么损害的出现无论如何都是位于规范的保护目的之外的,因此将不再取决于能否成功进行免责证明。除此之外,埃塞尔还不无正确地提醒人们注意,第2句的规定在今天看来很大程度上是错误的,相应地,其在实践中基本被理解为危险责任的构成要件(参见 Schuldrecht, 2. Aufl. 1960, § 203, 4 a)。

〔25〕 对此问题,只需参见 Enneccerus-Lehmann, 15. Aufl. 1958, § 253 V。

有的"自愿的利益暴露（freiwillige Interessenexponierung）"[26]这一观点,作为责任排除的基础。[27]

相似地,借助以下这一具有争议性的问题,即《民法典》第281条可否适用于《民法典》第985条上的请求权,可以直观地说明体系归置的意义。当然,基于**外部体系**,亦即基于第281条在债法中的位置进行的论证,再次不出所料地难以令人信服。与之相反,基于**内部体系**的解释,则直接达成目标。亦即,第281条公认地包含了一项**代偿请求权（Surrogationsanspruch）**,因此,只有满足代位原则的前提条件,也就是说,第985条上的请求权消灭时,该条才能介入。但是,该请求权因为具有物权性质,通常并不会消灭,而仅仅是指向新的占有人,因此,至少在此情形,第281条的适用被排除。但是,如果第985条上的请求权因为丧失占有而消灭,则没有任何反对适用第281条的顾虑。如果请求权因为第三人善意取得所有权而消灭,人们可能必须赋予作为特别规范的《民法典》第816条第1款第1句优先地位（尽管看起来也可以主张存在请求权竞合）。但是,如果请求权消灭是基于其他理由——很大程度上可能是因为物本身灭失——则适用第281条看起来就完全具有正当性。如果在仅存在一项针对物的债权请求权,而非效力更强的物权归属时,第281条就已经支持譬如取得保险

---

[26] 基础性论述参见 *Müller-Erzbach*, AcP 106, S. 351 ff., 396 ff., 409 ff.;事实上同此观点的,参见例如 *Esser*, Grundlagen und Entwicklung der Gefährdungshaftung, 1941, S. 109 f.; *Larenz*, Schuldrecht A. T. § 15 I b。

[27] 否定依《民法典》第833条第1句承担的危险责任并不必然意味着,动物保有人不会承担无过错责任。只是这并非危险责任的问题,而是与此须在教义学上以及实践上严格区分的**合同上的**风险归属问题（关于此区分的基础性论述,参见 *Wilburg*, Die Elemente des Schadensrechts, 1941, S. 157 ff.）;它在譬如使用借贷的情形,把风险归属给借用人,从而出借动物的保有人只需在有过错时承担责任,相反,在委托或者无因管理情形,动物保有人因学界通说通过类推适用《民法典》第670条而发展起来的基本原则而承担风险。

金或者可能的损害赔偿的请求权[28],那为什么所有权人不能享有这样一种请求权?！如果从第281条在我们的法秩序的内部体系中的归置出发,人们可以很快得出一套具有说服力的解决方案:只有,同时只要存在代位(Surrogation)——亦即通过一项为此而产生的新权利替代已经消灭的旧权利——的空间,也就是说,第985条上的请求权消灭时,第281条才/就介入。在此,学界通说所担忧的因所有权人基于第985条对新占有人和基于第281条对旧占有人享有的请求权同时存在而导致的难题,可以被避免。[29] 同样可以被避免的,还有因为学界通说[30]普遍否定第281条的可适用性而导致的不公平。[31]

值得一提的还有第三个例子。如果人们将《民法典》第171条第1款、第172条第1款归为**权利外观责任**,则由此可以推出结论,只有善意的第三人才能得到保护,且第三人必须对外观要件,亦即相关的表示已经有所认识——这些结论,单因第171条第1款和第173条并不成功的表述,就无法令人信服地从条文中推导出来(其相应地也是有争议的)。只有将第171条、第172条归置进一般的体系关联[32]之中,才有

---

[28] 譬如基于合同结合《民法典》第278条;此外还会涉及第三人损害清算的问题——在向占有人(而非真正的所有权人)作出损害赔偿给付时,有时也会适用《民法典》第816第2款结合第851条。

[29] 相反,也不得主张,《民法典》第281条的适用有时可能对善意的占有人不公平,因为他可能已经基于对代偿物(Surrogat)属于他的信赖,而为自己的目的使用了代偿物。也就是说,他通常可以根据《民法典》第275条免除义务;但是,对于第280条上的可归责而言,人们必须类推适用《民法典》第990条,总是要求就对自己有权利的信赖存在重大过失,以维持和所有权人—占有人关系中的其他法律规则的评价统一性。

[30] 对此,只需参见 Westermann, Sachenrecht, 5. Aufl. 1966, § 31 IV 4。

[31] 如果人们在《民法典》第987条及以下各条之外,还适用不当得利规则,那通过第818条第1款第2半句也无法总能得出一个令人满意的结果(针对代偿物实际上可能没有问题)。因为,除了第985条的请求权,并不必然存在基于《民法典》第812条产生的请求权;而根据第819条第1款,也只有积极的知道才会产生不利后果(但是,人们可以考虑,为了维持和所有权人—占有人关系的其他过程要件保持评价统一性,对第819条与此相应地进行扩张,亦可参见第281条的类推问题,对此,参见脚注29)。

[32] 在此,当然也会再次产生循环论证的问题。为了避免此问题,需要一项和恶意信赖的重要性这一问题没有关联的标准;若找到了该标准,这一问题也就直接解决了。

可能完全把握其目的性内容,确定具体的法律后果;在此,还有第二个因素——与上一个例子相反,相较于第一个例子更强烈地——发挥了作用,我们很快将对其详加讨论:保持与权利外观责任的其他构成要件的评价统一性。[33]

(二) 通过体系填补漏洞

刚才针对狭义的法律解释,亦即在规范可能的文义范围内对法律进行解释所作的论述,通过适当修正(mutatis mutandis),也可适用于**漏洞填补**。因此,利益法学宣称的不可能通过基于体系的论证来填补漏洞的观点,对于目的性体系而言是不正确的[34],相应地,对目的性体系而言,将"理解性的"和"漏洞填补性的建构"恣意对立毫无意义。[35] 因为,如果发展法秩序的内部体系涉及的是揭示支撑性的基础评价,那么也会因此揭示那些只有借助其帮助才有可能在一系列案件中确定[35a]和填补漏洞的元素:即一般法律原则。

举例再次证实以上所述内容。例如,如果人们(按照可能还通行的学说[36])将《民法典》第 904 条第 2 句定性为**侵害责任**(Eingriffshaftung)[37]的构成要件,那么对于该条文中包含的漏洞的填补,亦即对于请求权相对人是谁这一问题而言,由此可以直接得出答案:应由**侵害人**承担责任。如果人们(按照有说服力的观点[38])与之相反地

---

[33] 作为例子,在此关联上进一步参见下文边码 117—118 对《民法典》第 370 条和第 405 条的符合体系的解释。

[34] 当然,这绝不是说,**总**是可能基于体系进行漏洞填补。也就是说,在否认基于体系可以证立法秩序的**封闭性**这一点上,利益法学完全正确,参见下文"四、(四)"和第六章"三、(一)"的详细论述。

[35] 这一术语可能源自特里佩尔(Triepel), vgl. Staatsrecht und Politik, Berliner Rektoratsrede, 1927, S. 22 f.。

[35a] 对此,参见下文"二、(二)"的详细论述。

[36] 论述和引据参见 Horn, JZ 1960, S. 350 ff.。

[37] 但是,这一概念在教义学上暂时还非常模糊。

[38] 特别参见 Larenz, Schuldrecht B. T., 8. Aufl. 1967, § 72, 1。

将第 904 条第 2 句视为**牺牲责任**（Aufopferungshaftung）的一种情形，那漏洞就应当以符合牺牲原则的一般规定和内部结果的方式，在以下意义上被填补：即**受益人**是义务人。在责任人归责能力（Zurechnungsfähigkeit）的必要性方面，亦是类似：如果是侵害责任，则类推适用《民法典》第 827、828 条要求具有归责能力；如果是牺牲责任，则其无关紧要。[39] 以第 904 条第 2 句为例，不仅可以清楚展示，对于漏洞填补具有决定意义的观点，是如何从教义学归置中直接得出的，还可以清楚展示，结论是如何随体系定性而同时变化的——只要人们考虑到，对第 904 条第 2 句的不同归置，也体现了关于其实质内容的不同观点，那对此就无须感到诧异。

相似地，从有价证券法上的设权理论或者合同理论和权利外观理论（Rechtsscheintheorie）之中，也可以推出针对一系列具体问题的实践后果。[40] 因此，黑克的观点是不正确的，他声称，对上述理论进行选择，"根本不包含任何价值判断"，选择"不能在漏洞填补之前，而应当在之后"作出。[41] 相反，这里恰恰存在上文描述[41a]的那些复杂的**相互作用**（Wechselwirkung）：人们首先试图借助其中一项理论对法律的规定进行理解，并将其归置入我们私法的基础评价之中，然后从理论中为法律尚未规定的情形引申出结论，并检验由此获得的结论的说服力[42]，之后可能在某个方向上对理论进行修正，并重新审查其后果等。也就是说，并不是**先**填补了漏洞，**再**构建理论，而是**通过构建理论**

---

[39] 参见 Canaris, NJW 64, 1993 的详细论述。
[40] 对此的具体论述，参见例如 Jacobi, Ehrenbergs Handbuch IV 1, 1917, S. 304 ff.; Enneccerus-Lehmann, a.a.O., § 208 II = S. 844。
[41] 参见 Begriffsbildung, a.a.O., S. 103;正确观点参见 Lehmann, a.a.O., 结尾部分。
[41a] 参见边码 89—90。
[42] 应当通过什么来对此进行检验，很大程度上还是一个尚未澄清的问题。在此，法感当然扮演着重要角色，但是，人们应当尝试，除此之外以客观的标准，譬如"事物本质"、可操作性、和其他法律评价的一致性、和一般法律原则与价值的协调性以及交易保护或者同样的东西，作为结果的"实质正义性"的基础。

填补漏洞,**通过填补漏洞构建理论**。这一过程,不仅可以被法学理论构建的现象学[43]研究证实,而且自始就毋庸置疑地无法呈现别的面貌,因为否则的话,法秩序的一致性和统一性就无法得到保障:只有持续不断的"目光往返流转",才能消除这样一种危险,即根据相互矛盾的观点,对大量具体问题(Einzelfragen)——像"证券法理论"那样的复杂问题(Problematik)中就涉及大量具体问题——进行判断,只有构建一项本身封闭的,即使通常仅仅是临时性的和可被修正的理论,才能保证内在的统一性。在此,只有那些最重要的问题,才存在此种相互作用,对于理论构建过程中的重要性更低的具体问题,则无法顾及。在此意义上,法律的漏洞,应当直接——获得的结论将不能再对理论的修正产生影响——基于这种相互作用——基于一项或者多项被视为具有支撑性的基本思想——被填补。对此类情形而言,上文引用的黑克的句子反过来才适用,为了获得正当化(Rechtsfertigung),应当借助评价一致性思想。这样一来,就涉及赋予体系在找法方面的意义的第二项元素。

二、体系在法律续造时对于维持评价统一性和一致性的意义

依本书中发展出来的观点,从上文[44]赋予体系概念的任务,以及由此引申出来的定义之中,就可以推出体系的这一意义。[45] 在此,原则上应当对体系的这一功能和刚刚阐述过的功能——即揭示一项规定或者制度的评价性内容——加以区分,尽管它与后者关系紧

---

[43] 在*心理上*,这一过程当然可能存在于其他地方。
[44] 特别参见第一章"二"和第二章"二(二)"。
[45] *Kretschmar*, Methode der Privatrechtswissenschaft, a.a.O., S. 42 和 Jher. Jb. 67, S. 273 已经非常清楚地认识到它。

密。因为在后一情形,重点是对——尽管是作为一般的一部分的——特殊进行理解;在此则相反,主要是对——尽管是存在于特殊之中的——一般进行维持。也就是说,体系在找法中的两项功能,在一般与特殊的辩证的相互作用中联结在一起并相互指引,但同样也是相互区别的。

体系在找法过程中维持统一性和一致性的作用方式,既可以是保守性的,也可以是动态性的,亦即,既可以阻碍也可以推进法的续造。在第一种情形下,特定的解决方案被指责为"违反体系";在第二种情形下,则被视为根据体系的要求新发展出来的。在第一种情形下,很大程度上涉及**评价矛盾的避免**,在第二种情形下,则涉及**漏洞的确定**。

(一) 评价矛盾的避免

特别是体系的第一项功能经常被强调。[45a] 譬如,拉伦茨不无正确地把新的法律规则与成文法体系不构成矛盾,而是可以被"无缝纳入现存的法秩序的整体中",视为"成功的法官造法的标志"。[46] 他将**让与担保**作为违反体系的并因而是不成功的法律续造的例子。[47] 另一个此类例子,可能是"表象代理(Anscheinsvollmacht)",只要人们是像今天的司法和主流学说那样理解它,即把它的适用范围从商法扩张到民法中,并认为只要本人因过失而不知无权代理人之出现即可;因为根据《民法典》的错误规则,在欠缺表示意思时,最多是根据《民法典》第122条承担消极利益的赔偿责任,而不是像在权利外观责任情形一样,要承担履行责任,即使错误或者不知情是因过失造成的,也没有任何影响。因此,《民法典》的错误规则,为这个方向上的法律续

[45a] 对此,最后特别参见 Esser, Wertung, Konstruktion und Argument im Zivilurteil, 1965, S. 14 ff.,他着重提示了体系归置的"控制功能(Kontrollfunktion)"。
[46] 参见 Kennzeichen geglückter richterlicher Rechtsfortbildungen, 1965, S. 6 ff., 13。
[47] 参见 a.a.O., S. 6 ff.。

造,设置了一项不可逾越的限制,故而,诸如表象代理等现象,或者关于商人确认函的规则,必须以以下方式进行理解,即它们是作为立法者这一原则性决定的被严格限定的、实质上可被证立的例外,而不是作为恣意的体系断裂出现的。[48] 否则,人们将无法解答,在类似情形,能否以及满足何种条件才可以进行法律续造这一决定性问题,而大量没有关联的、相互矛盾的个案判断,亦即不正义和法不安定性,将会不可避免。

体系对于评价矛盾之避免的实践意义,不仅在法是否应当被续造这一问题(Frage)上,在续造(在其允许性已被另行确定后)应当**如何**进行这一问题(Problem)上亦有所体现。因为,在对成文法中尚未被充分构造的法律原则进行具体化时,为维持内在统一性,需要进行教义学上的归置。[49] 例如,只有在教义学上被固定于"超越成文法的"紧急状态这一正当化事由之下后,利益衡量原则才能衍生出可用于涵摄的规范。在此,这种体系上的归置,譬如在对紧急避险行为的正当防卫可能性,或者针对紧急避险人(Notstandtäter)的侵权请求权等方面,再次具有直接的实践重要性。同样与此有关的,是**人格保护**原则的具体化。正如经常强调的那样,在此问题上,《民法典》的体系,更准确地说,是侵权保护限于绝对权这一原则要求,构建一种一般条款式的"一般"人格权,而应该构建在构成要件上被明确划定的各种具体人格权。

(二) 漏洞的确定

另一方面,人们不应当低估源自体系思维的对法进行续造的冲动(Impulse)。亦即,只要人们认真对待法具有一致性和统一性这一思

---

[48] 参见 Canaris, Die Vertrauenshaftung im deutschen Privatrecht, 1971, S. 217 ff.。
[49] 参见 Canaris, Die Feststellung von Lücken, a.a.O., S. 162 f., 164 ff.的详细论述。

想,并且不甘于把法视为一种在历史中不断形成的个案判断的偶然集合物,这一思想就会显示出一种极不寻常的动态性力量。因为一项特定的法律原则是否具有"体系支撑性"这一问题(Problem),包含了该原则对相应的法律领域是否具有"意义决定性(sinnkonstitutiv)"这一问题,而该问题,又等同于原则是否具有"一般性"的问题。如果人们首先认为一项原则具有"一般性",特别是理解了其法伦理上的重要性和它的实证法上的位阶高度,那么,这项原则结合评价一致性的命令,就可以引发出人意料的法律续造;这里涉及的,就是借助一项一般原则进行**漏洞确定**。[50] 相应地,对体系的前后一致的完整构建(Durchbildung),在此意义上[51a]对于法秩序的补充也有影响。因为,如果一项"一般"原则被整理出来,平等律就会要求在许多情形中承认不成文的规范,因此,不足称奇的,是经常会从诸如《民法典》第122、179、307条或者第171、172、405条或者第242条等看起来被严格限定的具体构成要件中,形成新的体系支撑性的制度:依其内在重要性判断,这些条文中蕴含的评价是"一般性"的,因此,不可避免的是,它们将会对现行法的体系和内容产生重大影响。所以,一再批评法官为了进行法律续造而在成文法中寻找"挂钩(Aufhänger)"的做法,是非常没有道理的。人们不应当将这贬低为"实证主义的残余",以及把其中体现的对忠于法律的努力追求作为表面论证加以批评,而是应当承认,其中体现了一种正确的方法论和法哲学上的认识:仅仅证明一项评价的"形式上的"一致性,比起证明其"实质上的"正义性和(解释论上的!)拘束力,要容易得多;与此相应,只要人们已经揭示了一个条文中的一项特定的法律思想,现在只需再追问,为什么它不具有"一般性",就已经大有收获。当然,这一问题通常还包含着

---

[50] 对此,参见 *Canaris*, a.a.O., S. 93 ff 的详细论述。
[51a] 此外,亦可参加下文"一、(二)"。

棘手的评价问题[51],此时总是会面临陷入一般与特殊的循环论证中的风险,但是,这些困难,比起**单纯**从一项法律思想的实质正义性中引申出其拘束力所面临的困难,通常要小得多。[52]

如此一来,在体系的第一项一定程度上消极的功能——即阻止评价矛盾的形成——之外,并列着第二项一定程度上积极的功能,即对法根据其内部包含的支撑体系的或者"一般性"原则的内在重要性进行续造;这两种情形都涉及对评价统一性的保证,因为一项违反平等律而不被填补的漏洞,本身也是一种(广义上的)评价矛盾。

三、立法建构的评价内容

体系归置本身包含评价。不仅由学界和司法进行的体系建构是如此,**立法者进行的"建构(Konstruktionen)"**同样如此。[53] 对此产生了错误认识,是黑克以及利益法学在进行体系批判时犯下的最严重的错误之一;因为,认为法官不受立法者的建构的约束,并可以像对待编

---

[51] 其远不仅是单纯的个别类推的问题!
[52] 关于体系和实质正义的问题,此外亦可参见下文"四、(三)"。
[53] 相应地,立法者不可以规定"教义学上的认识,而只能规定法律效果"这一被普遍接受的观点,是非常值得怀疑的。尽管立法者不得就特定理论**本身**的正确性进行规定这一点是正确的,但是他可以**通过法律效果**来对其进行选择。因此,尽管对科学而言,立法者所使用的教义学的表述和立法者可以被认识到的赞成或者反对某一特定理论的表态,并非**直接**具有决定意义,但是,如果所规定的法律效果只有借助相关理论才能被解释,或者与之构成矛盾,那它们就具有约束力——同样有类似问题的,是对立法者的警告,即其不应该对科学理论争议作出表态。尽管立法者实际上应当保护自己免遭"教条主义的诘难(doktrinäre Konsequenzmacherei)",但在区分没有(还没有)在理论上和体系上得到解释的时候,面对实质上适当的区分也不要退缩,但另一方面,没有什么比对不同的理论进行"偷懒地"妥协更加危险了;因为这种妥协必然导致评价矛盾和对法秩序内在统一性的干扰,因而导致不公正,因此,在此关联上要重强调,即使是立法者也要受体系思维的约束(甚至在宪法的意义上),参见下文第六章"一、(四)"的详细论述。

辑错误(!)一样对其进行修改的观点[54],在一个重要问题上突破了忠于法律的基本原则,而利益法学在其他情形也是尊重这一原则的。不出所料,这也导致了实践问题上的错误判断。

最著名的例子之一,是黑克的**债权和担保物权之间的"目的共同体(Zweckgemeinschaft)"** 理论,黑克自己标志性地认为这一例子对他的方法论构想而言具有特征性。[55] 他反对"从属教义(Anlehnungs-dogma)"——根据该教义,担保物权对债权具有从属性——并以目的共同体理论取而代之,根据该理论,因为债权和担保物权在经济上都是以同样的方式指向债权人利益的实现,故而两者在法律上也处于一个平等(paritätisch)的共同体中;与立法建构相反,债权和担保物权的关系,相应地不应被视为像债权和保证之间的关系,而是像多个连带债权之间的关系。[56] 这种观点顺理成章地没被接受。因为这里涉及的绝非一种"评价无涉的概念建构"[57],而是一项**隐藏在建构外衣下的评价**。韦斯特曼(Westermann)正确地指出,"法律的文义和体系"已经"清楚地把债权和抵押权纳入确定权能的权利和权能被确定的权利(zuständigkeitsbestimmendes und -bestimmtes Recht)之间的关系中",法律适用应当受此约束。他还正确地补充道,这一关系也符合"经济上的想象,这种想象本身并不像黑克所认为的那样,仅仅被担保所确定,而是通常考虑事物的一般发展,亦即考虑债权的清偿"[58]。因此,这里的建构绝非"违反生活(lebenswidrig)",但即便在

---

[54] 参见 Heck, a.a.O., S. 86 f., 对于下文要处理的例子, 参见 Sachenrecht, § 78 IV 2; 进一步参见 Stoll, Jher. Jb. 75, S. 171, Fn. 2, 此处附引据; 不同但正确的观点, 参见 Rümelin, a.a.O., S. 351 f.。

[55] 参见 Sachenrecht, Vorwort, S. III, Fn. 1。

[56] 参见 Sachenrecht, § 78; 也可比较 § 82 und § 101, 6。

[57] Heck, a.a.O., § 78 IV 2 a 正是如此认为。

[58] 参见 Sachenrecht, 5. Aufl. 1966, § 93 II 4 c; 亦可参见 § 114 II 1 c (针对土地债务)和 § 126 I 3 (针对质权)。

此种情形下，它也是具有拘束力的，因为法律也可以对生活现象进行违反实质(sachwidrig)的，亦即违反事物本质的评价，并不会——除了《基本法》第3条意义上的纯粹恣意的情形——仅仅因此而丧失其拘束力。[59] 因此，黑克甚至将其理论移植到**土地债务**中，并从经济上的目的共同体中，引申出一个和被担保的债权共同构成的法律上的命运共同体(Schicksalsgemeinschaft)[60]，从而导致一项权利的状态变动直接以同样的方式影响另一项权利的后果，是完全错误的做法。相反，法律提供了抵押和土地债务两种**不同**的担保类型以供选择，如果当事人选择了土地债务，亦即选择那种赋予债权人更加优势地位的类型，那么他们也同时选择了一种不同的更优待债权人的利益评价。

第二个差不多同样直观的例子，是是否可能**善意取得实际上不存在的质权**，亦即是否可能从表面上的质权人那里二次、三次、四次取得质权。学界通说[61]持否定观点，理由是《民法典》第1250条第1款第1句的相关规定：质权**不依赖于物的交付而自动**地随着债权的让与而移转至新的债权人，因此，就缺少了动产法中善意取得的一个典型的前提条件，亦即满足交付原则(Traditionsprinzip)。黑克以生活的需要为由主张相反观点，认为不能"因为对事情的不正确的法学建构而否定""取得人的保护必要性"[62]。韦斯特曼追随这一观点，其理由是看不出法律不想把质权作为流通客体(Verkehrsgegenstand)处理。[63] 我们应当追随学界通说。尽管韦斯特曼已经完全指出了正确的视角，但是答案要正好反过来：**因为**法律在移转的问题上，将质权作为债

---

[59] 亦可参见下文第六章"一、(四)、2"。
[60] 参见a.a.O., § 100, 5 a；相反的正确观点如 *Wolff-Raiser*, Sachenrecht, 10. Aufl. 1957, § 132 I 2 mit Fn. 7；*Westermann*, a.a.O., § 116 II 1 a。
[61] 只需参见 *Wolff Raiser*, a.a.O., § 170 II 1 mit Fn. 4；*Baur*, Sachenrecht, 4. Aufl. 1968, § 55 B V 3。
[62] 参见 a.a.O., § 105 V。
[63] 参见 a.a.O., § 132 I 1 b。

权的**不独立的从属**(Annex)(!)处理[64]，而债权本身亦未被构造成流通客体，故而应当认识到[65]，法律也并未把质权视为流通客体；因为只有这样，第1250条才有可能被有意义地和不产生评价矛盾地理解：对单纯的"从属"而言，受债权让与法规则调整这一点，在原则上排除善意取得——这是债权让与法的独特之处——这一方面也必须一致地加以适用。[66][67] 也就是说，建构再次包含了评价[68]，故而，宣称建构无足轻重，同时意味着无视评价。

104　　除此之外，在进行**法律续造**时，也要牢记立法建构本身包含着评价。譬如，这一观点在**预告登记的移转**上具有实践意义。预告登记的移转在法律中没有明确规定，因此，学界的绝对通说通过类推适用《民法典》第401条来解决这一问题，从而使得预告登记随着被担保

---

[64] 具有决定性的，是这一从属特性，即对交付的建构效力(konstitutive Wirkung)的放弃，而不是以下事实，即这里涉及的是依法律而取得权利；因为人们可以用以下反对理由来回应后一观点，即《民法典》第1250条第一款只考虑推定的当事人意思，因此，这里存在一种法定类型化的法律行为性的权利移转，从而与法定取得权利的一般情况不同，这里完全应当肯定交易保护的需要。

[65] 至少从客观理论的立场来看如此！此外，善意取得的排除，甚至可能是立法者所故意追求的(参见 Mot. III, S. 837 unter 2)，从而使主观理论的追随者也必须承认这一决定具有约束力。

[66] 在抵押情形，《民法典》逻辑一致地将债权让与置于不动产法的规则之下！

[67] 即使交付具有建构性作用，亦即质权的移转遵从动产物权法的规则，允许善意取得通常也会极其令人担忧。因为按照《民法典》，占有公示了所有权，但是绝非也直接公示了质权；也就是说，尽管占有人非常有可能同时是所有权人，但是没有任何可以相提并论的可能性，能支持享有占有的非所有权人——在这里，第三人知道所有权的欠缺！——就是质权人；他也有可能是借用人(Leiher)、承租人、行纪商等。在正确认识到这一情况之后，法律原则上拒绝为对处分权的善意信赖提供保护，如果再对相信存在质权的善意信赖——针对质权，单纯的占有并不能提供比针对处分权限更稳定的基础——提供保护，那将会与此构成评价矛盾。基于这些考量，此外人们也不能通过第1227条而适用第1006条。

[68] *Westermann*, a.a.O.在此否认这一点并赞同黑克，考虑到他针对黑克对"从属性教义(Akzessorietätsdogma)"的批判所作的相反表态(参见 § 93 II 4 c 的一般论述和 § 126 I 3 针对质权的论述)，这一点看起来逻辑并不一致；因为对于第1250第1款第句的表述而言，立法者原则上选择让担保物权具有从属性这一点，无可争议地扮演着重要的角色，因此，黑克前引文也明确地指向了他对从属性教义的一般性的拒绝。

之债权的让与而自动移转。[69] 但是,正如通常未被充分注意的那样,这样一来同时也对能否从登记的不真正预告登记权利人那里善意地二次、三次、四次取得预告登记这一问题作出了判断。因此,刚才在质权情形针对相应问题所作的论述,也同样适用于此:因为这里涉及的是不通过不动产登记簿(!)取得权利,亦即根据债权让与法的规则,而非根据不动产法的规则取得权利[70],所以,善意取得被排除。[71] 故而,将预告登记的移转置于《民法典》第 401 条,**而非第 873 条的调整之下**,就只能有如下意义,即人们不将预告登记的移转,视为一项不动产法上的流通性权利(Verkehrsrecht),而仅仅视为一项不独立的对债权的担保手段,亦即该债权的从属,正如针对债权一样,针对预告登记的移转,也前后一致地不存在善意取得的可能。[72] 也就是说,随着第一个问题的解决,对第二个问题也作出了判断;就第一个问题的解决方案,可能存在争议,与之相反,第二个问题的解决方案则是预先确定的,任何对此的偏离,都必然导致与第一个问题中作出的评价产生矛盾,这一点也再次说明了体系对于保证评价一致性具有多么重要的意义。

四、基于体系找法的限制

尽管在上文的论述中,已经就体系对找法的意义,作了比今天的

---

[69] 只需参见 RGZ 142, 331 (333); Baur, a.a.O., § 20 V 1 a; Westermann, a.a.O., § 84 V 1。

[70] 相反,并不重要的是,这里涉及的是基于法律取得权利;脚注 64 的内容也可适用。

[71] 非常有争议;对此问题,特别参见 BGHZ 25, 16 (23); Medicus, AcP 163, 1 ff. (8 ff.); Reinicke, NJW 64, S. 2373 ff. (2376 ff.); Baur, a.a.O., § 20 V 1 a; Westermann, a.a.O., § 85 IV 4, 结尾处明确地对方法论问题进行表态,并与本书的论述相反地否定建构的评价内容(对此,参见上文脚注 68)。

[72] 关于第 401 条中仅提及抵押,而本书对此论述并不正确的反对理由,参见上文脚注 66。

通常做法更多的强调,但另一方面,人们也不能高估这一意义,特别是不能忽视基于体系找法所面临的限制。[73] 就此可以区分多个角度进行论述。

(一)目的性审查的必要性

所有被正确理解的体系论据都具有目的论特性,由此产生了第一项限制。亦即需要注意,体系有时无法完全把相关评价表述出来,因此,一项——至少是默示的——**目的性审查**在以下意义上总是必要的,即审查从体系中提取的大前提或者上位概念等是否正确和完整地反映了所意图的评价内容。例如,依法律规定取得权利情形不考虑善意信赖保护这一经常被作为体系论据使用的规则,只在非常有限的条件下可以适用。尽管它以依法律规定取得权利(ex-lege-Erwerb)无须考虑当事人的意思这一正确的认识为基础,并因而通常欠缺对于善意取得而言不可或缺的保护交易安全的需要,但是,它的表述却超出了这一"目的(ratio)"。这是非常危险的,原因在于,它无法以此种形式适用于所有依法律规定取得权利的构成要件[74],因为,法定移转有时候也可能仅仅是一项(间接的)基于法律行为的权利移转的法技术外衣。[75] 例如,《民法典》第 647 条上的"法定的"承揽人质权,实际上仅仅是一种**被成文法类型化了**(gesetzlich typisiert)的"意定"质权,因此应当肯定善意取得的可能性[76]:第 647 条所规定的,只是当

---

[73] 对此,亦可参见 Herschel, BB 66, S.791 ff.,但其主要从外部体系进行论证。

[74] 抵押根据《民法典》第 1153 条第 1 款依法律规定(!)随债权的移转而移转,但尽管如此,不应质疑的是,抵押可以根据《民法典》第 892 条而被善意取得。此外,批评的那句话也无法在其一般性上符合《商法典》第 366 条第 3 款的规定。

[75] 在《民法典》第 1153 条第 1 款中当然是这样,但也有可能对譬如《民法典》第 401 条和第 1250 条而言也是正确的;不过在后两种情形,尽管如此仍没有善意取得的可能,参见上文"三、(1)"结尾部分。

[76] 关于这一争议问题,只需参见一方面是 BGHZ 34, 122 und 153,另一方面是 Westermann a.a.O., § 133 I,此处附有详细引据。

事人在典型和理性情况下会自行约定的东西。[77] 因此，只有人们——原则上——在支撑它的法律思想的背景下观察它，并在某些情况下（通过一种"目的性限缩"的方式）对它进行相应限制，否定依法律规定取得权利时的信赖保护这一被固化的体系论据，才有利用价值。

（二）体系续造的可能性

基于体系找法面临的第二项重要限制，源自（在第三章已经全面论述的）体系的开放性。从体系的开放性可以推出，人们不能把（现在的）体系要求或者反对一项特定的解决方案的确定结论（Feststellung），直接作为最终的结果，而是还要额外审查**体系续造的可能性**；曾经看起来违反体系或者就是违反体系的东西，有时可能很快就被证明是过时的。与之相应，人们在基于体系找法时，必须防止自己发生以下误解，即认为体系总是被完全地预设了，直接提供了相应的问题解决办法。相反，恩吉施（Engisch）[78] 针对"法秩序的统一性"思想——这是体系的基础——所作的论述，对于体系也同样适用：它不仅是公理，也是假设（Postulat）；不仅是给定的，也是作为任务的（aufgebeben）。对于体系构建和找法的关系而言，这意味着两者之间不存在单方面的依赖性，而是一种**相互关系**[79]：正如体系影响找法，反过来，体系的完整构建，也只有在找法的过程中才能实现。**因此，除了"目的性审查"这一保留，所有的体系论据还受限于体系的续造和转**

---

[77] 假如没有《民法典》第647条，那么预防法学（Kautelarjurisprudenz）早已将质权的设立纳入承揽人的一般格式条款之中，这样《民法典》第1207条就可以直接适用！

[78] 参见 Die Einheit der Rechtsordnung, S. 69 f.（亦可参见第83—84页）；赞成观点，参见 Larenz, Methodenlehre, S. 135 f.。

[79] 人们可能只能将此理解为辩证关系。

变的可能性这一保留。[80]

(三)体系正确性与实质正义

与之相反,在援引"实质正义"来反对"符合体系的"解决方案时,要多加小心。[81] 因为,在进行这样一种论证时所假想的对立(Gegensatz),原则上根本不存在;恰恰相反:体系作为支撑体系的所有基础评价的集合,恰恰体现了实质正义,正如实质正义在相应的实证法秩序中得到实现那样。因此,科英(Coing)不无正确地将体系描述为这样一种尝试,即"在一系列的理性原则中,把握针对社会生活的特定形式的正义的整体"[82],拉伦茨甚至将其等同于"在一定历史条件下具体化的法理念"。[83] 因此,在此意义上,应当再次着重强调,体系论据顾名思义(ex definitione),所体现的除了以平等律为导向的对法律的基础评价的"穷尽思考",再无其他,故而,体系论据的正当性和有效性(Durchschlagskraft)是同等程度地从实证法的权威性和正义律的尊严中获得的。

可以借助一个特别典型的劳动法上的例子,来直观展示援引实质正义来排除依体系应当采取的方案的尝试有多么值得怀疑。众所周知,以下观点符合通行判例和学界通说,即在满足特定条件的前提下,雇员在进行"**易于造成损害的工作**(schadensgeneigte Tätigkeit)"时,尽管已经满足"积极侵害债权的行为"或者侵权行为的前提条件,也不用或者至少不用在全部损害范围内对雇主承担损害赔偿义务。这一观点在原则上有多么充满争议,在细节上就有多么不清

---

[80] 具体问题可以参考上文第三章的论述,特别是"四"的部分。
[81] 典型的是以下——通常完全没有反思被使用的——公式,即体系正确性或者体系统一性不得"以实质正义为代价"。
[82] 参见 zur Geschichte des Privatrechtssystems, S. 28。
[83] 参见 Festschrift für Nikisch, S.304。

晰,在此,首先存在争议的是这一问题,即对于一项损害赔偿请求权的肯定和具体的损害赔偿数额的计算而言,何种因素是重要的;特别令人怀疑的是,在此意义上,"社会的"因素,如雇员的年龄、婚姻状态和财产关系是否也要纳入考虑。后者明显违反了民法的体系,这一体系,无论是针对赔偿义务的原因还是针对赔偿的数额(《民法典》第254条!),原则上都只考虑归责标准,并不考虑上述类型的社会因素。因此,符合体系的,只可能是这样一种方案,即仅仅以归责因素为基础,并且针对雇员一方有过错的不法行为,让风险归责思想在雇主一方起到减少或者排除其请求权的作用。[84] 另一种观点并不主张自身是"体系正确的",而是尝试通过援引所谓的实质正义的要求——明确地或者事实上——对其体系违反性进行正当化[85],在此,基于劳动关系的特殊性质,这些实质正义的要求,使得人们必须偏离损害赔偿法的一般原则。但是,现在真的可以宣称,在劳动关系中确定一项损害赔偿义务时,**只有**[86]考虑财产关系、婚姻状态等才是符合实

---

[84] 关于这一观点,特别参见 *Gamillscheg-Hanau*, Die Haftung des Arbeitnehmers, 1965, S. 34 ff.; *Larenz*, Schuldrecht B. T., § 48 II d; *Canaris*, RdA 66, S. 45 ff.。

[85] 具有特征性的,新近可参见 *Wiedemann*, Das Arbeitsverhältnis als Austausch- und Gemeinschaftsverhältnis, 1966, S. 20. 此外,对于追求体系统一性将使得实质正义的要求被忽视这一指责,人们可以轻松地反过来说,并向维德曼(*Wiedemann*)本人提出;因为他自己采取的不同的体系归置,迫使他必须将关于易于造成损害的工作的规则仅限适用于劳动关系,而正如德国联邦法院(BGH)裁决的"汽车碾压案"(AP Nr. 28 zu § 611 BGB Haftung des Arbeitnehmer m. Anm. A. *Hueck*)所清楚显示的那样,这将导致巨大的不公。后面这一点维德曼本人似乎也感受到了,但是,从他的出发点,他只能一个一个案例地求助于就不同的风险分配的"默示的约定"这一手段(参见第19页)。但是,"默示的"当事人约定这一假设,因为具有的拟制的特征,所以,几乎任何时候都公认是一种可靠的证据,让人怀疑这里是表面论证,相应地需要对前提进行修正。此外,风险思想在维德曼那里也扮演着一项如此重要的角色(特别是第18—19页的论述,该论述基本上应该得到所有人的掌声,即使管见认为汽车碾压案其实应该作不同的裁判,参见 RdA 66, S. 48),从而让人无法理解,为什么他不愿意将其承认为责任限制的支撑性法律原因,并因而使得将这一制度被重新纳入我们的损害赔偿法的**体系**成为可能。

[86] 如果必须承认,符合体系的相反观点是实质上公正的,那考虑社会因素的要求就直接丧失了基础。

质正义的吗？提出这一问题就意味着否定这一问题。如果一个偶然继承财产或者未婚的雇员，在其他条件都同等的情况下，相比他更贫穷的或者已婚的同事，需要向雇主支付一笔更大的赔偿金，那人们甚至可以反过来将其视为巨大的不正义！所以，这种情况下，到底什么才是符合实质正义的，实际上没法事先（a priori）确定，而是只能在相应的实证法——正义在这些实证法中得以具体实现——的背景下加以判断，而这，正如前文所说的那样，明显与考虑社会因素的做法相对立。

在此意义上，易于造成损害的工作的例子，在其他方面也让人受益匪浅。因为，即使人们按照此处支持的观点，仅从存在于双方的各种专门的归责因素的共同作用中引申出解决方案，这也不直接构成忠于体系的范例，因为成文法毕竟并未包含可以限制雇员对雇主的责任的最细微线索。事实上无法否认，这实际上是实质正义的要求突破了我们的损害赔偿法的（原有的）体系，并导致了一项新的不成文的归责原因的形成。此外，无论如何也不应否认，在特定情形下，体系正确性和实质正义之间也可能产生冲突，而且这一冲突可能要以有利于后者的方式解决；因为，正如在第三章全面展示的那样，体系是"开放的"，亦即可以变迁，而这样一种体系续造，也完全可能基于实质正义的要求。[87] 但是，在何种条件下，这些要求享有优先性，却并非专属于体系问题，而是与是否允许法官造法，特别是借助"成文法以外的法秩序"进行找法相关联的问题，因此无法在此进一步讨论。[88] 无论如何，由刚才所说的，可以毫无疑问地得出结论——这也是在此唯

---

[87] 对此，特别参见第三章"二"和"四、（一）"，特别是边码70—71。

[88] 管见以为，这样一种法律续造——除了"成文法的不法"这种极端的情形——在满足双重前提的情况是允许的，即一方面，实证法的评价不能相互矛盾，另一方面，一项效力基础要么是"法理念"要么是"事物本质"的"一般法律原则"要求进行续造；参见 Canaris, Die Feststellung von Lücken, a.a.O., S. 95 f., 106 ff., 118 ff.的详细论述和上文边码69—70。

一具有决定性的——实质正义的观点,并非可以**毫无疑问**地排除体系论据的适用;相反,要这样做的话,必须要进行**特别的**(且通常是非常困难的)**正当化**,所有的法律续造,特别是那些依据成文法之外的标准进行的法律续造,都需要这样一种正当化。[89] 针对易于造成损害的工作这一制度,很明显,比起以不符合我们的损害赔偿法体系的方式,对社会因素,如财产状况、婚姻状态等加以考虑的做法,对雇员的责任进行完全的限制[90],更有可能存在正当理由——假如完全不考虑,对体系的任何续造和修正,都不得超过其起因所要求的限度。[91]

综上所述,应当作此结论:在有疑义时,符合体系的解决方案,是解释论上(de lege lata)有拘束力的方案,它原则上也应当被承认是特定实证法秩序支配下正当的方案;符合实质正义但违反体系的观点,只有在以下情形才可以主张自己相对于体系论据具有优先性,即满足了那些**特别的**前提条件;在这些条件下,基于实证法以外的标准对成文法进行续造是被允许的。

(四)体系构建的限度作为基于体系找法的限度

截至目前对于基于体系找法所做的保留,并不构成找法的真正的障碍,而仅构成所谓的**固有的**限制;因为无论是目的性审查的必要性,还是体系续造的可能性——属于后者的,还有少量依实质正义突破体系的案例——原则上仅仅是从体系的特定性质中得出的当然结果,其完全脱离找法问题而独立存在:亦即从体系的目的论特性和

---

[89] 对此,参见前注。

[90] 其准确而言到底存在于何处,是一个劳动法的问题,在此不应具体地加以研究。最终具有决定性作用的,实际上是劳动关系(和类似合同)的本质以及相对于其他合同而言具有非典型性的风险状况(更多本人观点,参见 RdA 66, S. 45 ff.的详细论述);从方法论上,这是一种借助基于"事物本质"而被正当化的一般法律原则(风险原则)来进行的论证。

[91] 就考虑社会因素而言,此处不存在此种情况,这点已在上文论述。

"开放性"中得出。与之相对,的确也存在案例,在这些案例中,存在真正的——同时是极具干扰性的——对基于体系找法的障碍。因此,如果相信可以靠体系解决任何法律问题,那就不仅是幼稚的,还会出现这种情况,即符合体系的判断,和现行法不一致:**体系漏洞和体系断裂**是法律人熟悉的现象。在此情形下,基于体系找法自然面临着无法战胜的限制,而这同样也是为体系构建划定的界限。但是,后两者构成独立的问题领域,它们对于体系思维在法学中的角色而言,当然具有极大的意义,因此应当在下文加以详细论述。[92]

---

[92] 在此关联中,特别参见第六章"一、(三)、3""二、(二)"和"三、(二)"。

第六章

体系构建的限度

上文提及的基于体系找法的限制——这构成了第五章的结尾——已经提示了给法学中的体系思维一般性地划定的界限。实际上,要构建特定法秩序的完整体系,通常只能是一项无法完全实现的目标。因为法的本质在两个方面无法克服地妨碍着该目标。一方面,特定的实证法秩序并非"书写的理性(ratio scripta)",而是历史性地成长的由人类创造的产物,其本身必然会出现矛盾和不足,它们跟内在统一性和一致性这一理想,以及因而跟体系思维无法协调。但另一方面,法理念本身也固有地包含一项对体系不友好的因素,亦即所谓的正义的"个性化倾向"[1],其对——以"一般化倾向"为基础的![2]——体系思维起到反作用,并导致形成事先就被剥夺了体系性固定可能性的规范。因此,"体系断裂"和"体系漏洞"无可避免。

一、体系断裂

(一)体系断裂作为评价矛盾和原则矛盾

首先,关于体系断裂,在以上文[3]所持的体系概念为基础的背

---

[1] 关于正义的个性化和一般化倾向之间的对立,参见上文第一章脚注 32 的引用;进一步参见上文第四章"四"(即边码 83—84)以及下文第七章"二、(二)"和"(三)"。
[2] 参见第一章"二、(二)"。
[3] 参见第二章"二"。

景下,它构成**评价矛盾和原则矛盾**[4];因为,如果体系不外乎是法秩序的评价统一性和一致性的外在形式,那体系断裂的形成,就必然是因为这种统一性和一致性受到干扰,继而出现评价上的不一致。因此,体系断裂的可能性和意义的问题,就转化为评价矛盾和原则矛盾的可能性和意义的问题。[5]

(二) 评价矛盾和原则矛盾与类似现象的区别

为了对评价矛盾和原则矛盾进行澄清,首先需要对**评价矛盾和原则矛盾的概念**作进一步的界定。为此,必须将其与类似现象进行区分。

1.相对于评价区分

在此意义上,首先要排除的,是纯粹的评价**区分**(Wertungs*differenzierungen*);其所指的,是那些在实质上具有正当性的评价差异(Wertungsunterschiede),尽管它们看起来是为了一项——在评价上是非典型的——特别构成要件(Sondertatbestand)而突破了一项更加一般性的原则,但它们并不构成真正的"矛盾"。

2.相对于原则的固有限制

除此之外,需要加以排除的,是原则的**固有限制**,因为这些限制并非真的对原则起反作用,而仅仅是使原则的真正意义变得清晰。譬如,认为私法自治原则和维护《民法典》第138条意义上的公序良俗

---

[4] 在此,原则矛盾只是评价矛盾的一种特别形式,亦即在法秩序的**基础评价**中产生的矛盾;不同观点参见 Engisch, Einheit, S. 64 mit Fn. 2 和 Einführung, S. 160 und 162,他不把原则矛盾置于评价矛盾之下,而是将两者平行归置(亦可参见 Einheit, S. 64,脚注2最后一句和 Einführung, S. 164);从他的立场出发,这是正确的,因为他与本书所持观点相反,将那些不存在真正的评价矛盾,而只是单纯的原则**对立**的情形,也归入原则矛盾,参见下文紧接的"(二)、4"。

[5] 对此的一般性论述,参见 Engisch, Einheit, S. 59 ff. und Einführung, S. 160 ff.; Larenz, Methodenlehre, S. 254 f.,两者分别附有其他引据,以及 Perelman (Herausgeber), Les Antinomies en Droit, Travaux du Centre National de Recherches de Logique, Bruxelles 1965 中的论文。

的命令之间存在"矛盾"是错误的。因为正如每一项自由——真正的自由而非恣意——都包含伦理上的约束一样,在私法自治中,**自始**就包含着公序良俗的限制;认为此处存在"矛盾",将导致对私法自治思想的绝对化,这种绝对化将会导致误解私法自治的法伦理内容,并因而使该原则变质。

3.相对于原则结合(Prinzipienkombination)

此外,并不鲜见的,是在实际上仅仅涉及**两项原则的结合**(Verbindung zweier Prinzipien)的情形,错误地认为存在原则矛盾。一个这方面的例子,是交易和信赖保护"优先于"行为能力瑕疵的保护抑或相反的问题。人们最多[6]可以在以下情形认为这两项原则之间存在矛盾[7],亦即信赖原则依其本质或者实证法上的构造,**本身单独**(für sich allein)就会要求对信赖人进行保护。但实际上并非这样。因为信赖原则只说明了与一方有关的东西,即信赖人这一方,对于另一方,即责任人这一方,则没有说明,而人们通常只有为**双方**都确定了正义标准之后,才能就法律后果得出结论;因此,信赖保护的思想,还经常必须要补充正当化了另一方责任的其他因素,它们通常存在于自我责任这一原则中,亦即,存在于根据信赖构成要件对被追责者的**归责**之中。[8] 如果他尚未具备完全行为能力,那他就欠缺归责能力(Zurechnungsfähigkeit)[9],并**因此**而无须承担责任。也就是说,这里

114

---

[6] 实际上一次都没有,参见下文紧接的"4"。

[7] 例如 Larenz, Festschrift für Nikisch, S. 302 正是这样做的。拉伦茨列举的其他例子,实际上也并非真正的原则矛盾,而是要么属于两种原则的必要的结合这一类型,要么(主要)属于(即将详细论述的)纯粹的原则**对立**这一类型。

[8] 在放弃此点的情形,例如在登记簿保护情形,必须补充其他因素来为权利丧失或者责任承担进行正当化,例如一项相对于单纯的信赖保护被提高了的交易保护需求,强化信赖构成要件并同时通过国家机关的参与结合《民法典》第 839 条的追索可能性来减少错误源等。

[9] 但是,这原则上也可以类推适用《民法典》第 827 条及以下各条来加以判断,不过《民法典》第 104 条及以下各条更加合适,因为这里涉及的是一项法律行为,并且典型情况下法律效果也是那些通常只跟法律行为关联的法律效果。

涉及的,实际上并非信赖保护和行为能力瑕疵保护这两项原则**相互冲突**,并对这一"矛盾(Widerspruch)"作了有利于后者的选择,而是原则上信赖保护原则**只有在**和自我负责原则的**相互作用中才**具有重要性,并**因此**而在欠缺责任能力情形下失效。也就是说,要把**两项只有在相互作用中才具有重要性的原则中的一项原则的前提条件的欠缺**,和两项原则相矛盾区分开来。

4.相对于原则对立

即使人们不赞同对信赖原则的这种理解,而是赋予信赖原则这样一种倾向,即其本身单独就可以要求为信赖人提供保护,人们也不应该认为此处存在一项"矛盾"。这一问题毋宁是落入了第四种——也是最重要的一种——必须与评价矛盾和原则矛盾相区别的类型(Gruppe)之中:即评价对立和原则**对立**(Wertungs- und Prinzipien*gegensätze*)。正如在另一关联中展示的那样[10],一般法律原则经常相互冲突,且单独依各原则会得出相互冲突的解决方案,而这恰恰符合一般法律原则的本质。因此必须找到一种妥协方案,使得每项原则都能分配到一定的适用范围。亦即,这里涉及的,是上文[10]已经整理出来的原则所具有的相互限制的特征。作为例子,可以回顾遗嘱自由原则和家庭保护原则之间的对立倾向,其在特留份法中找到了平衡。对于此种法秩序的"不同基本思想之间的妥协",人们应当反对恩吉施[11]的观点,不将其称为**矛盾**,而是称为**对立**(Gegensatz)。因为矛盾通常是一种实际上不应当存在,并因而应尽可能加以消除的

---

[10] 参见边码53。
[11] Einführung, S. 162 脚注 206 b 处;亦可参见 *Larenz, Festschrift für Nikisch*, S. 301 和 Methodenlehre, S. 314, 在这两处,拉伦茨亦在此关联上认为构成矛盾,尽管他所涉及的事实上仅仅是原则**对立**(亦可参见脚注7);拉伦茨也很快用——合适得多的——"冲突(Widerstreit)"这一术语,来代替"矛盾"这一术语——但这只是推测的,并非希望因此体现出实质的差异。

东西,正如恩吉施自己所言,是一种"不和谐(Disharmonie)"[12],而此处涉及的原则对立,则必然符合法秩序的本质,并赋予法秩序完整的意义内涵(Sinnfülle)[13]。因此,其绝不应该**被消除**[14],而是应当通过一种"折中的"解决方案来加以"**平衡**",在此,它们内在的对立性,将在双重意义上的妥协之中被"消解"。[15]

依此,原则矛盾这一表述,应当只用于真正的矛盾,亦即干扰法秩序的内在一致性和统一性,即其"和谐",因而原则上必须加以避免或者消除的评价矛盾。

(三) 通过法律续造避免评价矛盾和原则矛盾的可能性

这样一来,我们已经讨论到了下一个问题领域:法律人在适用法律时,应当如何处理此类评价矛盾和原则矛盾,以及相应地,体系断裂可能会在多大范围内保留下来无法消除的问题。恩吉施认为,评价矛盾和原则矛盾"应当被一般性地接受"。[16] 其观点不值赞同,因为此类

---

〔12〕 a.a.O., S. 162.

〔13〕 正确观点,参见 Esser, Grundsatz und Norm, S. 81 und S. 159,在此,埃塞尔认为,通过一项原则"理性地"对抗另一项原则;进一步参见 Larenz, Festschrift für Nikisch, S. 301 f.。

〔14〕 恩吉施也不希望如此,vgl. a.a.O., S. 164,但是他将这一保守态度仅限于针对原则**对立**,并且有时也将真正的(在本书所使用的术语意义上的)矛盾纳入其中;但是,针对最后一种情形,恰恰不能赞同其观点[参见下文紧接的"(三)"],且因为如此一来对两种现象的法律处理将不一样,故建议基于此项原因在术语上进行清晰的区分。

〔15〕 亦即,这种对立已被克服,同时在妥协中仍然保留下来。

〔16〕 参见 Einführung, S. 161,关于原则矛盾(但是对其更强烈地加以区分)参见第 164 页;亦可参见 Einheit, S. 63 f. und S. 84 ff.,在此,尽管恩吉施承认,评价矛盾的消除——跟规范矛盾一样—— 有可能是"绝对被要求的",但是却认为,在其他情形,其并非"绝对必要的"(参见第 84 页);然而有疑问的是,消除的"必要性"应当以何者为衡量标准,在回答此问题的时候,人们可能最终无法避免要引入平衡律,因而得出本书所支持的原则上应予以消除的命令。但在此关联上需要注意恩吉施有时候不同的术语用法,对此,参见脚注 11 和 14。

矛盾构成对平等律的违反[17],而立法者和法官都要受平等律约束。[18] 因此,法律人应当动用其整个方法论武器库,以消除评价矛盾和原则矛盾的风险,我们至多可以质疑,他在多大程度上取得了成功。[19]

1.体系解释的可能性

在此,可以作为方法论上的辅助工具的,首先是**体系解释**,而在体系解释的框架内,则特别是关于特别法、新法、上位法的那些基本原则(Grundsätze über die lex specialis, die lex posterior und die lex superior)。[19a]尽管它们原本只是针对**规范**矛盾而发展出来的,即法秩序针对构成要件 T,在一项规范中设置了法律后果 R,而在另一项规范中设置了法律后果非 R;不过,人们也可以——至少在部分程度上——将其移植到评价矛盾和原则矛盾之中[20],即法秩序在一项规范中针

---

[17] *Larenz*, Methodenlehre, S. 254 同样如此认为;保留态度参见 *Engisch*, Einheit, S. 62 f.("可能")。

[18] 对此,参见紧接着的"(四)"的详细论述。

[19] 类似观点,参见 *Larenz*, a.a.O.结合脚注 1。

[19a] 在此,"法律"(Lex)也可能是一项**习惯法**的规范。因此,《民法典》第 307 条第 1 款第 2 句和关于"缔约过失"的一般规则结合《民法典》第 254 条之间的评价矛盾(关于该问题,参见一方面是 *Larenz*, Schuldrecht A. T. S. 83 Fn. 1,另一方面是 *Esser*, Schuldrecht A. T. S. 206 bei Fn. 16)可能要通过——然而并非没有问题的——认为今天已经作为习惯法被承认的关于"缔约过失"的法律规则作为新法(lex posterior)而(一般地)优先适用,并因而使第 307 条第 1 款第 2 句失效来消除。若不采取此种做法,将会基于本书在"(四)、2"部分所发展出来的规则,导致第 307 条第 1 款第 2 句无效,因为作为这一条文之基础的评价,相对于第 254 条和"缔约过失"的法律规则,在今天只能被视为是"明显恣意的"。

[20] 这一问题很大程度上还未被澄清,需要专门研究。人们通常可以通过以下方式解决这一问题,即将相关的评价具体化为一项规范,并因此将上位法、新法或者特别法的规则**直接**适用,但是这一方法将来可能不再行得通。此外,上位法优先这一原则的移植,可能最容易能够被正当化,但旧的和新的相互矛盾的评价和原则之间的关系的问题,亦即围绕新法产生的问题群,却有相当大的困难,关于后者,参见例如 *Engisch*, Einheit, S. 84 和 Einführung, S. 164 f.,两处都附有详细的引据;*Larenz*, Methodenlehre, S. 266 ff.,此处附有关于《民法典》第 254 条和《帝国赔偿责任法》(RHaftPflG)第 1 条之间关系的有趣例子;*Betti*, Allgemeine Auslegungslehre, a.a.O., S. 638。在此关联上,亦可参见脚注 19a 中的例子。

对构成要件 T_1 设置了法律后果 R，但是在另一项规范中，针对在评价上很大程度相同的构成要件 T_2，设置了法律后果非 R。此外，人们还可以借助体系解释，通过对不同条文的文义作符合体系的亦即统一的解释，来避免评价矛盾。譬如，根据《民法典》第 172 条第 1 款，只有在将证书"交给(ausgehängt)"被授权人的情形下，出具人才需要为代理权证书的出具承担权利外观责任，而在权利证书被偷走时，则不需要。与此相对，其他两项与之非常类似的权利外观责任条文，即《民法典》第 370 条和第 405 条，却至少没有明确地规定此限制。但是，为避免评价矛盾，应当通过符合体系的解释（或者漏洞填补），将这一限制解释进这两项条文之中[21]，因为看不到进行区分(Differenzierung)的合理理由[22]。《民法典》第 935 条第 1 款也指明了这一方向。就此，在第 370 条的情形，可能还可以认为存在狭义的（严格的）解释，因为人们完全可以说，单纯从语言上看，并非必然要把小偷也视为收据的"持有人"[23]；与之相反，在第 405 条的情形，可能已经构成漏洞填补，因为法律仅要求"出具"证书，因此，增加"交给"这一特征，就已经不再处于可能的文义范围之内。[24]

---

〔21〕 不同观点参见学理通说，关于第 370 条，只需参见 *Palandt-Danckelmann*, § 370, Anm. 1，关于第 405 条，参见 *Stoll*, AcP 135, S. 107。

〔22〕 在流通证券(Umlaufpapieren)情形，脱手也不会对出票人的义务有所影响这一点的正当化理由，是直接从流通目的和与之相结合的被强化了的(!)交易保护需要之中得出的。因此，这里并不存在需要被消除的评价矛盾，而是存在一种有意义的评价区分。

〔23〕 参见早就如此的 Protokolle zum ADHGB, 1858, S. 1323 f.; *Keyssner*, Festgabe für R. Koch, 1903, S.142; *Goldberger*, Der Schutz gutgläubiger Dritter im Verkehr mit Nichtbevollmächtigten nach Bürgerlichem Gesetzbuch, 1908, S. 82。但是，此处引用的文献在结果上，实际和学界通说持同样观点，即第 370 条也可以在脱手的情形适用。

〔24〕 因此，其并非不被允许。而是出现了一种特殊的——对其特殊性至今还很少研究的——漏洞类型：一种"隐蔽的规范漏洞"，在此情形下，漏洞的确定是借助积极的平等律进行的；对此，参见 *Canaris*, Die Feststellung von Lücken, S. 81 und S. 137 f.的一般性论述。

2.体系性漏洞填补的可能性

这样一来,我们已经到达消除评价矛盾和原则矛盾以及体系违反的第二层次:**在符合体系的解释之外,加入了符合体系的漏洞填补**。在此,同样也要引入所有的传统方法,特别是类推、当然推论和目的性限缩,它们本来就仅仅是平等律在方法论上的表现(Ausformung)。这样一来,譬如恩吉施[25]赞同帝国法院的一个判决[26]而阐述的谋杀儿童的最低刑和母亲在婴儿出生后立即实施的导致婴儿死亡的遗弃(Aussetzung)的最低刑之间的评价矛盾,或许可以以跟恩吉施和帝国法院的观点不同的方式,通过当然推论加以消除:如果在谋杀儿童的情形下都可以考虑责任减轻因素,那么,在原则上被法律评价为恶性更低的遗弃情形,则更应当如此;因为无论如何不存在一项明显与之相反的立法者的决定,反而是恩吉施看起来忽视了《刑法典》第221条框架内的特别构成要件,故而,从主观解释理论的视角看,这里涉及的绝非不被允许的法律修改。

3.通过法律续造消除评价矛盾和原则矛盾的限度

但是,这同时也指明了为体系性漏洞填补划定的**界限**:它就在漏洞填补的界限一般所在之地。[27] 因此,漏洞填补首先以以下情形被排除,即法律的文义**和**意义清楚地排除了漏洞的认定,以及存在法律续造禁令[28]之时。譬如,假如《民法典》第370条和第405条包含"即使证书是从出具人处脱手的"这一明确的附加规定,那么其相对

---

[25] Einführung, S. 160.
[26] RGSt. 68, S. 407 (410).
[27] 在此关联上,无法对这一问题,特别是漏洞和法政策上的错误之间的区分加以进一步研究,对此,参见 Canaris, Die Feststellung von Lücken, S. 31 ff.及其详细引据和第55及以下各页。
[28] 属于此类禁令的,除了在此关联通常被单独提及的类推禁令,还有限缩禁令和归纳禁令(Restriktions-und das Induktionsverbot);关于后者,参见 Canaris, a.a.O., S. 193 bzw. S. 184 ff. und 194 ff.。

于——无论从文义还是意义来看都不会令人误会的——《民法典》第172条第1款的评价矛盾(在马上还要详细论述的认定存在冲突漏洞的前提下)就无法通过解释和漏洞填补这些手段来消除。《商法典》第28条和第130、173条可能构成现行法中的此类例子:在加入个体商人的营业时,根据《商法典》第28条第2款的规定,可以约定排除对旧债务承担责任,并对债权人发生效力;但在加入商事合伙或者有限合伙时,根据《商法典》第130条第2款、第173条第2款的规定,这种责任却被强制规定了——这种差别可能几乎无法找到任何合理的原因。[29] 其中包含的评价矛盾,既无法通过解释,也无法通过漏洞填补加以消除:第28条第2款和第130条第2款、第173条第2款在文义和意义上都同样清晰,因此这里并不存在漏洞,而是一项"法政策上的错误"——类似的困境,还可能通过以下方式产生,即一项违法体系的规定,可能是在**习惯法**的层面上产生的;只需想一想让与担保和因此而产生的与禁止非占有质权之间的矛盾就可以。

作为因法律续造禁令而为评价矛盾的消除设定了界限的例子,应当提及针对损害财物以及一般性身体伤害在未遂时的可罚性所作的不同规定;在前者,未遂也被明确地加以刑罚,而在后者则缺乏相应的规定,这里存在一项令人不悦的评价矛盾[30],因为我们的法原则上赋予身体的完整性(Unversehrtheit)更高的价值,并相应地给予其比所有权更强的保护,而且根据《刑法典》(以及其他法律)的体系,未遂的可罚性,本质是以相关法益的位阶高低、保护必要性和需求性为准绳的。但是,尽管如此也不允许基于以下论据,对未遂的身体伤害施加

120

---

[29] 在此关联上,至少可以假设是如此,以便使得方法论上的[和宪法上的,参见下文"(四)、2"]问题更加直观。

[30] *Engisch*, Einführung, S. 160 正确地将其列为此种矛盾的例子。而施赖伯(*Schreiber*)在 *Schreiber*, Logik des Rechts, S. 60 对于恩吉施的批判则是错误的(参见 *Engisch*, a.a.O., Fn. 198 a 对此有说服力的回应),与他的其他言论(对此,参见下文脚注44和67)类似,其显示出对于价值论和目的论问题存在很大程度上的误解。

刑罚：即如果损害财物的未遂就已经具有可罚性，那么身体伤害的未遂更应如此。因为这样一种当然推论，将会构成恶意漏洞填补（Lückenergänzung in malam partem），至少在《刑法典》分则部分，依《基本法》第 103 条第 2 款，这样一种漏洞填补是被禁止的。故而，评价矛盾无法被消除。

最后，对法官法律续造的限制——正如在**无法填补的漏洞**[31]这种现象中那样——也可能妨碍评价矛盾的消除。譬如，《证券交易法》第 22 条上的责任没有数额上的限制[32]，这就构成一种严重的体系断裂；因为其他所有危险责任的构成要件（除了《民法典》第 833 条第 1 句这一例外[33]）都规定了最高赔偿额，而且它也是这一制度的支撑性基本思想所要求的，因为只有这样，"毁灭性损害归责"的风险才可以被预防，也因为只有这样——对于危险责任来说不可或缺的——风险的完全可保险性才可以得到保障。因此，必须将《证券交易法》第 22 条欠缺最高数额视为**漏洞**，因为危险责任固有的原则要求一项相应的规定，此外，无论是从条文的表述还是立法历史都无法看出，立法者想在此有意识地作出一项相反的决定。但是，这一漏洞却不能通过法官来填补，原因在于，为此必须确定一个特定的数额，但对此并无任何专门的法律上的标准可供参考，这样一种决定将因此而含有恣意因素，故而必须保留给立法者来作出。[34] 因此，在此情形，法官的法律续造这一手段面对评价矛盾也失灵了。[35]

综上所述，可以确定的是，存在一些无法借助解释和法律续造等

---

[31] 对此，参见 Canaris, a.a.O., S. 172 ff 结合其引据的一般论述。
[32] 对此，特别参见 Larenz, VersR 63, S. 591 ff. (603) 和 Schuldrecht B. T., § 71 VI-II 的批评。
[33] 但是，人们不能认为此处存在体系断裂，参见下文边码 128。
[34] 关于基本原理，参见 Canaris, a.a.O., S. 175 f. 的详细论述。
[35] 关于《证券交易法》第 22 条的效力问题，参见下文边码 128—129 结合脚注 60。

正当方法克服的评价矛盾。当评价矛盾并非构成漏洞,而是构成"法政策错误",或者尽管存在漏洞,但漏洞填补是被禁止的或者不可能的时候,就出现了此种情况。

(四)违反体系的规范的拘束力和体系思维对立法者的约束的问题

但是,这并非说,此类评价矛盾和因此而产生的体系断裂,应当被毫无例外地加以接受。亦即,人们只要清楚,评价矛盾构成对平等律的违反,而且平等律公认既是法理念的外溢,也是《基本法》的组成部分,那以下问题就必然被提出来,即在评价矛盾的情形,是否至少应当在特定前提条件下,否定相关规范的拘束力(Verbindlichkeit)。如此,体系问题的一个新的方面就进入了视野:**违反体系的规范的拘束力的问题,以及相应地,体系思维对于立法者的约束的问题**。[36] 对于这些问题,既可以从方法论角度,也可以从——在效力问题情形意料之中的——宪法角度回答。

1. 借助"冲突漏洞"假设的解决方案

首先,关于前者,传统的方法论长久以来就已经承认这样一种制度,其或许也可以在当前情形下被加以利用:所谓的**冲突漏洞**(Kollisionslücke)。[37] 传统上,人们主要在**规范矛盾**的情形提及冲突漏洞:如果法律为构成要件 T 同时设置了法律后果 R 和非 R,且这一

---

[36] 迄今为止,针对这一问题的思考相对较少。但是,需要指出的是齐默利(Zimmerl)的研究(Der Aufbau des Strafrechtssystems, 1930, Strafrechtliche Arbeitsmethode de lege ferenda, 1931,特别是第 14 及以下各页、第 54 及以下各页、第 146 及以下各页),但是其研究重点不是方法论上的,而是在实体刑法上的问题;而且齐默利主要是从立法论角度进行论证,故而,违反体系的规范在解释论上的拘束力的问题,在他那里完全不被重视。亦可参见更早的 Beling, Methodik der Gesetzgebung, insbesondere der Strafgesetzgebung, 1922, S. 20 f.。

[37] 对此,只需参见 Engisch, Einheit, S. 50 und S. 84 以及 Einführung, S. 159; Canaris, a.a.O., S. 65 ff.,其脚注 28 附有详细引据。

矛盾无法通过解释和法律续造这两项手段被消除,那这两项法律后果设置就会形成冲突,从而产生漏洞。但是,这样一来——这是目前为止在文献中尚未被充分强调的——就已经跨越了漏洞填补的范围,进入了**失效**(Derogierung)的范围;因为具有决定意义的一步,即相互矛盾的规范产生并且两者因此都**无效**这一假设,已经存在于漏洞的肯定**之前**。

现在很容易想到的,是在出现一项评价矛盾时也如此处理,并相应地认为,相互矛盾的规范产生了,并因而形成了冲突漏洞。[38] 但是,马上就会出现以下反驳理由,即消除规范矛盾的需要,比消除评价矛盾要强烈得多。[39] 人们只有追问是何种理由使得人们必须消除矛盾,并将该理由与对两种不同类型的矛盾的区分关联起来,才能够审查这一顾虑(Bedenken)的重要性。在此,乍一看,以下思想似乎具有重要性,即在规范矛盾的情形下存在一项**逻辑**矛盾[40];与之相对,在评价矛盾的情形下,则只存在一项**价值论的或者目的论的**矛盾。前者无论如何不能被接受,因为法也要遵守逻辑的定律[41];而后者则更容易被忍受,因为法秩序自己决定它的评价。[42] 因此,即使是立法者的一项矛盾的决定也需要被尊重。然而,单是法秩序是否以及在

---

[38] *Engisch*, Einheit, S. 84 就已看到这一可能性,但是没有一般性地,而是仅针对个别(很遗憾没有进一步界定的)情形对此加以肯定。与之相反, *Canaris*, a.a.O., S. 66 Fn. 32 持否定观点,该处将(目的性)冲突漏洞和评价矛盾清楚地区分开来;我在此放弃在该处表达的观点,参见紧紧接着的下文。

[39] 这很明显是恩吉施的基本观点,参见 Einheit, S. 63 和 Einführung, S. 161;进一步参见 *Betti*, Allgemeine Auslegungslehre, a.a.O., S. 638(关于旧法与新法的关系)。

[40] 持此种观点的,参见 *Schreiber*, a.a.O., S. 60; *Canaris*, a.a.O., S. 66; 亦可参见 *Engisch*, Einführung, S. 234, Fn. 198 a,他在类似的关联中,至少在"法律问题真正一致(Identität)"情形——在规范矛盾中经常存在此种情况!——肯定存在一项**逻辑**矛盾;但亦可参见 *Kelsen*, Reine Rechtslehre, S. 209 f.。

[41] 比较特别是 *Schreiber*, a.a.O., S. 60,他把消除规范矛盾的必要性,作为"逻辑的定律明显是法的组成部分这一事实的例子"。

[42] *Schreiber*, a.a.O., S. 60 可能是此方向。

多大程度上真正受制于逻辑定律这一点[43],就已经非常值得怀疑,其至少必须被视为尚未被解释清楚;因为逻辑定律——至少按其现今的通常形态——只对本身遵循真或假之标准的陈述命题(Aussagesätze)适用,与之相对,它对于不遵循这一标准,而是按照有效或者无效标准进行衡量的应然命题(Sollensätze),并不适用。[44]但是,即使人们接受以下观点,即一项规范矛盾的确应当被作为对逻辑定律的违反进行处理,由此亦不能得出结论,认为同样是基于逻辑上的原因得出这里感兴趣的问题的解决方案,即假设存在一项冲突漏洞。因为,正如从两项陈述命题的矛盾中只能得出两者之中必有**一项**为假的结论一样,从两项规范的矛盾之中,在**纯粹的逻辑上**最多只能得出结论,认为两者之中必有**一项**是无效的;然而,这里恰恰是要论证,为什么**两者都是无效的**——因为通过这一假设,应当消除规范矛

---

[43] *Schreiber*, a.a.O., S. 90 ff.对逻辑的定律是"法的组成部分"这一尝试进行证立。但是他的论述难以置信的混乱。特别是他明显混淆了受逻辑定律的"约束"和法官受成文法和法的"约束"(参见第 93—94 页),并因此犯下非常低级的偷换概念的错误,因为一个陈述命题和一个应然命题的拘束力(Verpflichtungskraft)存在性质上的差异。此外,第 93 页的聪明引用(Klug-Zitat)和第 94 页对于上诉审法上的现象的援引,很容易让人认为,施赖伯甚至混淆了逻辑定律之法律属性的问题和法律适用者受此约束的问题[对此,参见 *Klug*, Juristische Logik, S. 142 非常清楚的论述;针对专门法律上的"技术规则"(Kunstregel),情况可能不一样,因为/只要它们是真正的正义准则的体现,对此,参见 *Esser*, Grundsatz und Norm, S. 110 ff.]。

[44] 关于此问题,参见例如 *Kelsen*, Reine Rechtslehre, S. 76 f. und ARSP 52 (1966), S. 545 ff. (548); *Philipps*, ARSP 52 (1966), 195 ff.。*Schreiber*, a.a.O., S. 63 ff.所作的寻找一个共同的上位概念的尝试,完全走向了歧途。因为,只要他选择"有效的"(gültig)作为上位概念,那这一尝试将再次(参见前注)立足于一个明显的偷换概念:尽管有效的既可以作为真("一项有效的陈述")的同义词,也可以作为有效力的同义词("一项有效力的条例")来使用,但是其在这两种情形中有完全不同的含义,因此不适合作为一个有意义的上位概念。施赖伯通过以下方式,将在法律规范中不受限制地移植逻辑定律且最终将他的理论引入了荒谬的地步,即声称存在一项以下内容的法律规范:"这是合法的:即关于法的逻辑的博士论文的作者将被退学或者他们将不被退学"(参见第 65—66 页),而且不把这 对所有的法学效力概念进行了嘲讽的法律规则(Rechtssatz)称为纯粹的胡说八道——事实上正是如此——而是仅仅作为一种"对逻辑上正确的命题进行解释所带来的一定程度的困难(Härte)"的例子(第 66 页)。在这一论述中,人们只能看到一种——当然非常容易让人误解的——自我嘲讽。

盾——因此,这一问题无论如何都是无法单纯借助逻辑的工具来解决的。

人们只有问,两项规范中的**哪一项**应当有效或者无效,并且同时明白,对此不可能存在法学上可证立的答案,其原因在于,不可消除的规范矛盾这一特殊问题,对此欠缺相应的效力标准,人们才更可能了解承认冲突漏洞的真正理由。[45] 因此,人们除了通过纯粹的决断(Dezision)而**任意**选择其中一项规范,似乎别无他法。然而,这样做将意味着恣意,并因而构成一种在本质上并非法学的解决方案。所以,**恣意禁令**最终导致认定**两项**规范都无效。[46] 这一标准,现在在评价矛盾情形也发挥着决定性的作用,因为评价矛盾构成对和恣意禁令至少紧密关联的平等律的违反。因此,实际上必然得出以下结论,亦即在存在评价矛盾的情形下,假设存在冲突漏洞也可以有所帮助。

然而,有一项与规范矛盾的重大区别不能被忽视:在规范矛盾的情形下,法官必须至少拒绝遵守其中**一项**规范,但在评价矛盾情形下,他本身可以遵守两项规范;也就是说,法官在第一种情形下,并无任何可能,通过主张自己应受法律的约束而对违反恣意禁令进行正当化,而在第二种情形下,却可以主张立法者具有权威性,对平等律的违反是基于立法者的命令,法官不得不尊重立法者的意志。这一差异,可能就是有人持以下观点的原因,即认为评价矛盾比规范矛盾更容易被忍受。当然,我们可以问,是否真的应当赋予这一差异决定性

---

[45] 如果两项规范中的一项的优先性能以某种方式被证立,那么既不存在规范矛盾,也不存在冲突漏洞。这样一种证立,不仅可以从特别法规则或者类似规则中得出,还可以从其他观点中得出,譬如认为两项规范中的一项与内部体系、事物本质、法理念或者在法共同体中被承认的其他公序良俗上的价值构成矛盾,而另一项则与这些标准保持一致;这样一来,只有后者有效,如此便不存在冲突漏洞。

[46] 但是,只有人们还额外加入**禁止拒绝裁判禁令**,才能确定,**漏洞**将因此而产生;因为只有这一禁令才能堵上本身还可以剩下的宣告法律问题因为矛盾而无法解决这一出路;参见 Canaris, a.a.O., S. 65 ff.的详细论述。

的意义;但是,马上就会出现以下反驳理由,即对规范矛盾和评价矛盾的不同处理,以及在此体现的平等律相对于忠于法律这一命令的让位,应当被作为实证主义的残余加以批判。但其是否真的如此,在此[46a]可以暂且不管;因为即使从极端的实证主义立场出发,法官也绝不可能毫不例外地受宪法之下的规范的约束,反而可能可以以它们构成**违宪**为理由,拒绝服从这些规范。但是,因为评价矛盾是对平等律的违反,就必然要求依照《基本法》第3条第1款对其进行审查。因此,这一问题就转变为宪法问题。

2.借助宪法平等律的解决方案

从《基本法》第1条第3款可以直接推出,《基本法》第3条第1款也约束立法者。同样毫无疑问的是,其适用于所有法律领域,特别是也适用于整个私法[47],因为立法通常是对国家权力的行使,因此涉及的并非基本权利的"第三人效力"的问题。故而,评价矛盾和其他违反平等律的情形一样,应当依照《基本法》进行衡量,特别是因为平等律不仅被固定在第3条第1款,"除此之外,还作为理所当然的不成文的宪法原则在所有的领域适用……"[48]。因此,在此背景下,体系思维在一种新的视角之下,获得了最高的实践意义:**违反体系的规范,可能因为其所包含的评价矛盾而违反宪法的平等律,并因此无效**。实际上,联邦宪法法院也曾经以不同方式在这一方向上表达过观点,而且譬如基于以下理由宣布一项规范无效,即立法者已经"从他自己的原则……偏离",而"对于这一'体系违反性'……却不存在充分的、在实质上可以主张的理由"[49]。它在其他情形则认为,尽管立法者原则上得自由"偏离他自己制定的确定法律领域的基本规

[46a] 但是,参见下文脚注58a。
[47] 参见例如 BVerfGE 11, 277 (280 f.); 14, 263 (285); 18, 121 (124 ff.)。
[48] 参见 BVerfGE 6, 84 (91)。
[49] BVerfGE 13, 31 (38)。

则",但这样一种偏离,有可能构成"恣意的征兆……如果这样一来法律的体系就在没有足够的实质理由的情况下被偏离了话"[50],联邦宪法法院再次在另一其他情形说到,对《基本法》第 3 条的违反,可能体现在一种"新型的,从现有法律的体系、意义和目的脱离的偏离性规则"之中。[51]

但是,这并非意味着,每一项违反体系的规范都应当直接无效。联邦宪法法院仅仅是保守地认为存在违反第 3 条的"征兆",并在不同情形谨慎地补充了"至多"这一字眼[52]——然而,从其关联中却可以看出,联邦宪法法院是以一项比本书所持的概念更广的体系概念为基础的,并有可能不仅仅限于"内在的"体系。但是,首先要注意的是,根据联邦宪法法院的通行判例,第 3 条第 1 款应当在恣意禁令的意义上理解:"如果不能为法律的区别处理或者同等处理找到一项合理的、从事物本质中推出的或者其他看起来合理的原因,简单而言,即如果规定必须被称为恣意的,那就违反了平等律。"[53]对评价矛盾以及因此而对体系断裂而言,"不能为区分处理……找到一项合理的原因"这一结论,通常实际上是成立的,因为它们在定义上(ex definitione)就是以对原则性评价的实质上不正当的偏离为基础的,但是,这并不意味着必然构成对恣意禁令的违反。相反,尽管存在评价矛盾,仍可能基于不同的原因否定这样一种违反的存在。

首先可以想到的,是尽管不可否认地存在一定程度的评价的不和谐,但是其却没有达到要认定构成真正的恣意的**程度**,也就是说,"相

---

[50] BVerfGE 18, 315 (334).
[51] BVerfGE 7, 129 (153); 12, 264 (273).
[52] 参见例如 BVerfGE 9, 20 (28); 12, 264 (273); 18, 315 (334)。
[53] BVerfGE 1, 14 (52).

应规定的不合理性"尚未达到"明显"(evident)的程度。[54][55] 此外还应当考虑到,除了制定一项合理的、可以和谐地整合进法秩序之整体的规定这一目标,立法者还要追求其他的价值和目的,因此并非任何评价矛盾都必然构成对恣意禁令的违反。在此,首要想到的是法安定性这一价值。譬如,法安定性可以为禁止类推提供正当化理由[56],因而妨碍人们消除评价矛盾;只需要想一想上文论述的未遂的一般身体伤害不具有可罚性的例子即可。在这样一种情形下,不能认为构成恣意,因为法安定性在此禁止将本身而言具有同等价值,但是没有被明确规定的情形作同等对待。此外,也可以考虑其他目的。譬如,可以考虑,立法者为了实现国际性的法律统一——譬如在欧洲经济共同体内部——而在特定的领域内,接受一些将导致和我们的法的支撑性基本原则发生断裂(Brüchen)的规定,并赋予其法律效力,但是另一方面却不能选择将这些被保留的和已经进入法律意识的基本原则**一般性地**作无效处理,以及将**所有**与之类似的规定,按照符合支撑新规定的评价的方式进行修改。在此情形,尽管存在体系断裂,也不能认为构成对恣意禁令的违反。最后,法秩序是在不同时期形成的这一事实,有时也能导致无法通过解释和法律续造消除的体系断裂,但是并不因此而毫无疑问地构成"恣意"。尽管人们原则上不能将对一项规定的"历史的生长性"的单纯提示,承认为评价矛盾的充分的正当化理由,但是有时候,立法者不马上将旧的法律部分按照新的进行调整,完全可能有充分的客观理由。譬如,理由可能是在其他法律领域也制定新规定的"时机尚未成熟"(新规定有时候可能要以一系列其他问题的解决为前提!),或者单纯是立法者因为立法程序

---

[54] 这一表述符合联邦宪法法院的通行判例,参见例如 BVerfGE 18, 121 (124),此处附有详细引据。

[55] 参见下文"二、(一)"结尾部分《商法典》第 25 条第 1 款第 1 句的例子。

[56] 对此,参见 Canaris, a.a.O., S. 183 ff.的详细论述。

的困难还需要一定时间。[57] 譬如,《有限责任公司法》的规定在评价上和新《股份公司法》的类似规定无法保持和谐,在"无法找到一项区别处理的合理理由"的时候,尽管《有限责任公司法》计划进行改革,人们也不能(现在就[58])将之视为无效。

因此,完全可能存在体系断裂不构成违反恣意禁令的情形。所以,对于一项违反体系的规范的拘束力不能加以怀疑,因为首先被论述的那项无效理由,即认为存在冲突漏洞,如上所述最终是源于恣意禁令,故而被排除。[58a]但是,在出现体系断裂时,通常会存在对宪法平等律的违反,不过需要再次提醒,这里所指的是真正的体系**断裂**,而非单纯的体系**修正**,亦即那些情形,在其中真的出现一项评价矛盾,而不仅仅是一项——即便是在法政策上可能不那么具有信服力,但至少还可以接受的——评价区分。作为例子,可以再次回顾上文[59]讨论的特定危险责任的构成要件中欠缺最高限额规定的问题。在《民法典》第833条第1句的情形下,不能认为存在一项体系断裂,而是仅能认为存在一项体系修正,因为由动物导致的损害,通常没有高到会导致产生毁灭性损害归责的风险,以及使得风险在没有法定最高限额的情况下就没有办法在保险技术上被完全计算出来;但是,无论如何,从

---

[57] 这一问题在此或可过渡到"立法者不作为"的问题。

[58] 是否从一个更晚的时间点开始,可能再次取决于对立法者不作为这一问题的观点;从平等律中可以推导出消除评价矛盾的宪法委托这一点,可能是不容置疑的。

[58a] 当然,本身可以想象的是,在此情形以另外一个跟《基本法》第3条不同的恣意概念来作为基础,并因此仍然导致相互矛盾的条文无效。但是,这样一来将会导致法官可以不服从一项不违反《基本法》的规范,而这看起来和法官宪法上的受法律约束的义务和权力分立的原则,至多在那些"成文的不法"的极端情形下才能协调,这些极端情形被著名的"拉德布鲁赫公式"所涵盖。但是,当然并非在简单的评价矛盾情形下,就可能承认存在这样一种**极端**情形,相反,其承认同样要以"明显的恣意"或者一种类似的"外部的"标准为前提条件,故而人们在此点上将会得出与《基本法》第3条相同的结论。此外,这里——特别是在合法的不服从不违反宪法的规范的问题方面——涉及的是一个独立的、极为复杂的问题群,本书无法对其作详细论述。

[59] 参见 S. 120 f.。

这一原因中——即便人们想认定存在一项真正的体系断裂——并不能推出存在明显(evident)的实质违反性(Sachwidrigkeit)的结论,从而没有达到对适用《基本法》第 3 条第 1 款而言必不可少的存在不正当的不同评价的程度。与之相反,《证券交易法》第 22 条的情形则不一样。在此,可能产生数额高到完全没法预见的损害,从而应当毫无疑问地肯定赔偿义务人可能面临经济上被摧毁的风险,而由保险来完全覆盖这一风险的可能性,至少看起来非常值得怀疑。因此,与其他危险责任的构成要件相比,在此情形,最高赔偿限额的欠缺不存在任何正当化理由,并因而违反《基本法》第 3 条第 1 款[60]——上文已经提到的《商法典》第 28 条第 2 款和第 130 条第 2 款、第 173 条第 2 款之间的矛盾,在宪法角度应当被视为至少是高度值得怀疑的[61]——正如关于继受一项商事经营和加入一项商事营业或者一个商事合伙时对旧债务是否承担责任的全部规定在评价上是相互矛盾的和完全无法看透的一样:根据《商法典》第 25 条和第 27 条,这取决于商号是否延续,与之相反,根据第 28 条和第 130、173 条则不是如此,根据第 25 条第 2 款和第 28 条第 2 款,责任是任意性的,根据第 130 条第 2 款、第 173 条第 2 款,责任是强制性的等;是的,甚至都看不到这些规定有清晰的立法意旨(ratio legis)![62] 因此,令人高度怀疑的是,有关是否对旧债务承担责任的全部规定——至少在其规定不是单以被继受

---

[60] 《证券交易法》第 22 条是否因此而无效,或者从《基本法》第 3 条中是否仅仅得出一项对规则进行相应补充的宪法委托(不遵守该委托,则按照立法者不作为的基本原则进行处理),是一个超越了当前关联的一般宪法的问题;在结果上,可能第二种选项值得优先选择。

[61] 是否真的存在违宪,不应当在此终局性地加以裁判。其依赖于规则的矛盾性是否达到了这样一种**程度**,即其不合理性是"明显的",亦即是否根本无法列出任何支持不同做法的可以被接受的观点;因此,这一问题最终并非宪法的也非方法论性质的,而是商法性质的。

[62] 对《商法典》第 25 条的批评,参见 Pisko, Ehrenbergs Handbuch des gesamten Handelsrechts, Bd. II, 1914, S. 243 f., 245 f., 255; 对《商法典》第 28 条的讨论,参见 Fischer, Anmerkung zu BGH LM Nr. 3 zu § 28 HGB。

的或者共同的财产,而是也以个人财产承担责任的情形——究竟能否在宪法的恣意禁令面前经受得住考验。[61]在此情形,可能**所有**的规范(至少是其矛盾的部分)都要被视为无效[63],而并非单独的一项规范无效,因为看不出来,哪一项规范更加正当或者更加符合体系或者"更加合理"——而在其他情形,多项相互矛盾的规范中完全可能有一项得以继续保留。[64]

(五)保留的体系断裂对于法学中体系思维和体系构建之可能性的意义

130 总而言之,以此已经展示,尽管体系思维原则上与体系断裂的可能性存在冲突,但体系断裂的实践意义比人们普遍认为的小得多。因为,除了符合体系的解释和法律续造[65],可以作为额外的解决办法的,还有认定违宪以及因此导致的违反体系的规范无效。即便这些规范有时候可能可以通过《基本法》的审查,但是上文在此关联中所列举的例子已经清楚地显示,这样一种尽管存在真正的体系断裂,但是不构成违反恣意禁令的情形,可能是多么的罕见。而这种情形仍是可以想象的这一点,虽然对体系的"纯洁性"具有"干扰性",但是并不能

---

[63] "剩余部分"是否仍要被视为有效,以及是否产生了可能需要法官填补的漏洞,是另外一个问题,其不属于当前讨论的范围,而是在部分违宪之规范的情形非常一般性地提出的;就此问题,亦可参见 Knittel, JZ 67, S. 79 ff.

[64] 在结果上,上文针对冲突漏洞所作的论述(参见脚注45),也同样适用。在本书所讨论的《证券交易法》第22条的例子之中,当然不应通过将针对危险责任的其他构成要件中的最高限额的——符合体系的和符合原则的!——规定视为是无效的来消除评价矛盾,而是要通过一项相应的规定来对《证券交易法》第22条进行补充。

[65] 如果人们将体系断裂的问题和本书所持的观点在宪法恣意禁令的视角下进行观察,那人们就可能将符合体系的解释和法律续造,视为符合宪法的解释和法律续造的一种下位情形。但是,体系解释和法律续造并不仅限于消除那些达到了须考虑是否构成违反《基本法》第3条第1款之程度的矛盾。实际上,与之相反,符合宪法的解释(即使其不是从第3条的角度进行的)可能是基于(内部)体系的解释的一种下位情形,因为它在法秩序整体的背景下看待单一规范,最终可能在法的统一性和无矛盾性的思想中找到该规范的正当性。

使体系变成不可能。因为，公理—逻辑体系会因为公理之间仅存在一项矛盾就失去利用价值——因为从该矛盾中可以推导出任意的命题[66]——而在法学的评价的或者目的论的体系中，矛盾可以被"隔离"：尽管体系构建——以及相应的基于体系找法——在这一点上是不可能的，但是剩余领域却不受此影响。[67] 尽管完整的体系构建可能因此而变得无法实现，但体系的理想和它的实现可能性之间的差距，却不能说明任何有决定性意义的否定体系对于法学的意义的东西。相反，在前面的研究过程中，一种新的视角已经被展示出来，在此视角下，体系构建具有实践重要性：违反体系的规范可能无效。

二、体系陌生的规范

（一）体系陌生的规范作为对法秩序统一性思想的违反

和体系断裂问题紧密相关的，是体系**陌生**（system*fremd*）的规范的问题。在前者情形，特别是在违反体系的规范的情形，违反的是评

---

[66] 参见例如 Leinfellner, Struktur und Aufbau wissenschaftlicher Theorien, 1965, S. 208; Bochenski, Die zeitgenössischen Denkmethoden, S. 80; Popper, Logik der Forschung, S. 59。

[67] 因此，单是基于这一原因，Schreiber, Die Geltung von Rechtsnormen, S. 199 对 Larenz, Festschrift für Nikisch, S. 301 的傲慢的批评就已经偏离目标，其仅仅展示了施赖伯对于法学的特别之处，亦即主要是目的论的思维，理解得有多么少（对此，参见脚注 30 和 44）；因此，适用于逻辑体系和逻辑命题的东西，很大程度上并不必然适用于目的论体系和一般法律规则；相反，它们的自身规律性（Eigengesetzlichkeit）应当被**没有偏见地**加以探寻（对此，亦可参见上文第二章脚注 124）。此外，施赖伯在没有偏见地阅读时本来可以非常容易地认识到，拉伦茨正如他的例子所清楚展示的那样，尽管不得不承认他的表述让人有所误解，实际上其并未涉及任何真正的矛盾（更不用说逻辑意义上的），而仅仅涉及单纯的原则**对立**和类似现象（参见脚注 7 和 11 的详细论述）；即使从施赖伯的立场出发，它们也完全不影响进行有意义的推导的可能性。此外，像"单是基于逻辑的原因，历史的法整体的基本规则（Grundsätze）和原则（Prinzipien）就无法向法官展示，他应当通过法律创造的方式，将何种法律规范作为解决一项利益冲突的基础"（参见 Schreiber, a.a.O., S. 198 f.）这样的句子，可能本身就真的自掘坟墓。

第六章 体系构建的限度

价一致性的命令,但是在后者情形,违反的是内在统一性这一假设:这些法律规则,它们尽管不构成与其他规定或者法秩序的基本原则的评价矛盾,但在另一方面,也无法被回溯至一项一般法律思想,因而在法秩序的整体之中处于**评价上的孤立状态**;它们也并非单纯的体系修正,因为(以及只要)它的目的(ratio)不具有足够的让自己能够有意义地丰富相关法律领域的基础评价的说服力。

《商法典》第 25 条或许可以再次构成现行私法中的一个例子。尽管第一眼看起来似乎是这样,即这一条文要么(类似于《民法典》第 419 条)是积极财产和消极财产相互关联这一原则的体现,要么是权利外观责任的一项子类型[68],但是这两项假设都经不起进一步的审查:第一项假设经不起审查,是因为责任不能取决于商号是否继续,而必须限于继受的财产,以及这一规定也不能是任意性的;第二项假设经不起审查,是因为旧债权人的信赖不重要,其中一方的"处置"(Disposition)并非必要,以及不存在任何客观的外观要件。[69] 按照法律起草者的观点,《商法典》第 25 条第 1 款第 1 句的意义,无法在这两项法律思想的任一项之中找到,而是应当在以下事实中找寻,亦即人们希望"迎合"交易观念,根据交易观念,"商号的所有人被视为权利人和义务人"。[70] 也就是说,被保护的是对错误的法律观念的信赖(并且不依赖于旧债权人在具体情况中是否拥有完全正确的法律认识!)。这样一种立法意旨(ratio legis),在我们的法秩序中,构成一种独一无二的特殊之物,其本身连最低限度的说服力并不具备。因

---

[68] 可能的学界通说支持此观点,参见例如 RGZ 149, 25 (28); 169, 133 (138); BGHZ 18, 248 (250); 22, 234 (239); 29, 1 (3); A. *Hueck*, ZHR 108, S. 8; *Schlegelberger-Hildebrandt*, 4. Aufl. 1960, § 25 Rdzn. 2 und 6 有反对观点。

[69] 参见 *Canaris*, Die Vertrauenshaftung im deutschen Privatrecht, 1971, S. 184 f.的详细论述。

[70] 参见 Entwurf eines Handelsgesetzbuchs mit Ausschluß des Seehandelsrechts nebst Denkschrift, Amtliche Ausgabe, Berlin 1896, S. 38。

此,《商法典》第 25 条实际上无法以任何方式进行体系上的归置。

(二)违反体系的规范的解释和效力

对此类体系陌生的规范的实践处理,与违反体系的规范完全相似。特别是体系性的解释和漏洞填补所当然地被排除了,而这经常会导致——正如《商法典》第 25 条规定的情形一样[71]——根本不可能作出任何有意义的解释。但是,无论如何都必须将法秩序内的这样一种"异物"限制在一个尽可能狭窄的范围之内,因而可以提出一项**限制性解释的命令或者至少是禁止扩大解释的禁令作为原则性的解释准则**。除此之外,这里也产生了**效力问题**,对其还是应当从《基本法》第 3 条出发来解决:对体系陌生的规范,也要按照宪法的恣意禁令进行衡量。在此,《商法典》第 25 条可以作为一个好例子,来说明并非任何对体系的干扰,都必须要导致相关规范无效;因为,尽管被立法者作为《商法典》第 25 条之基础的立法意旨不能令人信服,但是却并非如此毫无意义,以至于人们必须将这一规定称为明显不合理以及因此是恣意的。[72]

三、体系漏洞

(一)体系漏洞作为评价漏洞

相较更为罕见的无法消除的体系断裂以及同样不是很常见的体系陌生的规范,"体系漏洞"给体系构建造成的危险要严重得多。正如前者归因于特定法律评价的矛盾性或者一元性(Singularität),后者

---

[71] 参见脚注 69 和 *Fischer*, Anmerkung zu BGH LM Nr. 3 zu § 28 HGB。
[72] 其是否因为与其他条文之间的评价矛盾而无效的问题,必须和它——独立的——立法意旨(ratio)的恣意性的问题区分开来!

则归因于它们的完全缺失。因为体系从定义上看只是法的评价统一性的外在形式,所以,所有的体系建构都必然依赖于以下这点,即首先要存在评价;**因此,评价漏洞通常会前后一致地导致体系漏洞**。这样一种评价漏洞可能出现,是无可置疑的,因为法不仅不存在"逻辑上的",也不存在"目的论上的封闭性"。[73] 单是实证法无法为其填补提供充分评价的法律漏洞的存在,就已经证明了这一点:人们只需想一想德国《民法典施行法》(EGBGB)中欠缺关于债权关系准据法(Obligationsstatut)的规定这一经典的漏洞例子即可。除此之外,大量的"需要进行评价填补"规范[74],也证明了这一点,这些规范完全无法总是借助现行法的评价来进行具体化,甚至常常完全无法进行不依赖相关个案的评价上的固定(Festlegung)。人们必须清楚,针对这样一种评价漏洞的出现,并非总要对立法者进行负面的评价。尽管首先被提及的那些法律漏洞当然是一种严重的瑕疵,而且大量的空白规范也只能算是一种令人不悦的尴尬方案(Verlegenheitslösung);但另一方面,"有具体化必要性的"一般条款经常也有完全正当的功能,并通过协助个案正义意义上的"公平"进行突破,来阻止过分僵化的一般化。[75] 在这里,值得注意的是,正如一开始[76]已经强调的那样,体系构建不仅会受到法的历史生长性和人类认识能力和语言能力的局限性的妨碍,还会受到——作为一定程度上的固有的限制的——正义的"个性化倾向"的妨碍。

(二)体系漏洞作为非体系导向的思维方式的突破口

关于这样一种评价矛盾**的方法论上的处理**,体系思维的可能性在

---

[73] 参见 Canaris, Die Feststellung von Lücken, a.a.O., S. 173 的详细论述。
[74] 在包含评价漏洞的情形,德国学界通说也将其与法律漏洞区分开来;参见 Canaris, a.a.O., S. 26 ff. 的全面论述,该处附有详细引据。
[75] 亦可参见上文第四章"四、(三)",边码 85 和下文第七章"二、(二)"。
[76] 参见 S. 112。

此当然必须被否认。因为体系思维依其结构,是与一项借助平等律进行的工作绑定在一起的,与它的这种纯粹的"形式的"特性相应,它通常只能对已经(至少初步地)存在的评价进行"穷尽思考",而不可能创造全新的评价。尽管法秩序的相关部分并非必然要永久地停留在体系之外,而是可以逐渐地在评价上被充分具体化和固定,以便能进行体系化并将其归置进——总是开放的!——体系之中[77];但是,这在最理想的情况下也只能偶尔取得成功,特别是并非总是值得追求的;至少在那些以正义的"个性化倾向"的突破为基础的评价漏洞之中,毫无保留的体系性的固定反而恰恰是违反功能的。如此一来,这里就为非体系导向的思维方式开辟了合法的空间。属于这样一种思维方式的,首先要列举的是"论题学",故而,其对法学的意义,应当在第七章更进一步地加以研究。

---

[77] 参见下文第七章"二、(三)"的详细论述。

第七章

体系思维与论题学

菲韦格在其著作《论题学与法学:论法学的基础研究》[1]中,提出了以下论点,即法学的结构,不能借助体系思维[1a],而是只有以论题学的理论为基础,才能被正确地把握。自那以后,围绕这一观点的讨论就没有再停息过,本书的产生,也要特别感谢菲韦格的思想中包含的给所有体系思维的追随者带来的挑衅性的刺激。其思想得到的认可[2]以及

---

〔1〕 1953, 3. Aufl. 1965;亦可参见 Stud. Gen. 11 (1958), S. 334 ff. (338 f.)。在诸多书评中,特别参见 *Schilling*, Philos. Literaturanzeiger VIII, S. 27 ff.; *Coing*, ARSP 41(1954/55), S. 436 ff.; *Würtenberger*, AcP 153, S. 560 ff.; *Wesenberg*, JZ 1955, S. 462; *Engisch*, ZStrW 69, S. 596 ff.。

〔1a〕 最近,菲韦格对认为他的攻击针对的是所有类型的法学体系思维的解读进行了反驳,并将其批评明确限于"演绎体系",参见 Systemprobleme in Rechtsdogmatik und Rechtsforschung, in: System und Klassifikation in Wissenschaft und Dokumentation, 1968, S. 96 ff. (第102页脚注13处及该脚注中)。相应地,他认为论题式和体系式思维之间并不存在原则性的对立,甚至明确地将两者结合成一种"论题式体系",参见 a.a.O., S. 104。但是,这样一种体系本身就是自相矛盾的;因为一种"害怕关联"(vgl. *Viehweg*, Topik, a.a.O., S. 23)、只想"引起关注"(*Viehweg*, Topik, a.a.O., S. 15)、在本质上以被最狭窄地表述的单一问题即个案为导向(对此,参见下文脚注67)的方法(Verfahren),根本不可能符合统一性和内在秩序的思想并因而符合体系概念的基本前提条件;而对于菲韦格而言,关键的不是那些建构了体系统一性的少数一般性原则,而是多少有些随意的观点的多样性[参见譬如 *Viehweg*, Topik, a.a.O., S. 10 und 18 对于"论题"(Topos)的描述]。因此,他现在所说的"论题式体系",不仅对于问题的澄清没有任何帮助,还必然反过来剥夺了本来就已经非常模糊的"论题"概念的最后一点轮廓。

〔2〕 参见例如 *Coing*, a.a.O.; *Würtenberger*, a.a.O.; *Esser*, Grundsatz und Norm, S. 6 f., 44 ff., 218 ff.; *Bäumlin*, Staat, Recht und Geschichte, 1961, S. 27 ff.; *Arndt*, NJW 63, S. 1277 f.; Peter *Schneider*, VVdDStRL 20, S. 35 ff.; *Ehmke*, VVdDStRL 20, S. 53 ff.; *Wieacker*, Privatrechtsgeschichte der Neuzeit, 2. Aufl. 1967, S. 596 f. mit Fn. 48; Egon *Schneider*, MDR 67, S. 6 ff. (8 ff.); N. *Horn*, NJW 67, S. 601 ff.。

反驳[3]的激烈程度,让人们从一开始就可以推定,菲韦格通过其核心观点,即法学按其结构是论题性的,必然触及了法学自我理解的一个根本点。因此,这一基本思想无论如何都值得被反复讨论,而且菲韦格的批评者指出的——在我看来大部分是正确的——很多细节上的缺陷和模糊之处,也没有说明什么有决定意义的反对其观点正确性的东西。"论题学论点"到底如何?回答此问题的前提,是对论题学的本质作一个简短的澄清,有关该主题的一系列最新研究,特别是迪德里希森[4]、霍恩(Horn)[5]、克里勒(Kriele)[6]和齐佩利乌斯(Zippelius)[7]的研究,在很大程度上使这一澄清工作变得更加容易。

一、关于论题学的特征

(一)论题学与问题思维

按照菲韦格的观点,"在观察论题学时,最重要的一点,是确定这里所指的是那些以**问题**为导向的思维技术",相应地,他把论题学简短地定义为"**问题思维的技术**"[8]。但是,这并未能带来任何收获;

---

[3] 参见例如 *Flume*, Steuerberater-Jahrbuch 1964/65, S. 67, Allg. Teil des Bürg. Rechts, Bd. II 1965, S. 296, Fn. 9 und Richter und Recht, Vortrag vor dem 46. Deutschen Juristentag, Bd. II, Teil K, 1967, S. 34, Fn. 85; *Diederichsen*, NJW 1966, S. 697 ff.;原则上是批评意见,但是没有那么尖锐的观点,进一步参见如 *Engisch*, a.a.O.; *Wesenberg*, a.a.O.; *Enn.-Nipperdey*, Allg. Teil des Burg. Rechts, 15. Aufl. 1959, § 23 II und § 58 Anm. 35; *Larenz*, Methodenlehre, S. 133 f.。

[4] Topisches und systematisches Denken in der Jurisprudenz, NJW 1966, S. 697 ff.

[5] Zur Bedeutung der Topiklehre Theodor Viehwegs für eine einheitliche Theorie des juristischen Denkens, NJW 1967, S. 601 ff.

[6] Theorie der Rechtsgewinnung, 1967, S. 114 ff.

[7] Problemjurisprudenz und Topik, NJW 1967, S. 2227 ff.;亦可参见更早的 Wertungsprobleme im System der Grundrechte, 1962, S. 79 ff.和 Das Wesen des Rechts, 1965, S. 64 ff.。

[8] 参见 a.a.O., S. 15;强调是原文所加。

像弗卢梅这样一位坚定的体系思维的追随者和论题思维的反对者不无正确地说道:"所有法律思维都是问题思维,每一项法律规定都是一项问题的规定"[9],人们还可以补充道:所有的科学思维都是问题思维——如果"问题"(Problem)只是一项答案并非自始就清楚的提问(Frage)的话。[10]

因此,菲韦格明显必须以一个更狭窄的"问题"定义作为基础[11],而他通过追随尼古拉·哈特曼(Nicolai Hartmann)对于"疑难论的"(aporetisch)和"体系的"思维方式的区分,实际上也是这样做的。[12]哈特曼将这种区分描述如下:"体系的思维从整体出发。在此,概念(Konzeption)是第一位的,并保持着主导地位(das Beherrschende)。在这里,立场并非被寻找的,而是一开始就被采纳了。从该立场出发,对问题进行选择。和立场不一致的问题内容将被拒绝。它们被视为错误提出的问题(Fragen)。"……"疑难论思维在所有方面都以相反的方式进行。"……"其不怀疑存在体系,以及体系在它自己的思维中可能是隐藏的决定性因素(das Bestimmende)。因此,它对于体系思维的存在非常肯定,即使它还没有把握到体系。"[13]基于这些论述,毫无疑问可以清楚知道,尼古拉·哈特曼根本没有占据一个反对体系的敌对位置——"疑难论的"思维方式也是以体系的存在为出发点的!——而仅仅是反对那些将无法归置进体系内的问题

---

[9] 参见 Allg. Teil, a.a.O., S. 296。

[10] 与之相似,菲韦格自己将"问题"定义为"所有看起来不只有一个答案的提问"(vgl. a.a.O., S. 16)。

[11] 对此以及下文,亦可参见 Kriele, a.a.O., S. 119 ff.。

[12] 参见 Hartmann, Diesseits von Idealismus und Realismus, Kantstudien, Bd. XXIX (1924), 160 ff. 值得强调的是,马克斯·萨洛蒙在菲韦格的著作出版前数十年,就不仅已经将法律科学称为"问题科学",而且在此明确地援引哈特曼和亚里士多德,vgl. Grundlegung zur Rechtsphilosophie, 2. Aufl. 1925, S. 54 ff. (58);关于萨洛蒙的观点,此外亦可参见上文第二章"一、(四)、1"的详细论述。

[13] 参见 a.a.O., S. 163 f.。

贬损为虚假问题的特定类型的体系思维。因此，他仅仅是反对这样一种观点，即认为体系是某种最终的东西，而不仅仅是一种暂时性的、随时可以被修正的草案，亦即反对"封闭的"体系。但是法学的体系不是这种体系，任何其他一门科学的体系也不是这种体系，只要在这些科学的基础认知方面还有进步的可能[14]，如此，尽管菲韦格将论题学与疑难论思维等同起来，由此也不能得出一个论题学的充分定义。相反：这一等同极具误导性[15]，毫无疑问属于非论题学的科学中的思维方式，也是哈特曼意义上的"疑难论的"思维方式，因为对于**任何学科**而言，对无法归置进（现有的）体系中的问题加以拒绝，都必须被视为是违反科学精神的罪恶；肯定没有任何物理学家或者化学家会忽视一种违反现有定律的现象，但是没有人会产生这样一种想法，即把物理和化学因而归类进论题学。因此，疑难论思维绝非必然把人们引向论题学，而是引向体系的"开放性"。[16]

如果人们观察菲韦格由此引申出来的关于"法学的结构"的结论，那问题思维与论题学之间的关联，就会变得完全值得怀疑。除了"法学的整体结构只能由问题决定"这一说明不了任何东西的句子，他提出了另外两项"要求"："法学的构成部分，其概念和命题，必须以特殊的方式与问题保持关联，因而只能从问题出发进行理解"，"法学的概念和命题，因此也只能被赋予一种与问题保持关联的含义（Implikation），应当避免任何其他类型的含义。"[17] 这要么是错误的，要么是不重要的。如果菲韦格希望借此而将"法学的概念和命题"与**具体的**问题关联起来——这些"概念和命题"是基于具体问题

---

[14] 参见上文第三章"一"和"三"的详细论述。
[15] 在 *Hartmann*, a.a.O.中亦不存在这种等同处理，*Zippelius*, a.a.O., S. 2227 脚注 1 处正确地指出了这一点。
[16] 正确观点，参见 *Kriele*, a.a.O., S. 121 f.。
[17] 参见 a.a.O., S. 66。

而(或多或少是偶然地)被发现和发展出来的——那么它就是错误的;譬如,"附保护第三人效力的合同"原本几乎只适用于租赁合同这一点,本身并未说明任何一点反对将这一构造也运用于其他合同类型的理由。相反,这取决于这一"新"问题在实质上是否和目前已被解决的问题在很大程度上是一致的。如果菲韦格对其被引用的表述只是作以下理解,即每一项法律概念或者命题都仅仅是体现了一个特定法律问题的解决方案,**并因此应当在该问题的背景下被看待**,那他就无疑是值得赞同的;但是,这样一来,除说明每一项回答都指向一项提问(Frage),并且相应地其意义很大程度上是被这一提问确定的以外,并没有说明什么其他东西。反复注意这一点,并因此始终总是非常精确地整理出法学概念或者命题的目的性内涵,是肯定有用的。[18] 但是,这并非论题学的特别之处,特别是不构成与体系思维的对立,反而是一种作必要修正(mutatis mutandis)后对于所有的科学思维都适用的理所当然之理。

也就是说,"以问题为导向"明显不是决定性因素。此外,它**在科学理论**(wissenschaftstheoretisch)上也根本无法构成一种有用的区分标准(Unterscheidungskriterium)。[19] 当然,我们不能以此否认,**在心理上**,问题思维和体系思维之间存在对立,也就是说,其中一种科学家的思维,更容易被具体问题所激发,更强烈地对该问题的解决感兴趣;而另一种科学家的灵感,则是从体系中获得的,并在体系的构造中找到满意答案。但是,这一对立无论如何不能被视为一种理想—类型(ideal-typisch)的对立[20],因为问题思维者也不会完全忽视体系——问题通常在体系的背景下才能被清楚地表述出来和最终解决;反之亦

---

[18] 亦可参见上文第五章"四、(一)"。
[19] 参见上文脚注 10。
[20] 亦可参见 Diederichsen, a.a.O., Fn. 64 (S. 702)关于尼古拉·哈特曼对"体系式"和"疑难论式"思维的区分的论述。

然,体系思维者也不可能完全排除从问题中产生的丰富或者修正体系的灵感。但无论如何,问题思维和体系思维之间的对立,只要其仅限于一种心理上的区分,就无法给出有关"法学的结构"——论题学讨论涉及的正是此问题——的任何结论。对此必须要坚决认定,尽管论题学经常散发的吸引力可能也是立足于以下误解,即认为只有论题学才能提供真正的问题思维。但是,论题学的追随者通过这一言论,实际上是在主张一项不属于他们或者至少不仅仅属于他们的功劳。

(二) 论题学和基于"普遍接受的意见"或者"常识"的前提正当性

因此,能给出决定性结论的,并非被菲韦格强调的论题学和问题思维之间的关联,而是在千年历史的哲学传统中对"论题学"的含义进行的追根溯源。众所周知,这一概念来源于亚里士多德,而菲韦格也明确地追随他。[21] 但是,亚里士多德将论题学归置于所谓的"辩证的"推理中(Top. I. 1. 2.)[22],其特点在于,它是从普遍接受的意见的前提(ἐξ ἐνδόξων),亦即——正如菲韦格可能正确地翻译的那样[23]——"从符合意见的东西"(aus Meinungsmäßigen)中被推理出来的(Top. I. 1. 4.)。与"明证的"推理——结论是从真实性可以被证明的前提(Vordersätzen)中推理出的——相反,"辩证的"推理是在不能被严格地证明的,而是只能被确认的(erwiesen)、被显示出来的(aufgewiesen)和被处理得可以被理解的前提的基础上进行的。创造

---

[21] 参见 a.a.O., S. 6 ff.;关于在现代的论题学讨论中,亚里士多德在多大程度被误读和曲解的问题,参见 Kuhn, Zeitschr. für Politik, 1965, S. 101 ff., 特别是 S. 112 ff 的详细论述。

[22] 此处遵照菲韦格的引用方式,vgl. a.a.O., S. 7, Fn. 8。

[23] 参见 a.a.O., S.7 结合脚注 9; 在此关联上,亦可参见莱尔歇(Lerche)关于"观点思维"(Ansichtsdenken)的构想,但是他——正确地——明确将此种思维与论题学区分开来(参见第 697—698 页)。

此类前提的方法是论题学[24],依此,论题学不是通过其使用的推理方法的特殊性,而是仅仅通过作为其基础的前提的特殊性而被标识出来的[25],更准确地说:通过证立前提的特殊方式。依亚里士多德,普遍接受的意见(Eνδοξα)是指这样一些命题,"其对所有人或者多数人或者智者而言看起来是真的,而就智者而言,则是指所有或者多数或者最著名的和最有威望的智者"(Top. I. 1. 5. 3)。

与之相应的,是论题学的追随者通常把"普遍接受的意见"(sensu communis)[26]或者"常识"[27](common sense)视为判断问题答案正确性的决定性标准,以及菲韦格认为"讨论是唯一的审查程序"[28](Kontrollinstanz)。不过,在此追求的是完全真实的意见,这里涉及的不是"单纯的随意的见解"[29](Meinen),而是一些已经通过了或者可能通过"所有人"或者"最睿智的和最有威望的人"组成的论坛(Forum)的验证的命题。

但是,论题学现在当然还没有被完整的描述;相反,一项重要的特征至今还被有意地忽略:即**论题学与修辞学(Rhetorik)的关系**。从历

---

[24] 佩雷尔曼(Perelman)以非常全面的方式,对寻找前提(与从它们之中进行结论推导相反)进行了研究,他在此过程中赋予"修辞学"和论题学决定性的意义;特别参见 Rhétorique et Philosophie, 1952,以及(与 L. Olbrechts-Tyteca 合著的)Traité de l' argumentation, 1958,其附有具有特征性的大标题"La nouvelle rhétorique"(关于论题学,参见第 112 及以下各页);关于该问题与法学有关的方面,特别参见 Justice et raison, 1963,现在部分译成德文参见 Über die Gerechtigkeit, 1967。

[25] 这一点不无正确地被反复提及,vgl. Viehweg, a.a.O., S. 8; Kriele, a.a.O., S. 134; Horn, a.a.O., S. 602 f.。

[26] 维柯(Vico)(De nostri temporis studiorum ratione, 1708,德语—意大利语版本参见 Walter F. Otto, 1947 的翻译)正是这样将论题学和普遍接受的意见不可分离地结合在一起;对此,特别参见 Gadamer, Wahrheit und Methode, 2. Aufl. 1965, S. 16 ff.。

[27] 具有典型性的,是例如 Esser, a.a.O.将论题学和常识联系在一起,参见如第 44、46、47 页及其他处。

[28] 参见 a.a.O., S. 24。

[29] Viehweg, a.a.O., S. 25 正是如此;亦可参见 Kriele, a.a.O., S. 135 和 Gadamer, a.a.O., S. 16。

史上看,修辞学从一开始就是内在于论题学的,并且从亚里士多德开始,历经西塞罗(Cicero)直到维科(Vico)都扮演着重要角色。[30] 在此,有时涉及的是按照特定的游戏规则进行的讨论,此时,一项曾经被承认的命题明显不能再被撤回[31],而有时则单纯指演讲的准备工作,其通过运用论题目录而变得更容易。显而易见的是,这里关键的,通常不是寻找真理,而是纯粹的外在的"修辞学的胜利",亦即很多时候非常低级的[32]相对于讨论对手的胜利,或者仅仅是"人群的掌声"。因此,论题学之所以普遍不受重视,可能也要归功于它与修辞学的这一关联,正如它在康德下面这句话中体现的那样,即论题学"可以被学校老师和演讲者利用,以便在思维的特定条目下检视,什么是最适合于现有内容的,并对之进行具有表面彻底性的论证,或者滔滔不绝的言论"[33]。

二、论题学对于法学的意义

(一)对论题学原则上的批判

1.论题学的"修辞学"分支的无用性

如果人们现在问,论题学在法学中可以发挥何种作用,那么从一开始就很清楚,至少只要它还跟修辞学关联在一起,它就是无用的。因为关于正义(Gerechten)的提问,并非单纯的修辞学的问题,不管人

---

[30] 参见 Viehweg, a.a.O., S. 6 ff., 10 ff., 2 ff.和 Kriele, a.a.O., S. 136 ff., 141 ff., 144, 125 ff.的描述。
[31] 参见 Kriele, a.a.O., S. 136 f.的形象的描述。
[32] 参见 Kriele, a.a.O., S. 137 所描述的亚里士多德所建议的诡计。
[33] 参见 Kritik der reinen Vernunft, 1. Aufl. 1781, S. 269 f.。

们对这一概念可能作多么宽泛的理解。[34] 菲韦格对此没有作出明确的反对表态,相反,他明显试图把论题学的这一成分也用于他的法学分析,这是一种严重的错误,并为围绕他的论点的争论带来了沉重的负担;譬如"作为基础的前提可以因为讨论对手的接受而被正当化"[35]这样的观点,尽管可能适用于特定形式的争论[36],但在法学之中却不值一提:对于法律人而言,前提原则上是通过客观法,特别是通过成文法确定的,既不可能也不需要通过(哪个?!)"讨论对手"来获得"正当性"。

2.论题学面对法学的效力和拘束力问题的失灵

但是,论题学现在并非完全沉溺于它与修辞学的关联。正如每项真正的讨论和真正的对话都可能是一种寻找真理的过程——人们只要想一想苏格拉底对话——论题式的论证方式,也可能可以"导向真理"[37],亚里士多德意义上的"辩证的"推理,实际上也是追求这一目标。无可争议的是,这点对于(好的)修辞学也可以适用,只是这一目标并不必然属于(无论是古典还是现代意义上的)修辞学的本质[34],因此,建议把"修辞学式的"论题学和"辩证的"论题学在术语

---

[34] 亦可参见 *Flume*, Richter und Recht, a.a.O., S. 34 和 *Kaser*, a.a.O., S. 67:。"但是,法学和修辞学之间没有太多的共同点……演说技巧的目标,更多的是非常外在的、以伦理标准来衡量则通常让人生疑的结果,它在此——追踪其希腊先辈——是从所有生活领域的论题中引申出来的,它利用一种被挖掘出来的雄辩术(Dialektik)来对自己进行增值。无论它把这一种技术描述得多么有艺术性,它仍然是远低于由更高的法伦理支撑的法学。"

[35] 参见 *Viehweg*, a.a.O., S. 24。

[36] 当然,特别是在特定的已经被承认的前提不得被撤回的情形(参见脚注31);但是,在其他情形,每一项讨论也都是——只要不是从一开始就排除了达成一致意见的可能性——以讨论当事人的**共同的**、被他们明确地或默示地**承认的**前提为基础的。

[37] 参见上文 *Viehweg*, a.a.O., S. 10 对于论题的定义;进一步参见 *Gadamer*, a.a.O., S. 16:"'好的演说'……本身长久以来就是一种双重意义的公式(Formel),绝非仅是修辞学上的理念(Ideal)。它也指说了正确的东西,以及真的东西,而并非演说的艺术,说某些东西的艺术。"但亦可参见 *Kuhn*, Zeitschr. Für Politik 1965, S. 111。

上和实质上清楚地区分开来。[38] 现在,是否至少后者就可以对法学有所助益?

论题(Topoi)是——正如菲韦格(对亚里士多德进行解释时)所下的定义——"可以被多方面应用的、可被普遍接受的观点,它们可被运用于对普遍接受的意见的赞成和反对,并能够导向真理。"[39] 依其论述,论题式思维可以在两个层次完成。[40] 在第一层次,"或多或少具有偶然性的观点,被任意选择并尝试"加以主张,而在第二层次,人们可能引入一种"观点的目录(Repertoire von Gesichtspunkte)",这一目录在所谓的论题目录(Topoikatalogen)中,按照一定的外在的秩序,特别是按字母顺序被汇集,但是其没有任何内在的关联,亦即未形成体系。[40a]

当然,法律人面对一项特定的问题时,也可以如此行事,集体审理法院的咨询(Beratung)通常也是以这种方式进行,而这完全有可能是正确的。[41] 但是,这并未说明论题学是否适用于法学。因为现在提出了决定性的问题,亦即,为什么"偶然被选取的观点",却对问题的解决方案具有决定意义,这些通常相互矛盾的论题中的哪一项,可能

---

[38] 在此,同样承认存在交错的可能性。
[39] 参见 a.a.O., S. 10。
[40] 参见 Viehweg, a.a.O., S. 18。
[40a] 但是,现在参见脚注 1a。
[41] *Schneider*, MDR 63, S. 653 und 67, S. 8 ff.非常强调这一点,以有利于论题学。但是,在此他尤其没有正确认识到两点:第一,在论题学讨论中,涉及的并非事实的,而是方法论上的问题,也就是说,涉及的不是法院此前通常是怎么行事的,而是它们应当如何正确地行事(对此,亦可参见下文脚注58),从而使得是施耐德的论据,单是基于这一原因就已经至少只有间接的重要性;第二,也是主要的一点,在这一关联中,绝非法官**咨询**的风格,而是只有**裁判**和**论证**的风格才是重要的,在此意义上,可能没有人愿意宣称,我们的法院仅仅是以论题的方式进行诱导,而非譬如将一种在咨询中被陈述的观点指责为"违反体系"(当然,在此并非必然要明确使用"违反体系"这一术语)——此外,*Schneider*, a.a.O.对 *Diederichsen*, a.o.o 的攻击,仅仅处于一种使人无须与之进行争论的层次。

对于其他论题具有优先性。譬如，如果某人向他人主张损害赔偿，理由是该人驾车撞到他，那人们可以不假思索地引入不同的观点：人们或许可以立足于驾驶者是否有过错，也可以说，谁使用了像汽车这么危险的物品，就必须对其运行过程中造成的损害承担无过错责任；人们可以将双方的财产状况纳入考量，也可以宣称，这与公平的损害平衡没有任何关系；人们可以问，受害者本身的行为，在多大程度上促成了事故的发生，是否存在不可抗力的因素，第三人是否独立地对损害的发生具有过错，从而应当不考虑汽车的运行危险而让其承担损害；人们可以立足于双方当事人中的一方是否投保，也可以说，如果国家允许了类似驾驶汽车所导致的风险，则国家必须为损害承担责任等。所有的这些观点，可能在一定程度上（单独地或者结合其他观点）对问题的解决具有某种意义，但是，其绝不因此而具有以下意义上的**拘束力，即其构成现行法**。[42] 也就是说，一项论题通常仅仅是一项本身不具有拘束力的裁判**建议**[43]，因此，其需要一项**额外的**标准，来证明**其拘束力，并使得人们有可能在那些对于一项特定问题的解决而言可能被纳入考虑的不同的观点中作出选择**。论题学现在以——如上所述，"讨论对手的接受"因对法律人完全没有可用之处而被排除——普遍接受的意见或者常识，亦即"所有人或者大部分人或者智者"关于什么是真，或者在相应修正后关于什么是公平的观点，来作为此种标准；"讨论是唯一的审查程序"——为了再次重复这一引用[44]——在此，完全可以承认的是，"最睿智的和最有威望的人"的知识已经融

---

〔42〕 亦可参见 Diederichsen, a.a.O., S. 703 Sp. 2（相似观点参见第 702 页第二栏）。
〔43〕 亦可参见 Zippelius, a.a.O., S. 2233 Sp. 2 和 Das Wesen des Rechts, a.a.O., S. 67 以及特别是 Kriele, a.a.O., S. 146 ff., 151, 153。但是，管见以为，克里勒自己对找法问题的解决方法，也犯了与他所（正确地）批评的论题学追随者所犯的同样的错误；因为被克里勒认为具有决定性的"法理性"（参见第 157 页及以下各页），可能跟一种普遍接受的意见的特别形式并没有任何区别。
〔44〕 参见 Viehweg, a.a.O., S. 24。

入讨论之中。

但是，如此一来就很清楚了，**论题学原则上不符合法学的本质**。因为，什么是现行法，亦即哪种观点相应具有拘束力，通常不是根据"常识"或者"所有人或者多数人或者最有智慧之人的观点"来确定的，而是根据客观的法。所以，迪德里希森对菲韦格的批评，即在他的著作中，没有任何地方能找到"关于现行法秩序，以及对每个法律人而言都理所当然的命题——即适用法律时要受成文法和法的拘束——的解释（Bekenntnis）"[45]，触及了问题的核心。一以贯之且错误的，是霍恩进一步发展菲韦格的思想，为成文法（!）赋予"论题学结构"[46]，并以"普遍接受的意见"作为成文法和被承认的法律基本规则（Rechtsgrundsätze）和原则（Prinzipien）的"效力"基础。[47] 显而易见，这是对所有的法学上的效力理论的嘲讽：一项法律即使不符合"所有人或者多数人或者最有智慧之人"的意见，也"发生效力"；相反，"所有人或者多数人或者最有智慧之人"的意见，也完全可能是错误的，也就是说，他们宣扬某些无论如何都不可能构成现行法的东西。[48] 无论是菲韦格还是霍恩，都没有明显地区分立法者和法官的工作，是的，人们产生这样一种印象，即他们的论述似乎主要是针对前

---

[45] 参见 a.a.O., S. 702 Sp. 1；类似的正确观点的亦可参见 *Flume*, a.a.O.（同脚注2）。在此关联上，参见 *Viehweg*, a.a.O., S. 63，其在此认为，论题学就是："它将其（即：这一法学技术）理解为一种不断寻找相应的正确的表达……这种寻找借助实证法而延续。"这对于论题学的危险而言，具有特征性：负有遵守实证法之义务的法律人，不是"借助（!）"实证法而寻找"相应的正确"，而是必须对实证法的决定，原则上［亦即，除了（极端的）"成文的不法"之可能］作为正确的加以接受，通常根本不能提出不依赖于实证法的"相应的正确"为何的问题；对此，亦可参见上文第五章"四、(三)"。

[46] 正确观点参见 F. *Müller*, Normstruktur und Normativität, 1966, S. 59，"对于论题学而言，规范将……成为各种论题"。

[47] 参见 a.a.O., S. 606 f.。

[48] 那些攻击学界通说或者通行判例的人，也理所当然地秉持这样一种观点，即只有他所宣称的"少数观点"在以下意义上是正确的，即其构成现行法，而非仅仅是提出一项本身完全没有拘束力的对现有法律进行改变的建议，如果现有法律真的是以普遍接受的多数意见为基础，那这又如何能逻辑一致；在此关联上，亦可参见上文边码 69—70。

者的。

3.论题学作为正确行为的理论和法学作为正确理解的科学

这或许并非偶然,论题学实际上确实能为立法者——与之相应,为一门学科譬如规范地自我理解[49]的政治学(Politologie)[50]——提供比法官多得多的东西。因此,霍恩不无正确地让人们注意到,亚里士多德论题学的例子,绝大部分是从伦理学中提取出来的,相应地,亚里士多德在此"明显想到的是研究人类行为的知识领域,是广义上的哲学:伦理学、经济学和'政治学(Politik)',亦即法学和政治科学"[51]。因此,霍恩将论题学描述成"行为科学的方法"[52],与之相似,亨尼斯(Hennis)在此之前就赋予论题学"实践科学的逻辑"的地位。[53] 这实际上可能构成对论题学本质的重大精细化。因为,在涉及"正确的行为"问题的情形下,特别是在要对此作出可以主张对第三人具有拘束力的说明或者规定的情形下,通过"所有人或者多数人或者最有智慧之人"的一致意见,来为这些命题提供正当性,至少在一个民主国家中,看起来仍然是一个相对而言最好的解决办法,因为要考虑到这一事实,即在这方面,按照自然科学的方式进行完全严格的证明是根本不可能的;或者再次引用霍恩的话来说:"任何人只要不主张自己具有可以洞察一切的理性——借助这种理性,他可以通过一种计算任务的方式,来解决出现的事实和价值问题——就要回溯到那些在社会性的团体中——在这些团体中会出现

---

[49] 关于在多大程度上是这样的问题,参见 Grimm, JZ 65, S. 434 ff.这一信息丰富的论文。

[50] 关于论题学对于政治科学的意义,参见一方面是 Hennis, Politik und praktische Philosophie, 1963, S. 89 ff., 另一方面是 Helmut Kuhn, Aristoteles und die Methode der politischen Wissenschaft, Zeitschr. für Politik, 1965, S. 101 ff.。

[51] 参见 a.a.O., S. 603 Sp 2; 亦可参见 Gadamer, a.a.O., S. 18 f.("实践性知识"); Wieacker, Privatrechtsgeschichte, a.a.O., S. 596("实践性正确")。

[52] 参见 a.a.O., S. 603 f.。

[53] a.a.O., S. 109; 否定观点参见 Kuhn, a.a.O., S. 110, 112, 119。

何谓"正确"的问题——存在共识(Verständigung)的命题。"[54]

对于**立法者**,这当然是一项就通常情形[55]而言值得铭记在心的准则(Maxime),如此,人们实际上或许可以将立法者所依据的那些前提(Prämissen)称为论题[56],并将发现它们的过程,称为论题式的——**只不过立法技术并非词语原本意义上的法学**;人们不能将两者直接等同起来,否则的话,法政策与法律适用之间,以及立法论的论证(Argumentation de lege frerenda)和解释论的论证(Argumentation de lege lata)之间的根本性区分将被抛弃[57]——这是一种和权力分立,以及《基本法》第20条第3款规定的司法要受"成文法和法"约束不符的结果。[58]

---

[54] 参见 a.a.O., S. 607 Sp. 1。

[55] 例外情形下,他当然也必须有勇气作出与"所有人"或者"多数人"的意见不同的选择,特别是该意见与"最有智慧的人"的意见不同之时;这样一种分离(Diskrepanz)在亚里士多德的公式中就已经奠定,但不存在解决此分离问题的标准,而这一点构成论题学的一个重大缺陷。

[56] 参见 Henkel, a.a.O., S. 418 ff.,他在此关联上,称之为"待寻找的正确的法的论题"(第418页)。

[57] 当然,不应当否认的是,存在过渡和边界情形,但是这一点并不妨碍将这一区分视为**在核心**上是正确的(亦可参见后注)。与此相关的极为复杂的前置问题无法在本书框架之内进一步讨论,但是,尽管不断出现批评,坚持该区分毫无疑问是符合绝大多数观点的;如果人们不赞成这一区分,那当然也会对论题学作出不一样的判断,但即便如此,人们也不应该掩盖这一前置问题中的这一极端观点。

[58] 可能没人愿意严肃声称,法政策和法律适用的区分是完全不**可能**的,从而《基本法》第20条第3款依此包含着一项无法被满足的并因而落空的假设。故而,与 Kriele, a.a.O., S. 149 的观点相反,认为法学思维"不应当或者不允许是论题式的"这一点,并非毫无意义的反对理由。相反,"论题学论点(Topikthese)"合理而言只能从方法论的和规范的角度,而不能从事实的或者现象学的角度被理解;认为法律人"不可避免地"(vgl. Kriele, a.a.O.)要进行论题式思考,亦即**必然地**(!)只能以普遍接受的观点和常识,而不能以独立于此且常常与之构成矛盾的成文法规定作为其论据的基础,是一种错误的言论。因此,涉及的只能法律人应当如何**正确地**进行论证的问题。当然,克里勒到处展示了他很少被立法者能够设定可被清楚地把握的评价这一可能性所阻碍,譬如在他反对"涵摄理念(Subsumtionsideal)"的批判中(第47页及以下各页),或者在他以下过分夸张的言论中,即"一项仅仅通过'理解'就可以被涵摄的法律规则的存在"是"边界情形",法律漏洞不是例外,而是原则,漏洞概念发挥的因而"更多是误导而(转下页)

147 　　相应地,法学原则上[59]不是霍恩对该概念的使用意义上的"**行为科学**",而是一种**诠释学**式的科学:它很大程度上[59]是关于正确**理解**,而非正确**行为**的理论。[60] 因为关于后者的规定,原则上是由客观法作出的,法官通常只需要理解它作出的评价[61],而非以其他人的观点——即使是"所有人或者多数人或者智者"的观点——来取而代之。尽管这种"理解"很多时候包含着自我评价(Eigenwertung)因素——人们当然不应该高估这一因素的意义——这种"理解"无法借助形式逻辑的工具来完成,但这并未说明任何对论题学有利的东西;

148 因为论题学绝非形式逻辑的唯一替代选择和寻找前提的唯一方法(Verfahren)。[62] 故而,菲韦格不断提到形式—逻辑思维在法学中仅能取得有限成功[63],而这无论是对他的"论题学论点"(Topikthese),还是对他对"公理—演绎"体系[63]——这一体系已经几乎无人支持——的批判

(接上页)非澄清"作用(第196页,亦可参见第205—206页)。在此,克里勒的视角,明显过分强烈地以宪法及其大量的"需要进行价值填充的"一般条款为导向,还过于片面地指向最高法院和学界的工作;这两者的工作几乎完全是处理立法者没有清楚地进行选择的评价问题,这符合事物本质,但却没有说明任何反对存在大量以完全不会被误解的方式加以规定的问题(其因而经常是根本不会产生争议!)的东西。"《民法典》保持开放的问题比解决的问题还多"(Kriele, a.a.O., S. 209 如此认为)这一点,至多是一种无法被任何东西证明的,且管见以为恰恰必须被视为极为冒险从而加以驳回的观点。[克里勒不正确地引用黑克作为证人:黑克在被引用的地方仅仅是说到,**在一个特定的术语下**,"可能绝大部分有疑问的法律问题,都是基于法律漏洞的存在";克里勒在这里(在第196页同样如此)明显忽略了"有疑问的"问题这一限制——对于它们和没有疑问的问题数量上的比例关系,黑克并没有作出任何说明——以及这一被引用位置的纯粹的术语性的意义——此处涉及的是"涵摄"和"漏洞填补"在语言上的区分,除此之外无他。]

[59] 但亦可参加下文"(二)"。
[60] Wieacker, JZ 57, S. 704, 706 公开持不同观点;亦可参见 Zur rechtstheoretischen Präzisierung des § 242 BGB, 1956, S. 19 和 Festschrift für Erik Wolf, 1962, S. 451。
[61] 因此,"评价法学"的概念,并非没有误导性,正因如此,黑克拒绝了这一概念,参见 Begriffsbildung und Interessenjurisprudenz, S. 50 f.。
[62] 例如,自然科学毫无疑问就不利用论题学来找寻他们的前提。
[63] 特别参见边码53及以下。

而言,都没有证明力。[64] 相反,正如上文[65]详细展示的,以及与今天可能具有主流地位的方法论理解相符的那样[65a],对法学而言,并非论题学,而是原则上只有目的性—体系性思维,才构成对形式逻辑命题的必要的补充。它与论题学主要在两个方面存在区别:它是诠释学导向的[66],亦即以对已经客观给定的精神上的构造物(Gebilde)的**理解**为导向,并因而拒绝仅以普遍接受的意见或者常识作为其前提的基础;其不将所有出现的问题(Fragen)视为孤立的单一问题(Einzelproblem)——正如对论题学而言具有特征性的那样[67]——而是尝试

---

[64] 这一点经常被用来批评菲韦格,参见例如 Engisch, ZStrW 69, S. 600; Diederichsen, a.a.O., S. 699 f.; Kriele, a.a.O., S. 120 ff., 特别是第 124 页结合脚注 42;但现在参见脚注 1a 的引用。

[65] 参见第二章"二"。

[65a] 参见第二章脚注 117 和脚注 133 的引据。

[66] 由于"论题"这一表述存在多义性,当然要担心,有些论题学的追随者在此看不到对立(参见 Viehweg, a.a.O., S. 24 以及特别是——远超第 24 页这一被引用的位置,且无法通过此处所作之论述而被正当化的观点——参见第 59 页。进一步参见 Coing, Auslegungsmethoden, S. 22 f. 和 F. Müller, a.a.O., S. 45 ff., 他提出"论题式的诠释学",但是却将之与"论题学"对立起来)。不过,这只会引发术语上的混乱,并掩盖——很大程度上是一项"正确理解"的理论和一项"正确行为"的理论之间的——实质的对立。两者之间也会存在一定的关联这一点——譬如在海德格尔和伽达默尔意义上的"诠释学上的前理解"和普遍接受的意见之间,如埃姆克(Ehmke)(VVdDStRL 20, S. 53 ff.)以原创的方式将两者联系在一起(对此,亦可参见 F. Müller, a.a.O., S. 45 ff.)——以及特别是在法学中,两种思维方式相互有意义地补充且有时候相互渗透这一事实[对此,参见紧接的下文"(二)"和"(三)"],都不能阻碍原则上进行区分的必要性。进一步亦可参见 Apel, Die Idee der Sprache in der Tradition des Humanismus von Dante bis Vico, 1963, 他试图将论题学纳入一种"超验的(存在的)诠释学"之中(第 143 页),但是在此却追随海德格尔,以诠释学这一用词的一种全面得多的意义作为基础。

[67] 在这一关联上,同样具有典型特征的,是菲韦格总是不断将对"相应的正确的东西""什么在此处和此时相应是正确的"的找寻(参见第 63、65 页及其他处),视为法学的任务(对此,亦可参见上文脚注 45)。进一步参见 Gadamer, a.a.O., S. 18 f., 他将论题学与亚里士多德的实践智慧(Phronesis)关联起来,将其勾勒成"实践的"知识,并将以下点作为特征梳理出来:"……它以具体情况为导向。亦即,'情况'必须在其无限多样的变化中被加以把握。"进一步参见 Ehmke, VVdDStRL 20, S. 55:"问题解决方法必须在权衡所有对具体案件而言具有重要性的观点的情况下找到……"

将其——以遵循正义的"一般化倾向"[68]并因此而"体系的"操作方式——尽可能广泛地融入一般问题[68a],并在"法秩序之整体"的背景下,亦即在被目的性地理解的体系之中加以解决。

因此,作为**中间结论**,可以确定的是,论题学原则上无法正确地把握法学的结构。其原因主要在于,即使一项论题本身"就问题而言"在很大程度上应当被认为是"合理的"。其也仅仅是一种解决方案的**建议**,而不直接构成现行法。对于由此产生的对被提出的相关观点的**拘束力**以及对它们的选取的问题,论题学只能通过援引"所有人或者多数人或者智者的观点"或者常识加以解决,并因此陷入与法学的效力理论和法源理论的尖锐对立之中。相应地,它的追随者未能充分区分立法的和司法的任务,且未能认识到,法学主要涉及对已经设定的评价进行理解性的掌握,而非"论题式的"前提**选择**,也就是说,是一种"正确理解",而非"正确行为"的理论。

(二)论题学尚存的可能性

但是,这样一来也已经清楚,论题思维仍会以及在何种前提条件下会在法学中承担一项重要的功能:当缺乏足够具体化的实证法上的评价时。因为在此种情形下,不仅体系思维的可能性碰到了无法逾越的边界[69],通常也出现了论题学的典型特征:在此,规范在很大程度上须通过法官才能被填充内容,故而,法官此时就必须以非常类似于立法者的方式行事,实际上需要对"正确行为"的准则进行选择;公认的是,法官此时应当在他的"自我评价"框架内,将相关法律共同体内

---

[68] 关于正义命令的一般化和个性化倾向之间的对立,参见上文第一章"一、(二)"及脚注 32 所附引据和第四章"四、(三)"的详细论述。

[68a] 在此关联上,亦可参见 Engisch, Wahrheit und Richtigkeit im juristischen Denken, 1963, S. 20 f.。

[69] 对此,参见上文第六章,特别是"三"所作的更准确的论述。

占主流地位的法律的、文化的和社会的评价和价值观作为准绳加以考虑,这很可能就是:以普遍接受的意见为准绳。在此,具体涉及的是哪些问题群(Problemkreise)?

1. 论题学在欠缺充分的法律评价特别是漏洞情形下作为紧急辅助工具

在此,当然首先要列举**成文法漏洞**的特定案例,实证法并未包含可用于填补这些漏洞的评价。一个与此有关的经典例子,是德国国际私法上缺少关于债权关系准据法(Obligationsstatut)的规定。此时,除了首先或多或少尝试性地选取不同的观点,结合问题进行进行检验,将其相互衡量,亦即以论题学的方式行事,别无他法。在此,作为论题学之特征的强烈的以单一问题甚至个案为导向的努力(Streben),在——很久以来就占主导地位的——以"假设的当事人意思"为准绳的做法中,体现得非常清楚[70]。

2. 论题学作为法律指向"常识"和公平裁判时的符合功能的方法

在此需要提及的第二类案型,是**需要进行价值填充的一般条款**。在此类一般条款中,论题思维的特征也很容易得到证明。譬如,司法界针对《民法典》第138条的具体化构造的公式,即"所有正直和公平地思考的人"的价值观,几乎就是普遍接受的意见的定义[71],与之类似,要确定《民法典》第276条意义上的"在交易中应尽的注意义务"的内容,只有以相应个案为导向地参考"一般商人""理性的驾驶员"等在此情形将如何行事,亦即通过回溯到"所有人或者多数人或者智者"的观点来探寻"正确行为"的规则——涉及的正是此问

---

[70] 关于讨论的今日现状,只需参见 *Soergel-Kegel*, Bürg. Gesetzbuch, Bd. V, 9. Aufl. 1961, vor Art. 7 EGBGB Rdzn. 167 ff.; *Sandrock*, Zur ergänzenden Vertragsauslegung im materiellen und internationalen Schuldvertragsrecht, 1966, S. 132 ff.。

[71] 在此关联上,亦可参见 *Ehmke*, VVdDStRL 20, S. 71,此处将"所有'理性和正直地思考之人'的一致意见"作为论题式论据的说服力的基础。

题!——方有可能。[72] 因此,论题学在此发挥着一项完全具有正当性的相对于体系思维的补充功能,是的,人们甚至可以说,最高的法价值[73]的"两极性"在此问题中再次得到体现:**论题学被归置于公平,亦即正义命令的个性化倾向**[68][73a];它对被尽可能狭窄地表述的单一问题而言是恰当的方法,其构成一种对以个案为导向的公平性论证(Billigkeitsargumentation)。在公平性论证中,原则上没有任何一项值得考虑的观点,是一开始就被视为不可接受的,这对于抽象的、以正义命令的一般化倾向[68]为基础的体系思维而言,则是典型做法。[74]

3.体系思维与论题思维的相互补充和渗透

至此已经说明,论题思维和体系思维并非相互排斥的对立,两者反而是有意义地相互补充。[75] 它们并非——像至今的论述可能引发的表象那样——独立地并行存在,而是相互渗透。因此,即使是在论题学享有首要地位(Primat)的情形,体系也绝非毫无意义。在所列举的第一个问题群中,亦即实证法不包含任何可以用于填补漏洞的评价的情形,这一点极其明显:在此,论题学只是一种紧急辅助工具(Notbehelf),应当尽快以清楚的评价来替代不稳定的论题,亦即体系性的固定解决方案。

---

[72] 当然,与亚里士多德的公式相反,毫无疑问的是,此处需要借助的不是一项统计学上的,而是一项规范的标准。

[73] 亦可参见上文第四章"四、(三)"及其脚注39。

[73a] 关于公平作为正义的个性化倾向的表达,参见 *Henkel*, Einführung in die Rechtsphilosophie, S. 327 及脚注 2 所附引据。

[74] 这里并不存在与"疑难论"思维意义上的体系的"开放性"之间的矛盾,因为体系不会将特定的**问题**作为虚假问题排除出去,而仅是将特定的问题**解决方法**作为对支撑现行法的基本思想的违反而排除出去。

[75] 尽管存在某些细节上的不同,但在结论上支持论题学和体系思维之间的结合的观点,亦可参见 *Esser*, a.a.O., S. 6 f., 44 ff. und öfter und Stur. Gen. 12 (1959), S. 104 und 105, Sp. 2; *Kaser*, a.a.O., S. 53; Peter *Schneider*, VVdDStRL 20, S. 37 und 51; *Henkel*, a.a.O., S. 426; *Raiser*, NJW 64, S. 1203 f.; *Diederichsen*, a.a.O., S. 704 f.; F. *Müller*, a.a.O., S. 57 und S. 67; *Zippelius*, a.a.O., S. 2233 unter d。

但是，在对需要进行价值填充的一般条款进行具体化的情形下——论题学在此远非单纯的紧急辅助工具——也体现出明显的体系化倾向。[76] 不仅一般条款通常要对照整个法秩序，亦即在体系的背景下进行解释——譬如，《民法典》第 138 条，很大程度上应当基于在法秩序中其他地方体现出来的评价，亦即受体系约束地，而非基于普遍接受的意见进行解释[77]——除此之外，特别是具体化很大程度上也是通过类型构建(Typenbildung)，有时是通过清晰的要件构建进行的[78]，并因此而需要进行体系性固定。人们只要想一想《民法典》第 242 条，以及司法界和学界对其进行"法理论上的精确化"时所承担的体系化工作。[79] "恶意抗辩"——只举一个例子——正是这样独立出来的，在它的内部——它依然是一项需要进行价值填充的"子一般条款"(Untergeneralklausel)——形成了固定的构成要件、维尔伯格意义上的动态体系[80]和完全开放的、只能以论题学的方式进行把握的剩余领域(Restbereich)之间的互动："恶意欺诈"(dolus praeterius)抗辩可能已经变成一项固定的、在评价上已经很大程度被填充的构成要件（即便当然也包括"恶意"这一"规范的"构成要件特征[81]）；与之相反，权利失效(Verwirkung)抗辩则是一项动态的构成要件，在此构成要件中，尽管诸"要素"确定[82]，但法律效果只能从它

---

[76] 正确观点参见 *Diederichsen*, a.a.O., S. 704; *Canaris*, a.a.O., S. 107, Fn. 172 还没正确认识到此点。

[77] 对此，特别参见 *Pawlowski*, ARSP 1964, S. 503 ff.; *Larenz*, Jur. Jb. Bd. VII (1966), S. 98 ff. und Allg. Teil, 1967, § 28 III a。

[78] 在此关联上，亦可参见 *Paulus*, Probleme richterlicher Regelbildung am Beispiel des Kreditsicherungsrechts, Jur. Jb. Bd. VI (1965/6), S. 134 ff.。

[79] 只需指出西伯特(*Siebert*)在 *Soergel-Siebert*, 9. Aufl. 1959 对于第 242 条的评注，以及 *Wieacker*, Zur rechtstheoretischen Präzisierung des § 242 BGB, 1956。

[80] 参见上文第四章"一"的论述。

[81] "规范的"和"需要进行价值填充的"并不等同，即使差异可能只是程度上的。

[82] 它们是：对于请求权将不会再被主张的信赖；一种以此为准所作的"自我安排"；一定的时间经过；不提出请求权的可归责性。

153 们随个案而变化的"混合关系"之中得出。[83] 最后,"前后矛盾行为"(venire contra factum proprium)抗辩今天可能仍处于"动态"构成要件和论题式—开放的一般条款的分界处[84];但是,除了这三种类型,还存在广泛的、很大程度上尚未被具体化的领域,在此区域中,几乎任何论题都被允许提出。正因如此,一般条款无论如何不能完全交由公平并因此而交由论题思维处理。相反,在其身上,也可以观察到正义的个性化和一般化倾向之间的冲突(Gegenläufigkeit)[84a],而后者一如既往要求体系化。

反过来,主要分配给体系思维的领域,也并非完全不受论题学的影响。这一结论首先可以从以下这点得出,即有可被清晰把握的实证法评价的领域和缺乏此种评价的领域之间,只有连续的过渡,因此就会存在边界地带;在此地带中,被体系地正当化的和仅仅以普遍接受的意见为基础的观点,可能发生混合。故而,即使在体系导向的超越法律文义的法续造(Rechtsfortbildung praeter legem)情形下,以及特别是在对成文法以外的"一般"法律原则进行具体化的情形——故而也包括在因此而发生的体系变动(Systemänderungen)情形[85]——单纯的论题至少在发展的初始阶段扮演着决定性的角色[86];是的,人们甚至可以在某些方面承认"新的"法律原则的形成具有论题式的结构[87],因为作为其基础的一般法律意识的变迁,实际上可能是在一种"所有人或者多数人或者智者"的(最宽泛意义上的)"讨论"过程

---

[83] 例如,特别长的时间持续,可以显示对于"自我安排"而言必要的措施的不重要性,相反亦然。

[84] 参见 Canaris, Die Vertrauenshaftung im deutschen Privatrecht, 1971, S. 266 ff., insbesondere S. 301–305.

[84a] 亦可参见 Henkel, a.a.O., S. 359 f.。

[85] 对此,参见上文第三章"四、(一)"。

[86] 对此,特别参见 Esser, a.a.O., S. 5 ff., 44 ff., 218 ff., 238 ff.及其他处。

[87] 参见 Horn, a.a.O., S. 607,但是,他不仅因为本书所述的原因,还因为他在此没有区分成文法固有的和成文法之外的原则,从而走得太远。

中完成的——但是,当然只是在"某些方面",因为援引"一般法律意识"或者普遍接受的意见尚未足够,仍然需要诸如法理念或者事物本质[88]等客观标准的补充。[89]

因此,论题思维和体系思维之间不存在僵硬的二选一关系,而是相互补充。在此,两者分别能到达多远,取决于当时存在的实证法评价——这也直接解释了,相较于在譬如不动产法或者有价证券法中,论题学在广泛设置一般条款的领域(比如宪法之中)[90],或者在规定漏洞非常多的领域(比如国际私法之中),扮演的角色要重要得多。[91]

---

[88] 对此,参见上文边码70—71的详细论述。
[89] 当然,它们本身也会受到一般法律意识的影响,因此,又再次产生了客观和主观精神之间辩证关系的问题。
[90] 关于论题学对于宪法的意义,特别参见 Peter *Schneider* und *Ehmke* in VVdDStRL 20, S. 1 ff. (35 ff.) bzw. 53 ff.,以及持有正当的保留的观点,参见 F. *Müller*, a. a.O., S. 47 ff. (57 ff.)。
[91] 但并非唯一具有决定性的角色,亦可参见 F. *Müller*, a.a.O。

第八章

论　点

第一章

1. 体系思维能为法学所用以及发展出法学特有的体系概念的前提，是体系能在法学中承载有意义的**功能**。这取决于相应的法律现象能否被归置到一般体系概念的构成要件特征之下。

2. 一般体系概念的构成要件特征，是秩序和统一性。它们可以在法秩序的评价一致性和内在统一性这一思想中找到其在法学上的对应；这两者不仅是自我理解为一门科学的法学不可或缺的前提和传统法学解释方法的理所当然的前提，还特别是从平等律和正义的"一般化倾向"中，亦即间接从"法理念"本身得出的结论。

3. 与此相应，体系在法学中的功能，在于展示和实现法秩序的评价一致性和内在统一性。法学的体系思维同时从中获得其正当性，这种正当性因此可以间接地从"最高的法价值"中推导出来。

第二章

4. 法学的体系概念要从体系思维的功能中发展出来。故而，所有无法体现法秩序的评价一致性和内在统一性的体系概念，都没有或者只有有限的可用性；这一结论，尤其适用于"外部体系"、"纯粹基本概念"体系、"概念法学"的逻辑体系、逻辑学意义上的公理—演绎体系、萨洛蒙的"问题关联体系"以及黑克和利益法学的"冲突裁判体系"。

5. 如果人们从法的评价一致性和内在统一性思想的视角确定体系概念,那法学的体系就可以被定义为"一般法律原则的价值论或者目的论的秩序"。一种相应的价值、目的性概念或者法律制度的秩序也是可以想象的。

第三章

6. 此种体系并非封闭的,而是**开放**的。这不仅适用于法学理论(Lehrsätze)的体系,即"科学体系",也适用于法秩序体系本身,即"客观体系"。就前者而言,开放性意味着科学认识的非封闭性;就后者而言,意味着法律的基础评价(Grundwertungen)的可变迁性。

7. 法学体系的开放性不会妨碍体系思维在法学中的运用。相反,法学与其他任何科学一样,都具有"科学体系"的开放性,因为只要在相应领域,尚有可能取得认识上的进步,亦即科学工作仍有意义,那此种体系就只不过是暂时性的草案。与之相反,尽管"客观体系"的开放性可能是法学的特殊之处,但这是从法学的客体,亦即从作为一种处于历史进程中并因而不断变化的现象的法的本质中,必然得出的结论。

第四章

8. 体系的"开放性"问题,须与它的"动态性"问题区分开来。在维尔伯格为这一术语赋予的意义上,动态性意味着相关正义标准原则上具有同等位阶性和相互替代性,同时放弃了封闭的要件构建。

9. 即使是"动态体系",仍可以被称为体系,因为在动态体系中,秩序和统一性的特征可被满足。但是,动态体系是体系概念可用性的边界情形。

10. 现行法原则上不是被动态体系,而是被非动态体系支配。但是,它包含着动态性的部分领域。

157　　11. 立法上,"动态体系"处于固定的要件构建和一般条款之间。它以特别成功的方式,在那些"最高的法价值",特别是在正义的"一般化"和"个性化"倾向的两极性之间取得平衡,因而构成对立法者的工具库的宝贵的增益。但是,其不能单独被运用,而仅仅是诸多相互关联的立法可能中的一种。

第五章

12. 对法学体系的概念和特征的思考,同时也直接导向了对**体系对于找法的意义**这一问题的回答。如果人们将体系理解为一种(开放的且原则上非动态的)目的性秩序,则由此可以直接得出结论,体系论据仅仅是目的性论证的一种特殊形式,并因而可以跟它一样,主张在诸多找法标准中享有最高的位阶。故而,体系具有"目的性的推导能力"。

13. 具体而言,体系在找法过程中主要承担两项任务:第一,它使得人们将一项规范或者法律制度作为法秩序整体的一部分并在整体性关联的背景下对其进行解释,从而有助于完整把握该规范或者法律制度的目的性内容;第二,它通过揭示评价上的不一致,并因而通过揭示可能面临的评价矛盾而对法律续造加以限制,以及通过确定漏洞来推进法律续造,从而有利于维持和实现法的评价一致性和内在统一性。

与此相应,体系的意义,在找法的所有层次中都应当得到承认:对"体系性的漏洞填补和法律续造"的意义不亚于对"体系解释"的意义。

14. 体系具有"目的性推导能力"这一原则,同样适用于立法者的"建构"。因此,与黑克的观点相反,立法者的"建构",并非"价值无涉的概念建构"——这种建构"跟编辑错误一样"可以被改正——而是隐藏在建构外衣之下的评价,它跟任何其他法律评价一样,都具有拘束力。

15. 除了强调体系对找法的意义,亦不能忽视为这一意义划定的限制。特别是它经常面临体系论据的"目的性审查"和与其开放性原则对应的体系续造可能性这一双重保留。

与之相反,针对那种为满足(所谓的)"实质正义"的要求而牺牲体系论据的尝试,需要加以最谨慎的注意;从定义上看,体系论据体现的仅仅是以平等律为导向的对成文法评价进行的穷尽思考,并因此同等程度地从实证法的权威性和(形式的)正义命令的尊严中获得其说服力。因此,符合体系的解决方案,不仅在有疑义时是解释论上(de lege lata)有拘束力的方案,原则上还应被视为特定法秩序支配下的正当的方案。

除此之外,因为体系构建本身受到重要限制,故基于体系找法亦存在限制。

第六章

16. 这些**体系构建之限度**的成因,一方面是法秩序具有历史生长性,以及因人类认识能力和语言能力的不完全而导致的立法瑕疵;另一方面则是正义的所谓"个性化倾向",它贯穿于每个法秩序的子领域中,并对——以"一般化倾向"为基础的!——体系思维起到反作用。

17. 具体而言,需要对体系断裂、体系陌生的规范和体系漏洞加以区分。体系断裂基于评价矛盾和原则矛盾,体系陌生的规范产生自法秩序整体内部孤立存在的评价,其本身并无说服力,而体系漏洞则是评价漏洞的结果。

18. 应当尽可能通过"体系解释"和"体系漏洞填补"这两项手段

来消除体系断裂。

如果因为法律的文义和意义、习惯法或者法律续造禁令的妨碍而无法成功,那剩下的解决办法,是将违反体系的规范,视为因违反宪法上的平等律而无效;因为体系断裂从定义上看体现了评价矛盾和因此对平等律的违反。联邦宪法法院实际上已经多次表达此种意见。基于这一认识,体系与此同时在一种新的视角下获得了实践意义。

即便如此,仍存在尽管比例上很小的体系断裂的残余,因为一项评价矛盾,并不必然总是意味着《基本法》第3条第1款的通行解释意义上的"恣意"。

19. 尽管无法消除的体系断裂阻碍了体系的完整构建,但在其他未被断裂直接涉及的领域,体系不受影响,因此,无法消除的体系断裂无法决定性地否认体系思维在法学中的适用性。

这点原则上也适用于体系漏洞。体系漏洞的出现要比体系断裂频繁得多。体系漏洞尽管有时可以通过评价上的固定(Verfestigung)而被整合进体系,但它在很大程度上无法被体系化,特别是在作为其基础的评价漏洞是由正义的"个性化倾向"的突破而导致的情形下。在这里就为非体系导向的思维方式,特别是论题学,创设了正当的空间。

第七章

20. 与菲韦格的观点相反,"论题思维"特殊性,不在于其与"问题思维"的关联;特别是尼古拉·哈特曼意义上的"疑难论思维(aporetische Denken)"并不必然导向论题学,而仅仅导向体系的开放性。

不如说论题学的特征在于作为其基础的前提的正当性,纯粹是基于普遍接受的意见,亦即"所有人或者多数人或者智者的观点",亦即很大程度上是立足于"常识"。

21. 因此,论题学原则上与法学的效力理论和法源理论无法保持一致;因为在法律适用中,前提的正当性并非源于"所有人或者多数人或者智者的观点",而是源于实证法,即使且尤其是两者不一致时也是如此。因此,论题学特别是无法为以下决定性问题的回答提供正确的标准,即应当赋予多项"论题"——这些论题依其本质永远只能是解决方案的**建议**——中的哪一项优先性;这种挑选功能,原则上只有体系能够满足。

与论题学面对法律适用应受法律约束这一原则的失灵相应的,是其追随者未能充分区分立法的任务与司法的任务;特别是他们没有正确认识到,法学主要是涉及对已经被设定的评价的理解性的**掌握**,而非"论题式"的前提**选择**(Prämissen*wahl*),与之相应,它原则上是一种"正确理解"的理论,而不是一种"正确行为"的理论。此外,论题思维过分强烈地以被尽可能狭窄地表述的单一问题为导向,并因而经常面临忽视法秩序的内在统一性和一致性命令的风险。

22. 即使论题学因此而原则上无法正确地把握法学的结构,仍存在某些论题学可以承载一项正当的功能的领域。那些缺乏充分的法律评价,因而无体系思维适用余地的地方,都属于此种领域。

在这些领域中,论题学有时是一种纯粹的紧急辅助工具以及构成体系化固定的筹备阶段,但有时却构成唯一的合理的方法。后者特别适用于那些法律本身空白地援引"常识"并将确定"正确行为"之准则的任务委诸法官的情形,以及法律中显现出对体系不友好的正义的"个性化倾向"——亦即"公平"——的突破口,并因而要求——与论题学相符的——个案导向的情形。

23. 因此,体系思维与论题学的对立,并非相互排斥的对立。相反,两种思维方式相互补充,有时甚至相互渗透。

参考文献

[缩略语参照 Hildebert Kirchner,《法律术语缩写目录》(Abkürzungsverzeichnis der Rechtssprache),第 2 版,柏林,1968 年]

Arndt, Adolf: Gesetzesrecht und Richterrecht, NJW 1983, S. 1273 ff.

Bäumlin, Richard: Staat, Recht und Geschichte. Eine Studie zum Wesen des geschichtlichen Rechts, entwickelt an den Grundproblemen von Verfassung und Verwaltung, Zürich 1961.

Baumgarten, Arthur: Die Wissenschaft vom Recht und ihre Methode, Tübingen 1922.

−Juristische Konstruktion und konstruktive Jurisprudenz, in: Festgabe zum 80. Geburtstag von Paul Speiser, Basel 1926, S. 105 ff.

−Grundzüge der juristischen Methodenlehre, Bern 1939.

Beling, Ernst: Methodik der Gesetzgebung, insbesondere der Strafgesetzgebung. Zugleich ein Beitrag zur Würdigung des Strafgesetzentwurfs von 1919, Berlin 1922.

Betti, Emilio: Allgemeine Auslegungslehre als Methodik der Geisteswissenschaften, Tübingen 1967.

Binder, Julius: Rechtsbegriff und Rechtsidee. Bemerkungen zur Rechtsphilosophie Rudolf Stammlers, Leipzig 1915.

−Der Wissenschaftscharakter der Rechtswissenschaft, Kantstudien 25 (1920), S. 321 ff.

—Philosophie des Rechts, Berlin 1925.

—Bemerkungen zum Methodenstreit in der Privatrechtswissenschaft, ZHR 100 (1934), s. 4 ff.

—Grundlegung zur Rechtsphilosophie, Tübingen 1935.

—System der Rechtsphilosophie. Der „Philosophie des Rechts" 2. Aufl., Berlin 1937.

Bollnow, Otto Friedrich: Die Objektivität der Geisteswissenschaften und die Frage nach dem Wesen der Wahrheit, Zeitschrift für philosophische Forschung 16 (1962), S. 3 ff.

Brusiin, Otto: Über das juristische Denken, Kopenhagen 1951.

Bulygin, Eugenio: Zwei Systembegriffe in der rechtsphilosophischen Problematik, ARSP 53 (1967), S. 329 ff.

Burckhardt, Walter: Methode und System des Rechts, Zürich 1936.

Carnap, Rudolf: Abriß der Logistik, Wien 1929.

—Einführung in die symbolische Logik. Mit besonderer Berücksichtigung ihrer Anwendungen, Wien 1954.

Coing, Helmut: Grundzüge der Rechtsphilosophie, Berlin 1950.

—System, Geschichte und Interesse in der Privatrechtswissenschaft, JZ 1951, S. 481 ff.

—Die juristischen Auslegungsmethoden und die Lehren der allgemeinen Hermeneutik, Köln und Opladen 1959.

—Zur Geschichte des Privatrechtssystems, Frankfurt 1962.

—Bemerkungen zum überkommenen Zivilrechtssystem, in: Festschrift für Hans Dölle, Bd. 1, Tübingen 1963, S. 25 ff.

Diederichsen, Uwe: Topisches und systematisches Denken in der Jurisprudenz, NJW 1966, S. 697 ff.

Edelmann, Johann: Die Entwicklung der Interessenjurisprudenz. Eine historisch-kritische Studie über die deutsche Rechtsmethodologie vom 18. Jahrhundert bis zur Gegenwart, Bad Homburg v.d.H.- Berlin- Zürich 1967.

Ehmke, Horst: Prinzipien der Verfassungsinterpretation, VVdDStRL 20 (1963), s. 53 ff.

Ehrlich, Eugen: Grundlegung der Soziologie des Rechts, Berlin 1913.

—Die juristische Logik, 2. Aufl., Tübingen 1925.

Eisler, Rudolf: Wörterbuch der philosophischen Begriffe, 4. Aufl., Berlin 1927-1930.

Emge, Carl August: Einführung in die Rechtsphilosophie, Frankfurt - Wien 1955.

—Philosophie der Rechtswissenschaft, Berlin 1961.

Engisch, Karl: Die Einheit der Rechtsordnung, Heidelberg 1935.

—Die Idee der Konkretisierung in Recht und Rechtswissenschaft unserer Zeit, Heidelberg 1953.

— Sinn und Tragweite juristischer Systematik, Studium Generale 10 (1957), s. 173 ff.

—Aufgaben einer Logik und Methodik des juristischen Denkens, Studium Generale 12 (1959), S. 76 ff.

—Logische Studien zur Gesetzesanwendung, 3. Aufl., Heidelberg 1963.

— Wahrheit und Richtigkeit im juristischen Denken, Münchner Universitätsreden N. F. Nr. 35, München 1963.

—Einführung in das juristische Denken, 3. Aufl., Stuttgart 1965, inzwischen in 4. Aufl. 1968.

Esser, Josef: Zur Methodenlehre des Zivilrechts, Studium Generale 12 (1959), S. 97 ff.

—Grundsatz und Norm in der richterlichen Fortbildung des Privatrechts, 2. Aufl., Tübingen 1964.

—Wertung, Konstruktion und Argument im Zivilurteil, Karlsruhe 1964.

—Richterrecht, Gerichtsgebrauch und Gewohnheitsrecht, in: Festschrift für F. v. Hippel, Tübingen 1967, S. 95 ff.

Fiedler, Herbert: Juristische Logik in mathematischer Sicht. Einige Bemerkungen und Beispiele, ARSP 52 (1966), S. 93 ff.

Flume, Werner: Richterrecht im Steuerrecht, SteuerberaterJb. 1964/65, S. 55 ff.

— Richter und Recht, Vortrag vor dem 46. Deutschen Juristentag, Veröffentlichungen des DJT, Bd. II Teil K, München und Berlin 1967.

Fraenkel, Adolf: Einführung in die Mengenlehre, 3. Aufl., Berlin 1928.

Gadamer, Hans-Georg: Wahrheit und Methode, 2. Aufl., Tübingen 1965.

Härlen, Hasso: Über die Begründung eines Systems, zum Beispiel des Rechts, ARSP 39 (1950/51), S. 477 ff.

Hanack, Ernst-Walter: Der Ausgleich divergierender Entscheidungen in der oberen Gerichtsbarkeit. Eine prozeßrechtliche Studie insbesondere zur Vorlegungspflicht und der Rechtsmittelzulässigkeit wegen Abweichung, Hamburg und Berlin 1962.

Heck, Philipp: Gesetzesauslegung und Interessenjurisprudenz, Tübingen 1914.

—Das Problem der Rechtsgewinnung, 2. Aufl., Tübingen 1932.

—Begriffsbildung und Interessenjurisprudenz, Tübingen 1932.

Hegler, August: Zum Aufbau der Systematik des Zivilprozeßrechts, in: Festgabe für Philipp Heck, Max Rümelin, Arthur Benno Schmidt, Tübingen 1931, S. 216 ff.

Heller, Theodor: Logik und Axiologie der analogen Rechtsanwendung, Berlin 1961.

Henkel, Heinrich: Recht und Individualität, Berlin 1958.

–Einführung in die Rechtsphilosophie, München und Berlin 1964.

Hennis, Wilhelm: Politik und praktische Philosophie, Berlin 1963.

Herschel, Wilhelm: Gefahren der systematischen Auslegung, BB 1967, S. 791 ff.

Hilbert, D. und W. *Ackermann*: Grundzüge der theoretischen Logik, 3. Aufl., Berlin–Göttingen–Heidelberg 1949.

v. Hippel, Fritz: Zum Aufbau und Sinnwandel unseres Privatrechts, Tübingen 1957.

–Rechtstheorie und Rechtsdogmatik, Frankfurt a. M. 1964.

Horn, Dieter: Studien zur Rolle der Logik bei der Anwendung des Gesetzes, Diss., Berlin 1962.

Horn, Norbert: Zur Bedeutung der Topiklehre Theodor Viehwegs für eine einheitliche Theorie des juristischen Denkens, NJW 1967, S. 601 ff.

Husserl, Gerhart: Recht und Zeit, Frankfurt a. M. 1955.

Kaser, Max: Zur Methode der römischen Rechtsfindung, Göttingen 1962.

Kelsen, Hans: Reine Rechtslehre, 2. Aufl., Wien 1960.

–Recht, Rechtswissenschaft und Logik, ARSP 52 (1966), 545 ff.

Klug, Ulrich: Juristische Logik, 3. Aufl., Berlin – Heidelberg – New York 1966.

Kretschmar, Paul: Über die Methode der Privatrechtswissenschaft, Leipzig 1914.

–Grundfragen der Privatrechtsmethodik, JherJb. 67 (1917), S. 233 ff.

Kraft, Victor: Die Grundlagen einer wissenschaftlichen Wertlehre, 2. Aufl., Wien 1951.

Kriele, Martin: Theorie der Rechtsgewinnung. Entwickelt am Problem der Verfassungsinterpretation, Berlin 1967.

Kuhn, Helmut: Aristoteles und die Methode der politischen Wissenschaft, Zeitschrift für Politik XII (1965), S. 101 ff.

Larenz, Karl: Wegweiser zu richterlicher Rechtsschöpfung. Eine rechtsmethodologische Untersuchung, in: Festschrift für Arthur Nikisch, Tübingen 1958, S. 275 ff.

–Methodenlehre der Rechtswissenschaft, Berlin – Heidelberg – New York 1960.

–Kennzeichen geglückter richterlicher Rechtsfortbildungen, Karlsruhe 1965.

Leinfellner, Werner: Einführung in die Erkenntnis-und Wissenschaftstheorie, Mannheim 1965.

– Struktur und Aufbau wissenschaftlicher Theorien. Eine wissenschaftstheoretisch–philosophische Untersuchung, Wien–Würzburg 1965.

Lerche, Peter: Stil, Methode, Ansicht. Polemische Bemerkungen zum Methodenproblem, DVBl 1961, S. 690 ff.

Müller, Friedrich: Normstruktur und Normativität. Zum Verhältnis von Recht und Wirklichkeit in der juristischen Hermeneutik, entwickelt an Fragen der Verfassungsinterpretation, Berlin 1966.

Nawiasky, Hans: Allgemeine Rechtslehre als System der rechtlichen Grundbegriffe, 2. Aufl., Einsiedeln–Zürich–Köln 1948.

Oertmann, Paul: Interesse und Begriff in der Rechtswissenschaft, Leipzig 1931.

Paulus, Gotthard: Probleme richterlicher Regelbildung. Am Beispiel des Kreditsicherungsrechts, JurJb. 6 (1965/66), S. 134 ff.

Perelman, Chaim: La Nouvelle Rhétorique. Traité de L' Argumentation, Paris 1958.

−Justice et Raison, Bruxelles 1963.

−Über die Gerechtigkeit, München 1967.

Plessner, Helmuth: Zur Soziologie der modernen Forschung und ihrer Organisation in der deutschen Universität, in: Versuche zu einer Soziologie des Wissens, herausgegeben von Max Scheler, München und Leipzig 1924, S. 407 ff.

Popper, Karl R.: Logik der Forschung, 2. Aufl., Tübingen 1966.

Radbruch, Gustav: Rechtsphilosophie, 5. Aufl., Stuttgart 1956.

Raiser, Ludwig: Rechtswissenschaft und Rechtspraxis, NJW 1964, S. 1201 ff.

Ritschl, Otto: System und systematische Methode in der Geschichte des wissenschaftlichen Sprachgebrauchs und der philosophischen Methodologie, Bonn 1906.

v. Rümelin , Max: Zur Lehre von der juristischen Konstruktion, ARWP XVI (1922/23), S. 343 ff.

Salomon, Max: Grundlegung zur Rechtsphilosophie, 2. Aufl., Berlin 1925.

Sauer, Wilhelm: Juristische Methodenlehre, Zugleich eine Einleitung in die Methodik der Geisteswissenschaften, Stuttgart 1940.

v. Savigny, Friedrich Carl: System des heutigen Römischen Rechts, 1. Bd., Berlin 1840.

Schelsky, Helmut: Einsamkeit und Freiheit. Idee und Gestalt der deutschen Universität und ihrer Reformen, Hamburg 1963.

Schneider, Hans Peter: Richterrecht, Gesetzesrecht und Verfassungsrecht, Frankfurt a. M. 1969.

Schneider, Peter: Prinzipien der Verfassungsinterpretation, VVdDStRL 20 (1963), S. 1 ff.

Scholz, Heinrich: Abriß der Geschichte der Logik, 2. Aufl., Freiburg–München 1959.

Schreiber, Rupert: Logik des Rechts, Berlin–Göttingen–Heidelberg 1962.

–Die Geltung von Rechtsnormen, Berlin–Heidelberg–New York 1966.

Sigwart, Christoph: Logik, 2. Bd., 2. Aufl., Freiburg 1893.

Simitis, Spiros: Zum Problem einer juristischen Logik, Ratio 1957/58, S. 52 ff.

Stammler, Rudolf: Theorie der Rechtswissenschaft, 1. Aufl., Halle 1911, und 2. Aufl., Halle 1923.

–Lehrbuch der Rechtsphilosophie, 3. Aufl., Berlin und Leipzig 1928.

Stark, Werner: Die Wissenssoziologie. Ein Beitrag zum tieferen Verständnis des Geisteslebens, Stuttgart 1960.

Stoll, Heinrich: Begriff und Konstruktion in der Lehre der Interessenjurisprudenz, in: Festgabe für Philipp Heck, Max Rümelin und Arthur Benno Schmidt, S. 60 ff., Tübingen 1931.

Tillich, Paul: Das System der Wissenschaften nach Gegenständen und Methoden. Ein Entwurf, Göttingen 1923.

Viehweg, Theodor: Zur Geisteswissenschaftlichkeit der Rechtsdisziplin, Studium Generale 11 (1958), S. 334 ff.

–Topik und Jurisprudenz, 3. Aufl., München 1963.

—Systemprobleme in Rechtsdogmatik und Rechtsforschung, in: System und Klassifikation in Wissenschaft und Dokumentation, S. 96 ff., herausgegeben von A. Diemer. Studien zur Wissenschaftstheorie Bd. 2, Meisenheim am Glan 1968.

Weber, Max: Wirtschaft und Gesellschaft, 4. Aufl., Tübingen 1956.

Wengler, Wilhelm: Betrachtungen über den Zusammenhang der Rechtsnormen in der Rechtsordnung und die Verschiedenheit der Rechtsordnungen, in: Festschrift für Rudolf Laun zu seinem 70. Geburtstag, Hamburg 1953.

Wieacker, Franz: Das Sozialmodell der klassischen Privatgesetzbücher und die Entwicklung der modernen Gesellschaft, Karlsruhe 1953.

—Zur rechtstheoretischen Präzisierung des § 242 BGB, Tübingen 1956.

—Gesetz und Richterkunst. Zum Problem der außergesetzlichen Rechtsordnung, Karlsruhe 1958.

—Die juristische Sekunde. Zur Legitimation der Konstruktionsjurisprudenz, in: Existenz und Ordnung, Festschrift für Erik Wolf, S. 421 ff., Frankfurt a. M. 1962.

—Notizen zur rechtshistorischen Hermeneutik, Göttingen 1963.

—Privatrechtsgeschichte der Neuzeit, 2. Aufl., Göttingen 1967.

Wilburg, Walter: Entwicklung eines beweglichen Systems im bürgerlichen Recht, Graz 1950.

Wundt, Wilhelm: Logik. Eine Untersuchung der Prinzipien der Erkenntnis und der Methoden wissenschaftlicher Forschung, 3. Band, 4. Aufl., Stuttgart 1921.

Zajtay, Imre: Begriff, System und Präjudiz in den kontinentalen Rechten und im Common Law, AcP 165, S. 97 ff.

Zimmerl, Leopold: Aufbau des Strafrechtssystems, Tübingen 1930.

−Strafrechtliche Arbeitsmethode de lege ferenda, Berlin und Leipzig 1931.

Zippelius, Reinhold: Wertungsprobleme im System der Grundrechte, München und Berlin 1962.

−Das Wesen des Rechts, München 1965.

−Problemjurisprudenz und Topik, NJW 1967, S. 2229 ff.

索　引

[本索引所列数字为页码。* 主要出处加粗显示。]

德文主题词	中文对译词	页码
Ableitungseignung des Systems	体系的推导能力	88
Allgemeinbegriffe, abstrakte	一般概念，抽象的	49 f.
-konkrete	具体的	49 f. mit Fn. 141
allgemeine Rechtsprinzipien	一般法律原则	25, **46 ff.**, **52 ff.**, **68 ff.**, 99 f., **112 ff.**, 153
allgemeines Rechtsbewußtsein	一般法律意识	71, 73 Fn. 38, 153, 153 Fn. 89
Altschulden, Haftung für – im Handelsrecht	旧债务，对……承担责任——在商法中	119, 129, 131 f.
Analogie	类推	24 f.
Analogieverbot	禁止类推	120, 127
Anscheinsvollmacht	表象代理	98
aporetisches Denken	疑难论思维	137 f.
Applikation (i. S. Gadamers)	（伽达默尔意义上的）适用	65 Fn. 11

---

* 指原书页码，即本书页边码。——译者注

(续表)

德文主题词	中文对译词	页码
argumentum ad absurdum	归谬推论	24 Fn. 26
argumentum e contrario	反推	24 f.
argumentum a fortiori	当然推论	24 f.
Aufopferungshaftung	牺牲责任	95 f.
Auslegung, systematische	解释,体系的	14, **90 ff.**, 116 ff.
−verfassungskonforme	合宪的	130 Fn. 65
außergesetzliche Rechtsordnung	成文法之外的法秩序	69 ff.
Aussetzung (eines Kindes)	遗弃(儿童)	118 f.
Ausschließlichkeitsanspruch (von Rechtsprinzipien)	(法律原则的)排他性主张	**53 ff.**, 80
Axiologie	价值论	22 ff., **41 ff.**
Axiomatik	公理体系	25 ff., 58 ff.
Begriffsjurisprudenz	概念法学	9, **20 ff.**, 41, 87
Beschränkung, wechselseitige (von Rechtsprinzipien)	限制,(法律原则之间的)相互	56
Beweglichkeit des Systems	体系的动态性	74 ff.
Billigkeit	公平	85, 133, 151
Bindung (des Gesetzgebers an den Systemgedanken)	约束(体系思维对立法者的)	121 ff.
− des Rechts an die Gesetze der Logik	法受逻辑律的	22 Fn. 17, 123 Fn. 43
− des Richters an das Gesetz (und Topik)	法官受法律(和逻辑的)	142 ff.
common sense	常识	139 ff., 150 f.

(续表)

德文主题词	中文对译词	页码
Deduktion, formal-logische	演绎,形式—逻辑的	26
Drittwirkung der Grundrechte	基本权利的第三人效力	67, 125
Einheit (der Rechtsordnung)	(法秩序的)统一性	**13 ff.**, 35 ff., 47, 97 ff., 131
-und Systembegriff	和体系概念	11 ff.
Einordnung, systematische	归置,体系的	88 ff.
Erkenntnis (des Rechts)	(法的)认识	72 f.
Fernwirkung (der gesetzgeberischen Werturteile)	(立法者的价值判断的)远程效应	37
Folgerichtigkeit	一致性	12, **13 ff.**, 16, 22, 43, 45, 47, 97 ff.
Fortbildung des Systems	体系续造	65 ff., 106
Geltungsproblem	效力问题	**66 ff.** mit Fn. 12 und Fn. 36, **142 ff.**
generalisierende Tendenz (der Gerechtigkeit)	(正义的)一般化倾向	17, 83, 148 f.
Generalklauseln	一般条款	29, 72, 79 f., 81 ff., 133, **152 f.**
Gerechtigkeit, generalisierende Tendenz	正义,一般化倾向	17, 83, 148 f.
-individualisierende Tendenz	个性化倾向	83 f., 112, 133, 134, 151
-materiale	实质的	100, **106 ff.**
Geschichtlichkeit des Rechts	法的历史性	63
Geschlossenheit, logische	封闭性,逻辑的	29, 133

(续表)

德文主题词	中文对译词	页码
－teleologische	目的性的	29, 133
Gesetzgebung (Bindung an Systemgedanken)	立法（受体系思维的约束）	121 ff.
－und Topik	和论题学	146
Gesetzmäßigkeit juristischer Systembildung	法学体系构建的合法律性	32 ff.
Gewohnheitsrecht	习惯法	67, 72 Fn. 36, 117 Fn. 19a, 119
Gleichheitssatz, allgemeiner	平等律，一般的	16, 22, 24, 45f., 83, 100, 116, 121, 134
－verfassungsrechtlicher	宪法上的	125 ff.
Grenzen der Systembildung	体系构建的限度	112 ff.
Handlungswissenschaften	行为科学	145, 147
Hermeneutik	诠释学	14, 23, **44**, 90, 147 f.
－topische	论题式的	148 Fn. 66
Hierarchie	层级	77
immanente Schranken (eines Prinzips)	（原则的）固有限制	113
individualisierende Tendenz (der Gerechtigkeit)	（正义的）个性化倾向	83 f., 112, 133, 134, 151
Interessenjurisprudenz	利益法学	9, **35 ff.**, **101 ff.**
Intuition	直觉	42 Fn. 119
Inversionsmethode	颠倒方法	87
Körperverletzung (Strafbarkeit des Versuchs)	身体伤害（未遂的可罚性）	120

（续表）

德文主题词	中文对译词	页码
Kollisionslücke	冲突漏洞	27, **121 ff.**, 128 mit Fn. 58a
Konkretisierung	具体化	29, 57 f., 150, 152
Konstruktionen, gesetzliche	建构,法律的	100 ff.
-lückenergänzende	填补漏洞的	95
Kontrolle, teleologische	目的性审查	105 f.
Lebensverhältnisse, System der	生活关系,体系	34 f.
Lebenswert des Systems	生活价值体系	86 ff.
Lebenszusammenhänge	生活关联	47 Fn. 133
Logik	逻辑	20 ff., 22 ff.
logischer Widerspruch	逻辑矛盾	122 ff.
Logistik	逻辑学	25 ff.
Lücke	漏洞	28 f., **95 ff.**, 133, 150
-unausfüllbare	无法填补的	120 f.
Lückenausfüllung, systematische	漏洞填补,体系的	95 ff., 118 f.
Lückenfeststellung, systematische	漏洞确定,体系的	99 f., 118 f.
Natur der Sache	事物本质	25, 34, **70 f.**, 98 Fn. 42, 109 Fn. 88, 153
Normlogik	规范逻辑	123 Fn. 44
Normwiderspruch	规范矛盾	27, 117, 122
Notstand, übergesetzlicher	紧急状态,超越法律的	99

(续表)

德文主题词	中文对译词	页码
Offenheit des Systems	体系的开放性	**61 ff.**, 75 f., 106, 138
Ordnung, axiologische	秩序，价值论的	**41 ff.**, 47
–und Systembegriff	和体系概念	11 ff.
–teleologische	目的论的	**41 ff.**, 47
Persönlichkeitsschutz	人格保护	99
Pfandrecht (gutgläubiger Zweiterwerb)	质权（善意二次取得）	102 f.
Phänomenologie des Verstehens	理解的现象学	15
Polarität (der obersten Rechtswerte)	（最高的法价值的）两极性	84, 85
Prinzipiengegensatz	原则对立	53, 115 f.
Prinzipienkombination	原则结合	114
Prinzipienwiderspruch	原则矛盾	27, 53, 59, **112 ff.**
Problemdenken	问题思维	136 ff.
Problemzusammenhang	问题关联	29 ff., 32 ff.
Rangverhältnis (zwischen den Auslegungskriterien)	（解释标准之间的）位阶关系	91 Fn. 23
Rechtsanalogie	法律类推	14, 68
Rechtsbewußtsein, allgemeines	法律意识，一般的	71, 73 Fn. 38, 153 mit Fn. 89
Rechtsfortbildung, richterliche (und Systemwandlungen)	法律续造，法官的（和体系变迁）	67 ff.
Rechtsfortbildungsverbot	法律续造禁令	119 f. mit Fn. 28

(续表)

德文主题词	中文对译词	页码
Rechtsgewinnung	找法	86 ff.
Rechtsidee	法理念	16, 70 f., 109 Fn. 88, 121, 153
Rechtsinstitut, System von-en	法律制度,的体系	50 f.
Rechtsprinzipien, allgemeine	法律原则,一般	25, **46 ff.**, **52 ff.**, 68 ff., 99 f., **112 ff.**, 153
Rechtsquellenproblem	法源问题	66 ff. mit Fn. 12 und Fn. 36
Rechtsscheinhaftung	权利外观责任	94 f., 117 f.
Rechtssicherheit	法安定性	**17 f.**, 19, 82 f., 127
Rechtswerte, oberste	法价值,最高的	10, 17, **84 f.**
Reduktion, teleologische	限缩,目的性	24 f.
reine Grundbegriffe, System	纯粹基础概念,体系	20
Rhetorik	修辞学	140 f., 140 Fn. 24, 141 f., 142
Richterrecht (als Rechtsquelle)	法官法(作为法源)	69 f.
schadensgeneigte Tätigkeit	易于造成损害的工作	107 ff.
sensus communis	普遍接受的意见	139 ff.
Subsumtion	涵摄	23 f.
Surrogationsprinzip	代位原则	93 f.
System, äußeres	体系,外部的	**19**, 34, 87, 91
- von allgemeinen Rechtsbegriffen	一般法律概念的	49 f.

(续表)

德文主题词	中文对译词	页码
-axiologisches	价值论的	42 ff.
-axiomatisch-deduktives	公理—演绎的	**25 ff.**, 87
-der Begriffsjurisprudenz	概念法学的	20 ff.
-bewegliches	动态的	74 ff.
-formal-logisches	形式—逻辑的	20 ff.
-inneres	内部的	35, 40, 91
-der Interessenjurisprudenz	利益法学的	35 ff.
-von Konfliktsentscheidungen	冲突绝对的	35 ff.
-der Lebensverhältnisse	生活关系的	34 f.
-logisches	逻辑的	87
-von Normen	规范的	48 f.
-objektives	客观的	**13, 63 ff.**, 64 f., 65 ff.
-offenes	开放的	61 ff.
-als Problemzusammenhang	作为问题关联	29 ff.
-von Rechtsinstituten	法律制度的	50 f.
-reiner Grundbegriffe	纯粹基本概念的	20
-teleologisches	目的论的	42 ff.
-topisches	论题式的	135 Fn. 1a
-von Werten	价值的	51 f.
-wissenschaftliches	科学的	**13, 62 f.**, 64, 65 ff.
systematische Auslegung	体系解释	14, **90 ff.**, 116 ff.
systematische Einordnung	体系归置	88 ff.

(续表)

德文主题词	中文对译词	页码
systematische Lückenausfüllung	体系性漏洞填补	**95 ff.**, 118 f.
systematische Lückenfeststellung	体系性漏洞确定	**99 f.**, 118 f.
Systembegriff, allgemeiner	体系概念,一般的	11 ff.
−der Interessenjurisprudenz	利益法学的	35 ff.
Systembildung	体系构建	**32 ff.**, 65, **112 ff.**, 130
Systembrüche	体系断裂	112 ff.
systemfremde Normen	体系陌生的规范	131
Systemlücken	体系漏洞	133 f.
Systemrichtigkeit (und materiale Gerechtigkeit)	体系正确性(和实质正义)	106 ff.
Systemwandlungen	体系变迁	65 ff.
Teleologie	目的论	22 ff., 41 ff.
Theorienbildung	理论构建	96 f.
Tierhalterhaftung	动物保有人责任	89 f., 92 f., 128
Topik	论题学	135 ff.
topisches System	论题式体系	135 Fn. 1 a
Typenbildung	类型构建	152
unausfüllbare Lücken	无法填补的漏洞	120 f.
verfassungskonforme Auslegung	合宪解释	130 Fn. 65
Verfassungswidrigkeit systemwidriger Normen	违反体系之规范的违宪性	125 ff.

(续表)

德文主题词	中文对译词	页码
Vollständigkeit (der Axiome)	(公理的)完整性	26 ff.
–als Merkmal des Systembegriffs	作为体系概念的特征	12 Fn. 12
Vormerkung (gutgläubiger Zweiterwerb)	预告登记(善意二次取得)	104
Wandlungen des Systems	体系变迁	65 ff.
Wasserhaushaltsgesetz (Gefährdungshaftung)	水平衡管理法(危险责任)	120 f., 128 f.
Werkunternehmerpfandrecht (gutgläubiger Erwerb)	承揽人质权(善意取得)	105 f.
Werte, System von	价值,的体系	51 f.
Wertpapiertheorien	证券理论	39 f., 89, 96 f.
Wertung	评价	22, 23, **41 ff.**, 46, 50
Wertungsdifferenzierung	评价区分	113
Wertungsjurisprudenz	评价法学	41
Wertungslücke	评价漏洞	**133, 150**
Wertungswiderspruch	评价矛盾	27, 98 f., **112 ff.**
Widerspruch (zwischen Axiomen)	(公理之间的)矛盾	130
–(und juristische Systembildung)	(和法学的体系构建)	130 f.
–logischer	逻辑的	122 ff.
Widerspruchsfreiheit (eines axiomatischen Systems)	(公理体系的)无矛盾性	**26 f.**, 59 f.
–(der Rechtsordnung)	(法秩序的)	**16 f.**, 22, 98 f., 112 **ff.**, 130 f.

(续表)

德文主题词	中文对译词	页码
Willkürverbot (und Kollisionslücke)	恣意禁令(和冲突漏洞)	124
−verfassungsrechtliches	宪法的	**125 ff.**, 132
Wissenschaftsbegriff, positivistischer	科学概念,实证主义的	21
Wissenschaftscharakter (der Jurisprudenz)	(法学的)科学品性	13 Fn. 16, 14 f., 29 f., 31 mit Fn. 63, 43, 65 Fn. 10
Zirkel, hermeneutischer	循环,诠释学的	90, 100
Zusammenspiel (von Rechtsprinzipien)	(法律原则的)相互作用	**55 f.**, 80
Zweckgemeinschaft (zwischen Forderung und dinglicher Sicherung)	(债权和担保物权的)目的共同体	101 f.

译后记

研习法律者,对"体系"一词可谓耳熟能详。在译者关注的民法领域,虽未至言必称"体系"之极端程度,但体系研究、体系视角已然成为法教义学上重要的研究进路。于译者而言,在中国政法大学昌平校园初习民法之时,就不时在课堂上听闻"体系"一词,了解到学习民法要建立体系思维。然而,凭借初级阶段应付考试的散装民法知识,彼时的我,无法在脑海中拼凑出一幅脉络清晰的民法体系图景,更遑论意会民法的体系之美。得益于中国政法大学诸多优秀老师润物细无声的引领,我长久以后才慢慢隐约体会到,民法似乎并非杂乱无章的规则堆砌,而是潜藏着相应逻辑,贯彻着价值取向。但彼时对"体系"的理解,仍仅限于生搬硬套拉伦茨教授《法学方法论》一书中介绍的"外部体系—内部体系"的概念框架,对"体系解释"这一方法论工具的实践运用,亦止步于照葫芦画瓢尝试结合前后条文理解法条文义。随着研习民法时间的增长,一方面,"体系"愈发成为一种"正确"的思维惯性,但另一方面,对体系理论的了解,却未有任何精进,仍停留在知其然而不知其所以然的肤浅层面。对"体系"的此种既熟悉又陌生的感觉,使我常常困惑,到底何为体系?体系有何功能?体系是否必然?何故大陆法系强调体系,而英美法系偏重经验?如何建立和运用体系思维?如何桥接抽象之体系构造与具体之社会现象?诸如此类问题,一直萦绕心头,难以消解。后赴德国攻读 LLM 及法学博士学位期间,翻译卡纳里斯教授《民法典总则的功能及其作用的限度》一文后,发现其尚著有专书《法学中的体系思维与体系概念:以德国私法为例》,对诸多困惑问题,皆有论述涉及,欣喜之余,遂生翻译之意。

本书之翻译出版得以顺利完成,实赖诸多师友襄助促成。我最早向现任职于吉林大学法学院的曾韬师兄提及翻译之意,得到其鼓励,遂与卡纳里斯教授联系翻译授权,卡纳里斯教授欣然应允,并协助我辗转联系德国 Duncker & Humblot 出版社版权部门。该出版社告知,我须先与一家中国出版社洽谈此事。于是,我将翻译一事告知中国政法大学的田士永教授,田士永教授立即将该书推荐给北京大学出版社蒋浩副总编辑,由其组织选题论证。选题通过后,北京大学出版社联系德方出版社协商授权。在此期间,德方出版社告知我,国内同时还有其他学者和出版社希望翻译该书,但在确认卡纳里斯教授已经同意我翻译后,德方出版社最终将版权授予北京大学出版社。本书后被李昊教授纳入其主编的法律人进阶译丛,作为《法律漏洞的确定:法官在法律外续造法之前提与界限的方法论研究》之姊妹篇,由陆建华编辑、费悦编辑精心编排。译稿完成后,中国政法大学舒国滢教授以及卡纳里斯教授的门生玛丽埃塔·奥尔(Marietta Auer)教授不辞辛劳,拨冗为本书作序。以上种种,特此致谢。

值本书出版之际,深切缅怀我的德国导师诺伯特·霍恩(Norbert Horn)教授,并向我的中国导师许兰教授表达感谢。两位恩师自我本科时起,不断给予我超乎寻常的关怀与帮助,学生铭感于心。归国以来,中南财经政法大学法学院诸多师友在工作和生活上为我提供无私帮助,在此一并感谢。此外,我想感谢我的家人长久以来对我的包容和帮助,特别要感谢我的妻子全身心付出,照顾家庭,没有她的鼎力支持,本书翻译必将半途而废。

译事艰难,本书翻译虽暂告一段落,但因译者专业学识和外语能力皆有所限,错漏误译在所难免,恳请各位读者批评指正,以便日后修订完善。译者联系方式为:dachuang.chen@hotmail.com。希望本书之翻译出版,能为我国法体系理论的发展作出些许知识上的推进贡献。此乃学者最大的光荣。

陈大创
于中南财经政法大学南湖校区
2023 年 11 月 10 日

法律人进阶译丛

⊙ 法学启蒙

《法律研习的方法：作业、考试和论文写作（第10版）》，〔德〕托马斯·M. J. 默勒斯 著，2024年出版

《如何高效学习法律（第8版）》，〔德〕芭芭拉·朗格 著，2020年出版

《如何解答法律题：解题三段论、正确的表达和格式（第11版增补本）》，〔德〕罗兰德·史梅尔 著，2019年出版

《法律职业成长：训练机构、机遇与申请（第2版增补本）》，〔德〕托尔斯滕·维斯拉格 等著，2021年出版

《法学之门：学会思考与说理（第4版）》，〔日〕道垣内正人 著，2021年出版

⊙ 法学基础

《法律解释（第6版）》，〔德〕罗尔夫·旺克 著，2020年出版

《法理学：主题与概念（第3版）》，〔英〕斯科特·维奇 等著，2023年出版

《基本权利（第8版）》，〔德〕福尔克尔·埃平 等著，2023年出版

《德国刑法基础课（第7版）》，〔德〕乌韦·穆尔曼 著，2023年出版

《刑法分则I：针对财产的犯罪（第21版）》，〔德〕伦吉尔 著

《刑法分则II：针对人身与国家的犯罪（第20版）》，〔德〕伦吉尔 著

《民法学入门：民法总则讲义·序论（第2版增订本）》，〔日〕河上正二 著，2019年出版

《民法的基本概念（第2版）》，〔德〕汉斯·哈腾豪尔 著

《民法总论》，〔意〕弗朗切斯科·桑多罗·帕萨雷里 著

《德国民法总论（第44版）》，〔德〕赫尔穆特·科勒 著，2022年出版

《德国物权法（第32版）》，〔德〕曼弗雷德·沃尔夫 等著

《德国债法各论（第16版）》，〔德〕迪尔克·罗歇尔德斯 著，2024年出版

⊙ 法学拓展

《奥地利民法概论：与德国法相比较》，〔奥〕伽布里茲·库齐奥 等著，2019年出版

《所有权的终结：数字时代的财产保护》，〔美〕亚伦·普赞诺斯基 等著，2022年出版

《合同设计方法与实务（第3版）》，〔德〕阿德霍尔德 等著，2022年出版

《合同的完美设计（第5版）》，〔德〕苏达贝·卡玛纳布罗 著，2022年出版

《民事诉讼法（第4版）》，〔德〕彼得拉·波尔曼 著
《德国消费者保护法》，〔德〕克里斯蒂安·亚历山大 著，2024年出版
《日本典型担保法》，〔日〕道垣内弘人 著，2022年出版
《日本非典型担保法》，〔日〕道垣内弘人 著，2022年出版
《担保物权法（第4版）》，〔日〕道垣内弘人 著，2023年出版
《日本信托法（第2版）》，〔日〕道垣内弘人 著，2024年出版
《公司法的精神：欧陆公司法的核心原则》，〔德〕根特·H. 罗斯 等 著，2024年出版

⊙ 案例研习

《德国大学刑法案例辅导（新生卷·第三版）》，〔德〕埃里克·希尔根多夫 著，2019年出版
《德国大学刑法案例辅导（进阶卷·第二版）》，〔德〕埃里克·希尔根多夫 著，2019年出版
《德国大学刑法案例辅导（司法考试备考卷·第二版）》，〔德〕埃里克·希尔根多夫 著，2019年出版
《德国民法总则案例研习（第5版）》，〔德〕尤科·弗里茨舍 著，2022年出版
《德国债法案例研习I：合同之债（第6版）》，〔德〕尤科·弗里茨舍 著，2023年出版
《德国债法案例研习II：法定之债（第3版）》，〔德〕尤科·弗里茨舍 著
《德国物权法案例研习（第4版）》，〔德〕延斯·科赫、马丁·洛尼希 著，2020年出版
《德国家庭法案例研习（第13版）》，〔德〕施瓦布 著
《德国劳动法案例研习（第4版）》，〔德〕阿博·容克尔 著
《德国商法案例研习（第3版）》，〔德〕托比亚斯·勒特 著，2021年出版

⊙ 经典阅读

《法学方法论（第4版）》，〔德〕托马斯·M. J. 默勒斯 著，2022年出版
《法学中的体系思维与体系概念（第2版）》，〔德〕克劳斯-威廉·卡纳里斯 著，2024年出版
《法律漏洞的确定（第2版）》，〔德〕克劳斯-威廉·卡纳里斯 著，2023年出版
《欧洲民法的一般原则》，〔德〕诺伯特·赖希 著
《欧洲合同法（第2版）》，〔德〕海因·克茨 著，2024年出版
《民法总论（第4版）》，〔德〕莱因哈德·博克 著，2024年出版
《合同法基础原理》，〔美〕麦尔文·A. 艾森伯格 著，2023年出版
《日本新债法总论（上下卷）》，〔日〕潮见佳男 著
《法政策学（第2版）》，〔日〕平井宜雄 著